JN114268

多摩大学インターゼミ教育研究業績 シリーズ1

モンゴル帝国とユーラシア史

社会人・大学院生・学生の目線からの
グローバルヒストリー

総監修　寺島 実郎

監修　　金 美徳・水盛 涼一

編集　　光永 和弘・杉 由紀

多摩大学出版会

口絵解題

本書は多摩大学大学院経営情報学研究科、経営情報学部、グローバルスタディーズ学部の学生による苦闘の記録である。彼はみな自己の専門からみてモンゴル帝国およびその前後の歴史から遥かに縁遠い。そのような門外漢の立場ながら、本学学長の寺島実郎——本書の総監修でもある——が直接指導する社会工学研究会に所属し、運命の導きあるいは悪戯によってアジアダイナミズム班に参加し、日本はもとより中国へも足をのばし、歴史そして現代について彼らなりの思索をめぐらしてきたのである。以降の7枚の写真は2017年に始まる追懐の一部である。そして彼らは一年のプロジェクトで前期中盤に中間発表を、また夏期の長期休暇に箱根町の水明荘で合宿発表を、そして年末に最終発表を行い、調査論文執筆への準備を行った。詳解は次節金美徳教授の手になる「はじめに」に譲るとして、ここでは第5頁より彼らの最終発表スライドを抜粋したい。いわゆる"アマチュア"が歴史を総合的に捉えようと努力した営為をご覧いただけるだろう。 （水盛）

2017年8月26日、新安沈船と関係する東福寺で爾英晃師と

2017 年 12 月 23 日、寺島文庫ビルで最終発表にのぞむ

2018 年 8 月 14 日、特別な入場許可の必要な北京の中国第一歴史檔案館に併設される資料館で

2019 年 8 月 28 日、福岡で"蒙古襲来"の遺跡をめぐる

2020 年 8 月 27 日、箱根水明荘で合宿形式の中間発表

2021 年 10 月 9 日、寺島文庫ビルで桃井治郎准教授が講演

2022 年 12 月 10 日、アクティブラーニング発表祭で成果発表

モンゴル帝国のユーラシア興隆史

2017年度インターゼミ　アジアダイナミズム班
学部生　　　：玉木真悟，一杉波音，馬玉鑫
大学院生　　：指宿ひとみ，光永和弘
卒業生・修了生：山口夏実，塚原啓弘，越田辰宏，成田晋也，
　　　　　　　和泉昌宏，王星星

１．13世紀前半 初代チンギス・カーンの時代～モンゴル帝国の樹立と拡張～

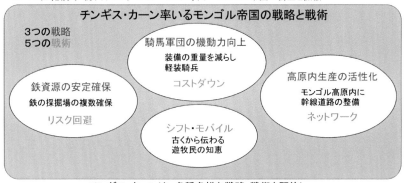

チンギス・カーンは、多種多様な戦略・戦術を駆使し、
「イルになる」と言う言葉の通り、対等な仲間を増やしていき、
モンゴル高原とモンゴル民の平和と安定した繁栄を目指した。

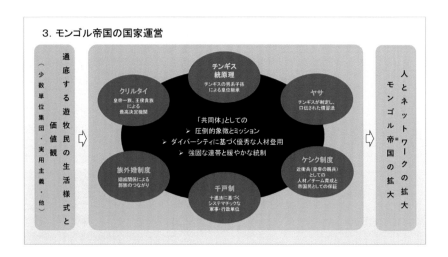

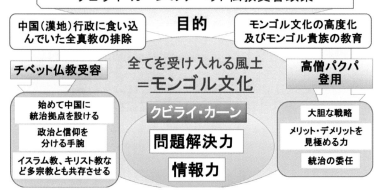

「モンゴル帝国の興隆と衰退」

2018年度インターゼミ　アジアダイナミズム班
学部生　　　：森川和洋・乳井優・小出幹・藤山拓海・溝呂木仁太郎・西條史都
大学院生　　：米山憲二郎・光永和弘・小林幸治・眞下みのり・宮北靖也・室井明
卒業生・修了生：越田辰宏・塚原啓弘・山口夏実
指導教員　　：金美徳 教授・水盛涼一 准教授・加藤みずき 専任講師

第2章：モンゴル帝国の「衰退」の原因➡「5つの問題意識」

１．後継者の選出方法から見たモンゴル帝国の衰退原因。

２．モンゴル帝国の宗教的多様性は、なぜ崩壊したのか。

３．経済・通貨システムの崩壊は、モンゴル帝国の衰退にどのような影響を与えたのか。

４．カーンの影響力と統治システムは、15世紀以降の帝国や現代企業の繁栄・衰退に通じるものはあるのか。

５．モンゴル帝国の没落は、体制崩壊としての「衰退」と見るか、或いは経済循環のようなは好不況としての一時的「不況」と見るか。歴史的評価の物差し何か。

注記：カーンはモンゴル帝国皇帝で世界で唯一の地位、カンは帝国を構成する諸国の国王

問題意識 1：後継者の選出方法から見たモンゴル帝国の衰退原因

■モンゴル帝国におけるカーンの選出ルール

「クリルタイ」という皇帝一族や貴族で構成された最高意思決定機関で
モンゴル帝国を最もよく導くと認められた者を選出する。（合議制）

クリルタイ

▼

実際は・・・「クリルタイによって、カーンを選ぶというルール」は遵守されておらず、
後継者同士による争いに勝利したものがカーンに即位。　⇒　代替わりのたびに内紛が発生。

■リーダーの資質がないカーンが現れたとき（政治をしない）

カーンの代わりに国を仕切った者が、国民を無視した好き勝手な政治を続け、財政を圧迫。
次のカーンを選ぶ時も権力を手放したくないため、操りやすいカーンを選び、権力を保持した。

▼

後継者争いによる内紛と私党の政治が長く続いた結果、モンゴル帝国は衰退。

> 時代や環境に適合していないルールや仕組み、組織の内部崩壊に繋がる
> 課題に目を向けて、自ら「変革」していくことが求められる。

第3章：モンゴル帝国史を基点としたグローバル・ヒストリー
～これからの国際経営の組織と人材のあり方～

仮説
ユーラシア支配したモンゴル帝国は、滅亡した後、現代にその名残・残滓を残しているか。

これまでの世界史
World history

○強国・西洋的価値観
○一神教の価値観
（善悪・勝負の二分法）

これからの世界史
Global history

○長期的な歴史動向
○国史より広域テーマ
○非ヨーロッパ世界史

担当：越田辰宏2018.12

世界：中世13世紀～近代

モンゴルが世界史で果たした役割（下記の帝国との比較）

「中華帝国」＝民族
●王朝統治（漢人以外でも、有徳により天子になれる）
●漢民族でなく中華民族の大家庭（中国の天下観）

「ロシア帝国」＝宗教
●モンゴルの血の権威（血縁外交、ロシアのトラウマ）
●一神教と多神教

「大英帝国」＝ソフトパワー
●ネットワーク力（交易、金融）
●帝国論（多様性寛容）と国民国家論（一体性重視）

日本：近世・江戸時代270年

鎖国と四つ口（松前口除く）
交流＝情報ネットワーク

「対馬口」＝経営組織
●朝鮮通信使と国際経営（実態把握し実業を知る）
●プロジェクト・マネジメント（調整力、対応力、解決力）

「薩摩口」＝人的資源管理
●琉球450年と日中両属
●自立自尊と経済的自立（知恵と教養）

「長崎口」＝国際経営
●17世紀オランダの覇権と情報ネットワーク（風説書）
●出島と中国交易（銀と生糸）

結論
○「目に見えるハードパワー」の価値観のみでは、帝国衰亡後の名残・残滓は捉えられない。
○「目に見えにくいソフトパワー」の視界を拓くグローバル・ヒストリーにより、今日に続く足跡（組織力、ネットワーク力、宗教多様性など）を確認。

歴史とは何か
○為政者の歴史書替え
○歴史は未来を照らす鏡、歴史は繰り返される

これからの日本人らしい経営組織と人材のあり方
○歴史の相対化（過程重視）
○今後中国とどう向き合うか

※　経営学＝人間学（人間の行動の真実を追求）

「モンゴル帝国と朝鮮半島」

2019年度インターゼミ アジア・ダイナミズム班

学部生　　　　：杉浦左京、藤山拓海、和泉遼、押見正明、小出幹、柳沢悠介
大学院生　　　：宮北靖也、半田敏章、越田辰宏、野々宮正晃、浅賀誠、
　　　　　　　　　小西令枝、北山智子
卒業生・修了生　光永和弘、塚原啓弘、和泉昌宏、三好瑛大
指導教員　　　：金美徳、水盛涼一、小林昭菜

朝鮮半島とモンゴル帝国・中国

残された課題を研究するために、
モンゴル帝国、元と深い関係を持つ高麗にフォーカスを当てる

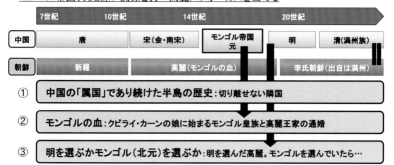

高麗の知恵と失敗

高麗王家とモンゴル皇族の通婚関係と内部闘争

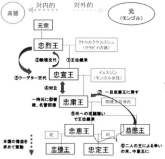

高麗の知恵

1. モンゴル（元）皇族との通婚関係により元の官職を得る

2. 対日警戒網を統括する役割を担うことで元と一体となりつつ主体性の維持

3. モンゴルの定例要求（人質・物資・軍事協力等）が軽減され、王制維持の現実化

高麗の失敗

内部闘争により、体制の弱体化へ

個々の欲や内向的な組織は持続的な体制を築けない。事が始まる時や拡大していく段階では、カリスマ要素のある個人技も必要。組織の持続的安定のためには、多様な考え方や第3者の目を入れることが必要不可欠

フィールドワーク2日目

高麗を研究する意義とは、「大国」のパワーポリティクスに対する「小国のあり方、小国論」に関するものである。

大理やウィグルは、高麗と同じようにモンゴル帝国に組み込まれて行ったが、高麗とは異なり国家の枠組み自体がなくなってしまった。

また、博多から見たアジア、武器という観点からもお話いただいた。

バートル先生撮影

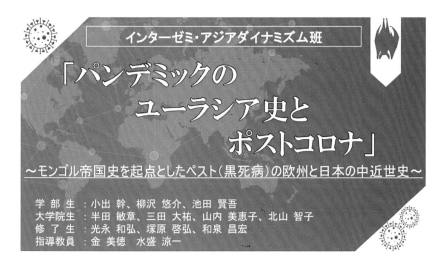

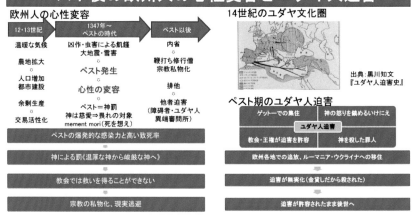

倭寇とは

> 一般的に認識されている**「倭寇」**は、
> 〔A〕**14〜15世紀の倭寇**（主に海賊活動）と、
> 〔B〕**16世紀の倭寇**（主に密貿易活動）とに大別

> 倭寇は東アジアの沿海諸地域を舞台とした海民集団の一大運動であり、**構成員は日本人に加え、朝鮮人・中国人・ヨーロッパ人**

> **倭寇の活動**は東アジア諸国の国内事情を母体とし、**国際関係の歪みを引き金として発生**
> （〔A〕蒙古の高麗侵入による進奉貿易の断絶／
> 〔B〕明の海禁政策による密貿易化）

> 中国大陸・朝鮮半島・日本列島・琉球列島・台湾・フィリピン・南方諸島地域の**諸国人民と歴史に関わりながら消滅**していった

出典：東京大学史料編纂所の所蔵「倭寇図巻」富豪宅から獲物を持ち出す倭寇たちか

1章 中世の武装貿易商人 倭寇

3.中世倭寇の影響力と爪痕 　　　（担当：森田）

— 史料に残された記述から推察する中央政府と後世へのインパクト
　～アウトローが築いた国家のルール

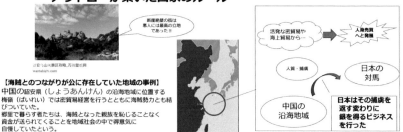

新疆絶壁の街は
悪人には最高の立地
であった!!

活発な密貿易や
海上貿易から…

人身売買
へと発展

人質・捕虜

日本の
対馬

中国の
沿海地域

日本はその捕虜を
返す変わりに
銀を得るビジネス
を行った

沿安与山风景区攻略_万州壁术网
wanhabizhi.com

【海賊とのつながりが公に存在していた地域の事例】
中国の詔安県（しょうあんけん）の沿海地域に位置する
梅嶺（ばいれい）では密貿易経営を行うとともに海賊勢力とも結
びついていた。
郷里で暮らす者たちは、海賊となった親族を恥じることなく
資金が送られてくることを地域社会の中で得意気に
自慢していたという。

倭寇の活発化は、元・明の経済・通貨政策が揺らいだタイミングで起こった

●経済が混乱し通貨の価値が揺らぐ＝両王朝の統制力が
低下 ⇒周辺地域で海賊・海商が活発化
●広大な帝国を維持するコストをまかなえるだけの財政
政策を実行することは、この時代には難しかった？
● 現代は？ 通貨は国のどこでも同価値で使える。通
貨・金融政策は国の政策を反映しつつ、経済の専門家が
取り仕切る

一人当り交鈔残高と物価

= 米価（買）　■ 米価（買/4石）　—一人当り交鈔残高

元(1260–1368)	明(1368–1644)
・ 世界初の紙幣を発行。西方貿易に銀が必要で補完のため	・ 元末の紙幣混乱を避けるため銅銭を発行。しかし銅不足から供給は限定され、現物経済に依存した
・ 皇帝の後継者争いの激化、日本出兵などの戦費負担の増大などから紙幣を乱発	・ 1375年、紙幣の発行に踏み切るが、今度は大量発行が続き、価値低下が止まらず。財務規律が機能しなかった
・ 1200年代末から発行残高が急増、1280年→1320年に物価は8倍強に！	・ 実質GDPは明代を通して0.26％と低くとどまった。明末1620年の一人当たり実質GDPは980年と同水準だった

**第13期社会工学研究会
アジアダイナミズム班**

華人華僑とモンゴル帝国史

学 部 生 ：野中、羽田、山埜、渡辺
大学院生 ：森、杉、森田、呉、吉中
修 了 生 ：光永
指導教員 ：金美徳、水盛涼一

第1章 ：モンゴル帝国史と華人華僑のルーツ

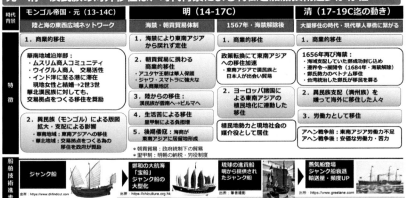

第1章 ：モンゴル帝国史と華人華僑のルーツ

モンゴル帝国の海と陸の交流が移住を加速、コミュニティ→ネットワークへ発展

1．華南地域沿岸部の漢民族は「海域民」としての意識・行動となっていった	2．歴史の変遷と共に、漢民族コミュニティから、華人華僑ネットワークへ発展・拡大	3．華人華僑のルーツ：モンゴル帝国による「交通網の整備」「海と陸の東西交流」の発展があった

出所：世界の歴史まっぷ

コミュニティからネットワークへ

出所：https://pixta.jpより筆者作成

出所：世界の歴史まっぷ

第4章：現代のモンゴルの末裔

中国、ロシア2つの大国に分断されながらもしたたかに生きる

(1) 広範囲に広がるモンゴルの末裔たち

(1)モンゴル族（合計900万人）
・モンゴル国：モンゴル人約310万人(国の人口の95%)
・中国：内モンゴル自治区に約423万人、遼寧省などに175万人

╋

(2)モンゴル系諸民族（合計1500万人超）
・中国：東郷族、土族など約100万人
・ロシア：ブリヤート人約44万人、オイラート人17万人
・その他：カザフスタン(カザフ人1300万人)、ウズベキスタン、トルクメニスタンなどが「モンゴル帝国支配者の末裔」を名乗る

(2) 大国政治に翻弄され分割されたモンゴル族

清の一部だったモンゴル地域は、1900年代初頭～第二次大戦にかけて中国(中華民国、中華人民共和国)、ロシア(帝政ロシア、ソビエト連邦)、日本など大国間の駆け引きの中で分割された

モンゴル国 (人口332万人、面積156万km²)
・清から独立するが内モンゴルを統合できず→ソ連の衛星国→ソ連崩壊後民主化→中国貿易の依存度上昇
・中ロの緩衝地帯でもある
・ソ連時代から続くロシアの影響、中国への貿易依存度が過度にならないよう、中立外交を強化。米国、日本など「第3の隣国」関係の強化を模索
　例：1国として初の非核兵器地帯認定

中国の内モンゴル自治区 (人口2,400万人、面積118万km²)
・モンゴル族人口はモンゴル国より多いが、内モンゴル自治区では人口の2割で少数派
・2000年に公用語である中国語が義務づけられ、モンゴル語の地位が低下
・「少数民族の優等生」とならざるを得なかった。作られた「のどかな大草原」イメージ(×強いモンゴル帝国)
　例：中国の牛乳トップブランド「蒙牛」「伊利」

★ どこまでが「モンゴルの末裔」か？→定義はあいまい
★ 言語、生活様式など共通点は少ない
★ 「モンゴル帝国の支配者の末裔」というルーツに対する意識だけが共通ともいえる
★ 多国に存在し、ルーツ意識に支えられる点で、華人華僑との共通点も？

はじめに

　多摩大学・寺島実郎学長が主幹するインターゼミ（社会工学研究会）は、アジアダイナミズム、多摩学、サービスエンターテーメント、DX などを研究テーマに、社会科学の方法論である「文献研究とフィールドワーク」を駆使して研究活動を展開しており、現代社会が抱える課題の創造的解決を志向している。

　2009 年度に開講されたインターゼミには、毎年（春・秋学期）、学生・大学院生・卒業生・修了生約 40 名が履修・参画しており、教職員約 18 名が担当・指導している。14 年間の履修者数は延べ 600 名、担当教職員数は延べ 250 名に達しており、完成させた論文数は 63 本に上る。

　インターゼミ・アジアダイナミズム班の 14 年間の研究テーマは、大きく 3 つに分けられる。1 つは、「日本・アジアの交流史とパラドックス」である。2009 年「アジアとの交流プログラム〜多摩大学の留学生獲得戦略研究〜（30 頁：学生 5 名)」、2010 年「アジア経済〜ヒト・モノ・カネと産業〜（82 頁：学生 5 名)」、2011 年「孫文、伊藤博文、安重根〜日中韓の 3 人の歴史的人物から学んだこと〜（57 頁：学生 6 名)」、2012 年「日中韓の領土問題〜尖閣諸島と竹島〜（90 頁：学生 9 名)」、2013 年「日本とユーラシアの交流〜飛鳥寺を手掛かりに〜（81 頁：学生 7 名)」。

　2 つ目は、「江戸時代の 4 つの口」である。2014 年「江戸期の日中韓交流〜朝鮮通信使の外交・文化的意味と現代的意義〜（107 頁：学生・院生 11 名)」、2015 年「琉球国と東アジア交流〜琉球史から探る沖縄の自立自尊と経済的自立〜（111 頁：学生・院生 12 名)」、2016 年「長崎が拓いたアジアとヨーロッパの交流（133 頁：学生・院生 7 名)」。

　3 つ目は、「モンゴル帝国史」である。2017 年「モンゴル帝国のユーラシア興隆史（107 頁：学生・院生 7 名)」、2018 年「モンゴル帝国の興隆と衰退（244 頁：学生・院生 14 名)」、2019 年「モンゴル帝国と朝鮮半島（80 頁：学生・院生 17 名)」、2020 年「パンデミックのユーラシア史とポストコロナ〜モンゴル帝国史を起点としたペスト（黒死病）の欧州と

日本の中近世史～（119頁：学生・院生 10 名）」、2021 年「倭寇とモンゴル帝国史～海洋の渡海民と大陸の遊牧民～（108頁：学生・院生 7 名）」、2022 年「華人華僑とモンゴル帝国史（106頁：学生・院生 9 名）」である。

　「モンゴル帝国史」研究の目的の 1 つは、インターゼミ・アジアダイナミズム班が近現代を中心に研究してきたグローバルヒストリーに、モンゴル帝国史を積極的に位置付け、新たなグローバルヒストリー理論の構築に貢献することである。13 ～ 14 世紀アジアの大半を統合したモンゴル帝国は、アジア・ヨーロッパ・アフリカを含めた人・物・文化の大交流をもたらした。このアフロ・ユーラシア大陸でのグローバル化は、現在の政治・経済の構図や民族・宗教問題に大きな影響を及ぼしている。とりわけユーラシア大陸の 3 大地域大国である中国・ロシア・インド研究においてモンゴル帝国からの影響を考えるべきとの提言がなされている。

　2 つ目は、モンゴル帝国史から日本史を問い直し、再検討することである。3 つ目は、歴史的視点から現在と将来のアジアと日本のあり方を考えることである。

　本書は、インターゼミ・アジアダイナミズム班が 2017 年度から 2022 年度まで 6 年間（参画学生・大学院生・卒業生・修了生 64 名）のモンゴル帝国史の研究成果である 6 本の論文、合計頁数 764 頁に基づいて再編集したものである。

　本書の特徴としては、モンゴル帝国史の視座から現代的意義や企業経営へのインプリケーションを考察したことである。

　戦いの繰り返しで紡がれてきた歴史の中で、ひときわ異彩を放つ、平和で安定した時代がある。それは、モンゴル帝国が 13 世紀～ 14 世紀にわたり、覇権を拡大し、広大なユーラシア大陸を支配した時代であり、「パクス・モンゴリカ」（ラテン語：Pax Mongolica：モンゴルの平和の意）と呼ばれている。その支配した領域は、中国～朝鮮半島～中央アジア～中東～東ヨーロッパに及び人類史上最大の領土 4,500 万㎢（邱江寧・浙江師範大学教授）に達し、世界陸地面積 1 億 3,612 万㎢の 33% を占めた。現

在の国名で表すと中国、モンゴル、ロシア、韓国、北朝鮮、ミャンマー、ラオス、インド（北部）、パキスタン（東部）、アフガニスタン、イラン、イラク、シリア、カザフスタン、ウズベキスタン、キルギスタン、タジキスタン、トルクメニスタン、ジョージア、アゼルバイジャン、アルメニア、トルコ、ウクライナ、ベラルーシ、ルーマニア、ブルガリア、ポーランドなど27 カ国（諸説あり）である。因みに人類史上 2 番目に広い領土を支配したのは大英帝国（1922 年領土 3,370 万㎢、同 24.7%）であり、3 位はロシア帝国（1866 年領土 2,370 万㎢、同 17.4%）であった。

　モンゴル帝国は、1206 年「クリルタイ（王族・部族長・部族重臣会議）」で、テムジン改めチンギス・カン（カン：王、その後カーン：皇帝と称される）を初代君主とし、成立された。モンゴル帝国がユーラシア大陸を支配し、多民族・多文化国家として統合したことで、交易ネットワークが形成され、人と物が行き交い、経済や文化が大きく発展した。モンゴル帝国は、チンギス・カーンの血が脈々と受け継がれ、「金・西遼・ホラズム・西夏」を平定し、さらに、その末裔が元朝（初代皇帝：クビライ・カーン）、キプチャク・ハン国、チャガタイ・ハン国、イル・ハン国を統治した。その後も大明帝国・大清帝国・オスマン帝国・ムガル帝国・ロシア帝国に影響を与え、これらの帝国が 20 世紀まで続くこととなった。まさしく人類史上、最も成功した国家・組織であり、リーダーであるとっても過言でない。

　モンゴル帝国は、人口が 1 億人に上る多民族・多文化国家を支配・統治したことから、「チンギス・カーンは勝つためには手段を選ばない」、「敵対する者は全員容赦なく抹殺する」と一般的に評価されている。しかしながら「チンギス・カーンは戦わずして勝つ」、「戦う前に勝利する」、「統治が緩やかであった」とする真逆の評価もある。この「緩やかな統治」とは、支配下に置いた国・地域に自国の文化を強制せず、相手の文化を尊重することであり、良い文化は吸収することさえあったというものである。多摩大学・寺島実郎学長は、「モンゴルは、支配した地域の統治に関し、実務能力重視による多民族の登用、宗教に寛容という柔らかい姿勢、

多様な文化への吸収力を示した。多様性の温存というべきか、宗教にも寛容であった」（『世界』：2018年5月号・脳力のレッスンより引用）。また、英国軍事評論家リデル・ハート氏は、「このモンゴル帝国の驚くべき特色は、完全な宗教的寛容であった。チンギス・カーンの枢機顧問官には、キリスト教徒や各種の異教徒、回教徒および仏教徒たちがいた」（『世界史の名将たち』より引用）と指摘している。他方、「モンゴル族は、アイデンティティが薄いから統一できた」との見方もある。これは、2018年中国現地でヒアリングした時のコメントであり、支配下に置く国・地域（民族・宗教）と「イルとなる（仲間になる）」ための究極の秘訣であったとも考えられる。

　モンゴル帝国、チンギス・カーンとその末裔が、ユーラシア大陸を700年間にわたり統治できた成功要因、またはその爪痕やDNAなど影響力を現在にまで残すことができた秘訣は何なのか。当然ながら数多くの研究成果や論文が出されており、書物も出版されている。そこで、朝鮮半島（高麗）、倭寇（海賊・貿易商人）、華人華僑、パンデミックなどの独自の切り口で考察することによって新たなモンゴル帝国史を模索し、その現代的意義と共に企業経営へのインプリケーションを考察した。ユーラシア遊牧社会には、数千年前から生きる知恵・教訓の集大成である『ト・ワンの教え』という書がある。これは、遊牧生活のエッセンスとしてリーダーが修めるべき事柄である。しかしこの知恵は、数千年前からあったにも関わらず、なぜチンギス・カーンだけが最大限活用し、人類史上最高の成功を収めることができたのか。その1つは、高い「遊牧リテラシー（読解記述力）」があったからである。「遊牧リテラシー」とは、ユーラシア大陸高原の変化に応じて的確な行動をとれる能力であり、換言すれば遊牧知を理解して適切に運用できる能力である。まさしく地政学的知（ゲオポリティカル）である。

　今後、コロナショック・ウクライナショックが変える新しい世界、「VUCAの時代（変動性・不確実性・複雑性・曖昧性）」、「新しい地政学の時代（国際秩序の崩壊危機と国際紛争の増加・拡大）」、換言すれば不透

明性が高く、視界不良の世界・時代であり、予測困難な経営環境において、このような遊牧知や地政学的知を研ぎ澄ますことが益々重要となるであろう。

　この度、文科省『高等学校学習指導要領解説・地理歴史編』から近現代分野を重点部分として教育するよう通達された。2022年4月からは、世界史と日本史を融合し、近現代分野を中心に学ぶ新科目「歴史総合」が導入されている。この教育目的は、世界の歴史と日本の歴史の相互関連性や日本と世界の近現代史を学ぶこと。また、近現代の歴史や現代社会の成り立ちについて理解させ、歴史的思考力を培うようにすることである。すなわち「歴史総合」では、「社会的事象の歴史的な見方・考え方を働かせ、課題を追究したり、解決したりする活動」が求められる。

　また、大学では、「歴史学におけるグローバルな視座」と「歴史学におけるローカルな視座」、すなわち「歴史学におけるグローバルな視座」が求められており、とりわけ「グローバルヒストリー」の研究・教育が活発化している。

　したがって本書では、高校の「歴史総合」や大学の「グローバルヒストリー」の教育・研究や、時代認識を深め、グローバル化した社会で活躍する人材育成に資する教育教材を目指している。

金 美徳

目 次

第 1 章

少数民族モンゴルによる多民族支配

本章の主編者　光永 和弘
当時の執筆者　指宿 ひとみ・一杉 波音　など
（主編者をのぞく）

●少数民族が多数派民族を支配する体制・制度とはどのようなものか
●少数民族による支配であったモンゴル帝国と大清帝国の共通点は見い出せるか
●現代日本企業が少数民族による支配の歴史的事実から学ぶことはあるか

第 1 節　モンゴル第一主義の身分制度に関する諸説

　モンゴル帝国が史上最大の版図を形成できた要因として、民族や宗教の多様性を受容し、ゆるやかな統治を敷いてきたことがある。一方、少数民族であるモンゴル族が多民族・多数派民族を統治する構造を支える何らかの仕組みがあったはずである。まず、多数派であった漢民族の視点から紐解く。

　元代において、多数を占める漢民族の立場から見ると元朝はモンゴル族による「征服王朝」すなわち、漢民族以外の民族に支配されていた時代である。

　当時の人民は、モンゴル人・色目人・漢人・南人の 4 種に区分され、それが身分制度として機能したという見解がある。

　田村によれば、「元朝は基本方針として、このような中国の伝統を破って、種族的な差別待遇をきびしく行った。モンゴル人を社会の最上層におき、つぎには西方系の色目人、最下層に漢人をおいた。この漢人はさらに二分して漢人と南人に区別することもある」(2000、p.238) という。モンゴル人を最上層として位置づけ、中央官庁の長官はモンゴル人を任用することとされていた。

　色目人とは西方系に属する多様な民族を一括りに称したもので、その構成は、チベット系タングート、ウイグル人、イラン系・テュルク系ムスリムなどから成る。譜代関係を重視するモンゴル人にとって、色目人はモンゴルに帰属したのが漢人や南人よりも早かったことや、元において 100 万人程度と推定されるモンゴル人が多数派の 1,000 万人の漢人と 6,000 万

人の南人を支配する上で、漢人・南人とは異文化を持つ色目人を重用することで、漢化を防ぎ統治をしやすくする狙いがあったとされる。色目人はモンゴル人の人材を補う形で中央や地方の長官に登用されたり、次官や補佐官といった位を占めた。

漢人は金朝の遺民である、キタイ人・ジュルチン人・高麗人を含めた華北の漢人、南人は南宋の遺民である江南の人々を指す。モンゴル帝国・元朝以前に科挙制度により官僚を占めていた漢人は、モンゴル人・色目人にその地位を追われたとされる。このような身分制度は、階級のみならず刑法にも表れていた。例えば、モンゴル人と漢人が争った時にモンゴル人が漢人を殴っても報復してはならない、モンゴル人が漢人を殺しても葬式費用を支払えば罪に問われないなど、少数派のモンゴル人を保護するものであった。

このようにした漢人冷遇・抑圧の制度に、モンゴル帝国以前の中国において優遇されてきた漢人知識人たちが不満を募らせ、反モンゴル意識が高まっていた、という見方もある。

表1　モンゴル第一主義の身分制度

1	蒙古人
2	色目人
3	漢人
4	南人

本章筆者作成

第2節　元朝下の漢民族抑圧説に対する議論

一方、近年の研究では、モンゴル人・色目人・漢人・南人の間に明確な身分の上下が確立していたわけではなく、漢人と南人がそれを理由に抑圧

されていたわけでもないという見解が主流となっている。

　2016 年初版の『概説中国史（下）近世―近現代』では、「ところでかつて、元代社会を象徴する言葉として、モンゴル第一主義という用語がよく使われた。元朝では、モンゴル人官僚が要職を独占し、西方出身者の色目人と共に支配者層を形成し、華北の旧金領の人々を漢人、江南の旧南宋領の人々を南人と呼んで差別して冷遇したというのである。しかし、近年、その認識は誤りであることが多くの研究者たちから指摘されている」（冨谷・森田、2016、p.101）と、漢民族抑圧説を否定している。

　また、杉山によると「支配層であるモンゴル達のほかには、とくに身分差や階級制度を設けたことはない。最下層に置かれたという南人が、とくに手ひどく虐待されたなどという事実は見られない。それどころか、最上層にあったはずのモンゴルでも王族や族長クラスは別だが、おちぶれて妻子を売ったり、日雇いの日々を募集する市場に自ら立ったりしたという事例もある」（2010、p.53）とある。

　4 つの民族に明確なヒエラルキーは存在しなかったというのが近年の研究の結果だが、各民族が全く平等だったといえるわけでもない。モンゴル帝国は中国伝統の科挙制度を元朝下において廃止したが、1313 年にモンゴル帝国第 8 代皇帝・アユルバルワダ（仁宗）の時代に科挙を復活した。その際、モンゴル人・色目人用のコースと漢人・南人用のコースを設けており、合格定員 100 名のうちモンゴル人・色目人・漢人・南人で各 4 分の 1 にあたる 25 人ずつを合格者とした。人口比率を勘案すると、漢人、南人にとっては極めて狭き門であった。第 1 節で触れたような身分制度が存在しなかったとしても、実質的にモンゴル人・色目人が優遇されていたという解釈が成り立つ。

　モンゴル帝国では、自ら投降した者は「協力者」であり、やむなく投降した者は「隷属者」であるという考え方があった。モンゴルに帰属した時期やその経緯を考慮すると、色目人、漢人、南人として順序を付けることは順当といえる。

　しかし、モンゴル帝国の人材登用を見ると、「協力者」「隷属者」の区分

けは身分として絶対的なものではなかったこともうかがえる。漢人である耶律中や史天沢は中書右丞相という最高官位に就いたのである。つまり、モンゴル族と同じ少数派である色目人を上層に配置しつつ、多数派である漢人の中からもモンゴルとの関係性や実力を勘案して優秀人材を登用したわけである。モンゴル支配層を頂点として、各民族のパワーバランスを均衡させ、ヒエラルキーの安定をはかる手法は、少数民族であるモンゴル族が、多数派の漢民族を含めて複数の民族を支配するための知恵ともいえよう。

　モンゴル族の漢民族統治の成功要因として語られる様々な要因の中で、漢民族の制度や文化を尊重する「アメ」の部分、モンゴル人を頂点とするヒエラルキーが「ムチ」の部分、いずれか一方ではなく、そのバランスが統治の鍵であったのではなかろうか。

第3節　大清帝国における少数民族満洲族の漢民族支配

　本節ではモンゴル帝国同様に、満洲族が漢民族を統治した大清帝国における少数民族による多数派民族支配の構造を理解し、モンゴル帝国と比較してゆくことによって「モンゴル帝国が元を100年余り統治できた多数派民族への統治手法が優れていたのか」或いは「大清帝国が300年近く多数派民族を統治できたことと比較してモンゴル帝国は劣っていたのか」という視点で考察する。大清帝国は、1616年の建国から1912年まで300年弱継続した帝国であり、実質は、満洲族とモンゴル族が連合して漢民族を統治し、チベット人、イスラム教徒を保護する構造であった。

　モンゴル帝国の時代と同様に、漢民族以外の少数民族が漢民族を支配した時代であり、漢民族からの視点では、征服王朝という言い方となる時代である。

　北東の少数民族である満洲族が如何にして多数派民族の漢民族をモンゴル帝国の約3倍にあたる300年近い期間を統治できたのかをその支配制度を軸に見ていく。

第1項　八旗制・官僚制度における漢民族の扱い

　1636年、満洲・モンゴル・漢人の代表から推戴されたホンタイジが皇帝に即位し、大清帝国が建国された。大清帝国の建国に参加した漢人とは、遼東に住んでいた漢人であり既に清の前身である後金に服属していた人々と、清に降伏した明の武将・孔有徳ら新来の人々であった。遼東に住んでいた農民は13世紀モンゴル帝国時代に6度に渡ってモンゴル軍の侵攻を受けて、満洲に連れてこられた高麗人の後裔であったとも言われている。

　また、建国に参加したモンゴル族はクビライ家の子孫などを領主とする人々であったが、清の建国時には既に後金の勢力下に属していた人たちである。

　建国の満洲族・モンゴル族・漢民族はその時点で満洲族に従っていた人々であり、1644年の明朝滅亡後に清が北京に入って統治した、中国・漢民族とはその位置づけが違うといえる。

　清朝の支配制度の根底は「八旗制度」である。八旗は軍事制度であると同時にあらゆる統治組織の根底でもあった。清朝の八旗は、満洲八旗に加えて、蒙古八旗、漢軍八旗が導入された。八旗に属する旗人たちは、モンゴル人、漢人でありながら、満洲人と同化している支配層といえる。大清帝国の中枢機能として政治や軍事の意思決定は八旗の旗王と最高権力者である皇帝にあったのである。

　1644年北京に入った満洲族は、紫禁城を取り巻く内城を東西南北8つの区画に区分して、首都防衛の為の八旗の兵営を建てた。この場所が現在の衚衕（フートン、大陸簡体字表記で胡同、モンゴル語で井戸を意味する単語に由来するともいわれる）と呼ばれる市街地である。そして、それまで内城に住んでいた漢民族たちは、内城の南側にあった外城へと追いやられたのである。また、漢族の人々は北京周辺の土地を奪い取られて、旗人たちに旗地として割り当てられた。

　次に清朝における官庁の制度に眼を向けてみる。1631年には明の中央官庁を模した六部が設置され、清朝建国の1636年には文書行政の一端を担う「内三院」と明の監察機関を取り入れた都察院が設置された。さらに

1638 年には、モンゴル事務を担当する理藩院を置いた。これらは一見、明朝式官制の導入であり、清朝の漢化ともとれるが、これはあくまで事務組織の形式として明朝式を導入したものであり、それを動かすポストに充てられるのは旗人即ち満洲族と、清朝に当初から服属している蒙古旗人・漢軍旗人であった。その八旗においても序列があり、満洲旗人・蒙古旗人・漢軍旗人の順であり旗人の中でも漢軍旗人は序列が低くなっている。満洲旗人には各種の優遇も多く、少数民族である満洲族あるいは漢・蒙などで特別に満洲八旗へと組み入れられた人々の優位が官僚制度の中でも保たれていたのである。

　さらに清朝では、モンゴル草原、現在の青海省・四川省西部を含めたチベット、回部と呼ばれていた新疆を「藩部」と呼び、藩部には種族自治を認めていた。漢民族とは一線を画し、モンゴルに対しては格別の敬意を表して、前述のモンゴル事務を司る理藩院は中央官庁である六部と同格とされていた。

　また、重要都市である南京、杭州、福州、荊州、成都、広州、西安、寧夏、密雲、青州などには「駐防」と呼ばれる八旗が駐屯し、その地域を城壁で区切って八旗が集まって住んでいた。それを「満城」と呼んでいた。つまり、八旗と一般の漢人とを区別していたのである。

　つまり、漢民族に対しては満洲族が直接支配をするが、モンゴル諸部はモンゴル民族に任せるという姿勢が表れていたのである。

　支配層の狩猟民族である満洲人は、遊牧民であるモンゴル人と農耕民族である漢人の利害が対立することを理解していたことから、両者を極力接触させずに摩擦が起きない政策を導入した。

　例えば、万里の長城以北のモンゴル高原、さらに版図が広がったゴビ砂漠以北のモンゴル、青海草原とチベット、新疆など漢民族が定住していたもともとの明朝の地域外への漢人農民の移住を禁止したのである。商人であっても 1 年を超えて滞在はできず、現地に家をもってはならない、現地で結婚してはならないといった、一種の隔離政策が存在していたのである。

　ここまで述べたように、表面的には中華王朝である明朝の制度を継続し

た形式でありながらも、少数民族である満洲族がモンゴル族を取り込みながら支配層を形成し、多数派の漢民族を統治・支配していた巧みな支配構造が出来上がっていたといえる。

第2項　漢民族への強硬策

　前項の支配制度・政策以外にも、満洲族が優位性を保ち漢民族を支配してきたいくつかの政策を述べていく。

　まず、辮髪が挙げられる。満洲人の伝統的な髪形である辮髪を強制した。明朝の残党と区別するために清朝に降伏する漢人には辮髪を強制したのである。これによって満洲人が支配者であることを示したといえる。漢民族の知識層にはこれに抵抗する者も多かったが、清朝は撤回することはなく、辮髪を拒否するなら死ぬか、坊主として仏寺に籠る選択しかなかったのである。

　次に、文字の獄が挙げられる。これは、清朝や皇帝に対して批判的な文書を書いたことが分かると処罰される制度である。清朝の隆盛時代といわれる康熙・雍正・乾隆の時代に特にこの文字の獄は厳しいものであり、八つ裂きの刑や死刑となることもあった。清朝満洲族による思想統制、粛清といっても過言ではない。

　同様に思想統制という観点から禁書が挙げられる。乾隆帝の時代の禁書が中国史上でも最も大規模であったといわれ、漢人に対する反満思想の制圧が目的であったといえる。

第3項　漢民族への融和策

　一方で、漢民族を強制支配するだけでなく、漢民族の支持を得て帝国を統治してゆくことも重要である。前項で述べた制度・政策を漢民族へのムチとするならば、融和としてのアメには如何なるものが存在していたのかを見ていく。

　まず、中国伝統の制度でもある科挙制度である。モンゴル帝国・元代に一旦中止され、後に限定的に復活した科挙制度が明代を経て、大清帝国下

において満洲族は、引き続き科挙制度を継続させたのである。

　科挙により優秀な漢民族の知識人は官僚として登用されることから、満洲族支配に対する不満を封印することにつながっていたといえる。

　また、六部などの要職ポストの定員を偶数として「満漢併用制」を導入することで満洲族と漢民族を同数登用する仕組みとしていたのである。

　官僚制度においては、理藩院・内務府といった独自の制度を除いて、六部をはじめとして明の官僚制度をそのまま引き継いだ面が多い。このような漢民族への制度上の一定の配慮が為された統治であったと見える。しかしながら、例えば初期にあって六部には各長官の上に旗王が管理担当に任じられており、漢民族は決して支配者層となるものではなく、あくまで支配者は満洲族であったのである。

第4節　少数民族による漢民族支配
〜モンゴル帝国と大清帝国の共通点〜

　モンゴル帝国は元朝支配において、異民族が漢民族を支配すると漢民族に同化してしまうことを理解していたともいわれる。モンゴル帝国が版図を拡大する中で、現地の制度や文化を尊重し、宗教の多様性を受容してきた統治の特徴が、結果的には元において色目人が漢民族への極端な同化には至らなかったことが、多数派民族を支配し得た要素のひとつであったものと考える。同様に大清帝国においては、満洲族が多数派の漢民族に同化しないことで支配を維持することが、モンゴル帝国・元朝よりも仕組み化されていったと見える。

　例えば、漢民族のチベット・新疆・モンゴル・満洲への移住を禁止したこと、或いは支配層の満洲族、漢民族よりも上層に位置するモンゴル族の女子が多数派の漢民族の嫁となることを禁ずるといった政策により、仕組みとして漢民族への同化に至らない措置がとられていた。これもモンゴル帝国同様、狩猟民族の満洲族と遊牧民族のモンゴル族が農耕民族の漢民族

と利害が対立することを清朝支配層の満洲人はよく知っていたと考えられる。

　モンゴル帝国においても大清帝国においても、漢民族の制度・文化を一定の尊重と人材の登用を巧みに実施しながらも、アメとムチに見えるバランスを保ちながら、決して漢民族に同化することはなかったことが、100年或いは300年の間、少数民族が中国の地にいて多数派である漢民族を統治・支配することができた共通する理由の1点目としたい。

　2点目に、多数派民族を統治する経験値を挙げたい。モンゴル帝国が1271年に元を成立し、1279年漢民族が多数定住する南宋を滅ぼし、漢民族の中国を支配した時には、既にチンギス・カーンの時代から5代の皇帝を経て、モンゴル族が版図を拡大し続け、ユーラシア各地において多様な民族を統治するという経験値を十分に蓄積してきた後の、漢民族の統治であった。同じく、大清帝国を建国した満洲族は、1616年満洲族の前身である女真族のヌルハチが建国した後金国を起源として、現在の中国東北部にて漢人・朝鮮人など女真族以外の民族も支配し、後にモンゴル族も支配下に入れた。つまり、1636年の大清帝国建国時には満洲族はすでに多民族支配の経験と、組織統治の技術を持ち合わせていたといえるのではないだろうか。その経験値をもとに、多数派である漢民族を統治する仕組みを構築することができたという見方をしたい。

　3点目に、誰が支配層であるかを明示する文字に関する共通点を挙げる。モンゴル帝国・5代皇帝クビライ・カーンは大元ウルスの領内にて共通の言語として使用する文字の制定を命じ、1269年パスパ文字が国字として公布された。実用性という目的ではなく、モンゴル帝国の大元ウルスであるという皇帝の権威を示す目的によって、パスパ文字を国字とすることで、多数派である漢民族に対しては、誰が支配者なのかを明示することができたという見解もある。

　大清帝国においては、清の前身である後金国を建国したヌルハチが命じ、モンゴル文字の表記を応用した満洲文字を制定した。その後、大清帝国皇帝であるホンタイジが改良を命じ、清の時代には満洲文字・モンゴル

文字・漢文が三体と呼ばれ重んじられていた。また、民間の漢人には満洲
文字の使用は認められておらず、満洲文字・満洲語の使用を認められたの
は科挙に合格した限られた漢人であったことに着目したい。この様な点に
おいても、満洲族が多数派の漢民族を支配する中で、誰が支配者であるか
を明示してきたことが分かるのである。

　1912年辛亥革命を経て、大清帝国が滅亡すると、紫禁城・故宮の額に
はもともと満洲文字と漢字が併記されていたが、中華民国は漢民族の国家
であるとして政権を握った袁世凱は、満洲文字を消し去っていたのであ
る。全ての満洲文字を消し去るには至らなかったが、近代に至るまで尚、
誰が支配する王朝なのかが、文字ひとつに込められ、漢民族王朝と漢民族
以外の征服王朝、漢民族と少数民族から成る中国という、中国の歴史の問
題がそこには横たわるのである。

写真1　2018年フィールドワーク北京にて筆者撮影

写真2　2018年フィールドワーク北京にて筆者撮影

第5節　漢民族による多様な民族統治

　モンゴル帝国と大清帝国における少数民族が多数派の漢民族を統治・支配できた共通項を見てきたが、歴代中国王朝は唐・元・清の時代以外は「漢民族による儒教・漢字の文化圏」の外へ版図を広げたことはない。つまり、漢民族支配の王朝には版図の限界があり、唐の鮮卑系支配、元のモンゴル支配、清の満洲支配といった中華からみた夷狄による支配の時代にその版図が限界を越えて広がっているのである。

　このことは、漢民族の領土におけるアメとムチによるバランスのとれた統治と、漢民族以外の領土における宗教への寛容さと自治を任せる手法が奏功していたことは、少数民族が支配するからこそ、成功したといえるの

ではないだろうか。

　一方、現代の中華人民共和国は 56 の民族が集合した「中華民族」の国家とされるが、多数派の漢民族による「漢民族による儒教・漢字の文化圏」を越えた領域であり、満洲族の大清帝国の版図を引き継いだ版図である。したがって、モンゴル帝国・大清帝国といった漢民族の領域を超えた帝国同等の版図を、漢民族が統治している、それまでの中国の歴史とは異質な形である。少数民族がしなやかに版図を広げた領域を、多数派の漢民族中心の国家が、多様性を受容し「しなやかに」統治し得るのかという疑問が浮かぶのである。

　漢民族中心の中華の領域を越えた版図を、多数派民族の漢民族が将来にわたり 56 の民族が集合した中華民族に平和と安定をもたらす国家足り得るには、巨大国家の統治の在り方を歴史から学ぶ必要があると考えるのである。

第6節　少数民族による統治と現代日本企業

　モンゴル帝国や大清帝国に見られたような、少数民族が多数派民族である漢民族を統治・支配した歴史を、現代の日本企業における純粋持ち株会社・ホールディングスによるグループ経営に照らし合わせてみる。

　現代企業の親会社、子会社という資本関係によるグループ経営には大きく 2 つの形態に分けられる。1 つ目は、親会社が事業経営をいとなみながら子会社を有する形態である。母体となる親会社が子会社よりも事業規模の大きい、グループの基幹事業を営んでいることから、大が小をコントロール・統治する形態といえる。中国の歴史に照らし合わせると、現代の中華人民共和国が多数派を占める漢民族を中心としつつ少数民族を支配している構図と似ているといえる。

　この形態のメリットは、子会社はあくまで子会社であることから、親会社が子会社の事業をコントロールしやすい、親会社・子会社間の人材交流

が容易である、などという点が挙げられる。デメリットとしては、親会社による子会社への支配実権が強くなり過ぎると、子会社自身が経営戦略を立案・実行する余地が小さくなり経営スピードが低下する、子会社の実態を十分把握できない親会社が誤った戦略を押し付ける、または親会社の事業と関連が深い事業の子会社には過干渉、ノウハウが少ない子会社は放任してしまう、といったリスクが挙げられる。

　2つ目の形態として、純粋持ち株会社、いわゆるホールディングスによるグループ経営がある。日本における持株会社制度は、戦前の旧財閥（三井・三菱財閥など）は持株会社の形態となっていた。戦後、GHQ主導による1947年の過度経済力集中排除法施行により旧財閥解体（三井・三菱財閥など）が実施され、独占禁止法において持ち株会社の設立と既存の会社の持株会社化が禁止された。その後、時を経て1997年独禁法改正により純粋持株会社の設置が解禁され現在に至る。

　持ち株会社による経営は、親会社のホールディングス自体が事業を営むことはなく、グループ全体の経営を最適にコントロールする役割であり、子会社となる各事業会社が事業会社の経営層を主体に事業を営む形態である。

　前述同様に、中国歴代王朝に照らし合わせると、これまで述べてきたモンゴル帝国・元代のモンゴル族による漢民族の統治、そして大清帝国の満洲族による漢民族統治に見られるような小が大をコントロールする組織に似ている。特に、広くユーラシアまで広がった世界帝国としては、モンゴル帝国の中枢は帝国全体の最適化を担う役割であり、各地域は地域ごとの運営を尊重し、一定の権限移譲による統治の構造といえる。

　2つ目の形態である純粋持ち株会社のメリットとしては、グループ経営と個別の事業会社が分離されていることから、事業会社に対する権限移譲により意思決定のスピードが上がることが挙げられる。また、事業拡大や低採算事業からの撤退などをグループ全体の経営の最適化を最優先に判断できる。さらに、グループ内の事業或いは人材のシナジーを生むことが可能となる。

　デメリットとしては、傘下の企業を直接的にコントロールしにくいことや、事業会社間、持ち株会社と傘下企業間において情報を共有しにくいことなどが挙げられる。

　2010年発表の旧みずほコーポレート銀行のレポートによると、持ち株会社制度のメリット・デメリットを踏まえた上でグループ経営に効果を生む為には、「経済状況に応じて遠心力と求心力をバランスよくコントロールすること」としている。その背景として、持ち株会社制度は好景気の成長過程においてはメリットが活きる体制であり、景気低迷の縮小期にはデメリットが顕在化しやすく、景気低迷期には持ち株会社制度は弱い体制であると論じている。

　求心力と遠心力とは、持ち株会社・親会社の「集権」と傘下企業・子会社への「分権」と言い換えられるものと考える。

　つまり、少数民族による巨大帝国の統治として述べてきた、モンゴル帝国・元と大清帝国の統治の鍵は、求心力＝集権と遠心力＝分権を政治、経済、宗教、官民の忠誠・不満などの状況に応じて、バランスよく、巧みに使いこなしてきたことが、現代企業と照らし合わせることで見えてくるのである。一方、現代企業がグループ経営に効果を生む手法としても、モンゴル帝国や大清帝国の統治に学ぶべきことが多いといえるのである。

第2章

モンゴル帝国の衰退とポスト・モンゴル帝国

本章の主編者　光永 和弘・米山 憲二郎
当時の執筆者　宮北 靖也・室井 明・藤山 拓海　など
（主編者をのぞく）

●モンゴル帝国が衰退した原因は何か
●モンゴル帝国は、それ以降の各国にどのような影響を与えたか
●モンゴル帝国とそれ以降の各国との支配体制に共通点はあるのか

第1節　後継者の選定方法から見たモンゴル帝国の衰退原因

第1項　カーンの選出方法の曖昧さ

　ユーラシア大陸全土を支配したモンゴル帝国が衰退した原因のひとつに挙げられるのが、後継者争いによる頻繁な内紛である。

　モンゴル帝国では、誰をカーンにするかは皇帝一族や王侯貴族による大会議「クリルタイ」で決定された。「クリルタイ」がカーンを選ぶ際、「モンゴルという共同体と国家の幸福を、最もよく導くと認められた者」（杉山、1996、p.196）を選出するのが原則であり、選ばれたカーンは、その職分を遂行するにあたり、モンゴル帝国全体を統率できる絶対的な権力が与えられた。

　カーンの絶対的な権力を巡り、2代目のオゴデイ・カーン（在位 1229年 – 1241年）が亡くなって以降、カーンが亡くなるたびに後継者を巡る争いが発生した。

　例えば、モンゴル帝国の分裂と言われるほど大きな影響を及ぼした後継者争いが、アリク・ブケ（在位 1259年 – 1264年）とクビライ（在位 1260年 – 1294年）による帝位継承戦争である。後継者候補のアリク・ブケとクビライは、それぞれが別の場所で「クリルタイ」を開催し、カーンに即位したため、モンゴル帝国に2人のカーンが誕生するという事態が発生した。そして帝位を巡ってモンゴル史上初めての武力による争奪となり、4年間に渡る戦争が行われたのである。この長期間に及ぶ戦いに勝利したのはクビライだった。しかし4年に渡る帝位継承戦争の影響は大きく、広くユーラシア大陸に轟いていたカーンの影響力は、戦争の間に弱ま

り、カーンとなったクビライの中央政府と3カン国（キプチャク・カン国、チャガタイ・カン国、イル・カン国）をはじめとする諸地域は、それぞれ独自の道を歩むこととなった。

　このアリク・ブケとクビライによる帝位継承戦争から推察されることとして、同時に2人のカーンが誕生した事実を踏まえると「クリルタイによるカーン選出のルール」は、非常に曖昧だったと言わざるを得ない。

　杉山は、「カーンの権力は一代限りで、次のカーンが襲任すれば、中央政府をはじめ、一切の機構における顔触れは一変する。カーンの交替は、王朝の交替と変わらない」（1996、p.196）と述べている。そのためカーンを巡る後継者争いは、候補者同士の戦いに留まらず、皇帝擁立の功により専権を得ようとする者たちの思惑が衝突した権力闘争の面を持ち合わせていた。

　例えば、第6代カーンのテムル（在位1294年–1307年）の時代から第7代カーンのカイシャン（在位1307年–1311年）の即位までの出来事が分かりやすい。テムルは、治世の後半、病気のために政務を執ることができなかった。病気のテムルに代わり、モンゴル帝国の中央政権を指揮したのは、皇太后のブルガンだった。ブルガンは数年にわたり、大元ウルスの宮廷と政府を掌握し、実権を握っていた。

　テムルの死後、実権を失いたくなかったブルガンは、後継者候補のカイシャンを本土防衛の名のもとにモンゴリア戦線の最前線に飛ばし、アユルバルワダ（在位1311年–1320年）を河南の懐孟に襲封させることを名目に大都から追い出した。そしてブルガンは独断で、安西王国の主人アーナンダに帝位に就くように要請し、また自らの皇太后たる地位と実権を認めるよう求めたのだった。

　ブルガンの取った行動に対して、支配層中枢の者たちは反発した。アーナンダの襲位により、安西王国の人脈が入ってくることで、今まで得ていた特権や立場を失うことを恐れたからだ。彼らはブルガンの意に背き、ひそかにアーナンダの襲位を阻止すべく、アユルバルワダの擁立を画策し

て宮廷内でクーデターを起こした。これによりアユルバルワダがカーンに即位すると見られたが、突如、遠方から強力な軍事力を持ったカイシャンが進軍し、争いを制した。その後、カイシャンは、クリルタイを招集して第7代カーンに選出された。

　カイシャンがクリルタイを開催したのは候補者同士の武力による争いが決着した後であり、クリルタイは事後的な承認の場でしかなかった。先述したアリク・ブケとクビライの2人もそれぞれがクリルタイを開催しており、「クリルタイによってモンゴルという共同体と国家の幸福を、最もよく導くと認められた者を選出する」というルールは実質的には守られておらず、実際はカーン候補者がもつ軍事力と、有力者が自分たちに有利な候補を支援するという権力闘争だったといえる。

　杉山は、「モンゴル帝国における代替わりごとのドラスティックな変化は、政治・行政の安定した継続性において、どうしても問題を生じがちである」（1996、p.197）と述べている。権力闘争に勝利したものが、それまでと継続性のない政治を繰り返したことも、モンゴル帝国を徐々に弱体化させていった原因の一つになったのである。

第2項　地に堕ちたカーンの権威

　このような権力闘争が続く中で、カーンの権威も低下していった。「モンゴル帝国では、権力闘争に勝利した者たちは、次第にその権勢を増長し、ついには絶対権力者のカーンをも傀儡化してしまい、私党の飾り物とされてしまった。このようにした私党のための政治が果てしなく続いたモンゴル帝国は、徐々に力を失い、国家の衰退を招くこととなったのだった」（愛宕・寺田、1974、p.243）のである。

　カイシャンは1311年、政権を奪われた者たちのクーデターにより殺害され、次いで帝位についたのはアユルバルワダだった。アユルバルワダは、念願の帝位を手に入れたことで満足したのか、宮廷内に引きこもるようになった。そのようなアユルバルワダに代わって政権を掌握したのが、実母のダギである。

　ダギは、心身ともに衰弱していたアユルバルワダの治世10年間に加え、アユルバルワダの死後、孫でまだ幼いシディバラ（在位1320年–1323年）をカーンに即位させ、傀儡の皇帝として実権を振るい続けた。ダギは12年間にわたり、愛好する側近たちと共に気の向くまま政治を行った。このダギによる長期の政治は、財政を破たんさせるなど中央政府を混乱に陥れ、モンゴル帝国の解体へ向かうきっかけとなったと言われている。ダギのようにカーンを傀儡とし政府を支配する者たちは、その後も継続的に現れた。モンゴル帝国におけるカーンの地位は、次第に弱体化したのである。

　愛宕は、「征服王朝の支配体制は、元来不自然な作為性に満ちているにもかかわらず、これに対する何の反省も改進もない政治が続き、百年近くを経ることで絶えず変化する社会の実情とギャップが持ちこたえられない限界に達してしまった」（愛宕・寺田、1974、p.243）と述べている。現代の視点からすれば、モンゴル帝国は「ガバナンスが欠如していた」のだといえる。

　元朝を滅ぼして成立した明朝では、皇帝の後継者の選定を帝国の根幹に関わる最重要問題として位置づけており、儒教の礼の理念に基づき嫡長子を皇太子として定め、皇帝の死後に次の皇帝とした。皇帝の継承制度が確立していたことから、モンゴル帝国に比較べて明朝は後継者を巡る争いが少なかったと言える。

　また、専制的中央集権体制の確立を目指し、科挙制度を復活し行政機関、軍事組織を皇帝の直轄下に置いた。皇帝の意に反する者や批判的な者たちを排除し、皇帝の独裁的地位を確立し、徹底した管理社会を築いた。強権的ではあるがガバナンスが効いていたと言える。

第2節　モンゴル帝国が15世紀以降に遺した影響力

第1項　15世紀の北元・オイラト帝国・ティムール帝国・大明帝国の視界

　モンゴル帝国皇帝の直轄領である元朝は、後継の明朝に言わせれば、1368年現在の北京である大都が明軍に占領された時点で滅亡した。なお1388年にクビライ家の男系子孫である皇帝トグス・テムルの死をもって滅亡したとする見方もある。

　いずれにせよ、元朝の中核をなしたモンゴル人を中心とする人たちは北へ移動し、それ以降も明朝と対峙し続けたのである。

　北元の勢力はモンゴル帝国興隆期とは比較にならないものの、過去の巨大なモンゴル帝国の復活を夢見たとも思えるような、様々な部族や各帝国の動きが史実から読み取れる。

　1368年、明により大都を占領された後、北側の大元ウルスと明は争いを続け、1378年にトグス・テムルが兄を継いでカーンに即位したが、1388年にブイル・ノールの戦いで明軍に大敗を喫し、西へと敗走した。そしてクビライ・カーンの弟アリク・ブケの子孫であるイェスデルに殺されたのである。

　クビライ・カーンとアリク・ブケは、兄である第4代モンゴル帝国皇帝であるモンケ・カーンの後継を巡って4年間に渡って争いを続けた因縁がある。120年の時を経て、アリク・ブケの子孫がクビライ家の皇帝トグス・テムルを打倒したという構図である。

　イェスデルはトグス・テムルに代わってカーンの位に就き、以降は14世紀から15世紀にかけてのモンゴル高原を中心に、東はマンチュリア、西はカザフ高原までの領域を大元ウルスとした。そしてチンギス・カーン家の血統は黄金氏族として尊ばれカーンを出せる一族と認識され、モンゴル人にとっての帝国は生き続けていたのである。

　イェスデルはカーンとなったものの、実権はイェスデルをバックアップしたモンゴル系部族のオイラト部族が握っていた。外モンゴルの西北を本拠地としてシベリアの森林地帯で活躍していた部族であり、チンギス・

カーンの子孫であるジョチ家、チャガタイ家、オゴディ家、トルイ家の全
てと婚姻関係をもっていた名家でもあった。前述のクビライとアリクブケ
の争いの際に、オイラト部族はアリクブケ側に立っていたことから、クビ
ライ・カーンの直轄領である元の直接の支配下にオイラト部族が入ること
はなかった。

　オイラト部族はカーンであるイェスデルを担ぎながら勢力を伸ばして
いった。オイラト部族の台頭によって、北元は次第にオイラト部族とモン
ゴル族が対立するようになったが、15世紀初め、オイラト部族の有力な
首領としてトゴンとエセンの親子が台頭した。1416年、トゴンはオイラ
ト部族とモンゴル族で対立していた北元を統一することに成功し、全モン
ゴル人を事実上掌握したのである。

　トゴンはチンギス・カーンの血統ではないことから自らカーンとなるこ
とは選択せずに、チンギス・カーンの子孫であるトクトアブハをカーンに
即位させ、自らはカーンの下で実権を握った。表向きは元の継承国家とし
ての北元であったが、実態はトゴンのオイラト帝国であったといえる。

　1413年トゴンの死後、息子のエセンがオイラト部族長を継いだ。そし
て、統一後の北元即ちオイラト帝国は、東では女真人（のちの満洲人）を
服従させ、西では東チャガタイ・カン国を制圧し、モンゴル帝国の再現を
目論むかの様な凄まじい発展を遂げたのである。

　勢いを増したオイラト帝国は1449年に明の国境を攻め、大明帝国皇帝
である英宗を捕虜とすることに成功した。いわゆる土木の変である。エセ
ンは明に対して皇帝・英宗の身柄と引き換えにオイラト帝国にとって有利
な条件を引き出そうと目論んでいたが、明側は皇帝・英宗の弟を皇帝に即
位させたためエセンは無条件で英宗を送還せざるを得なかった。エセン
は、その後、オイラト帝国であり北元である帝国のカーンとも対立するよ
うになり、1453年に自らが大元天聖大カーンに即位し、モンゴル帝国・
元を継承する系譜の中で初めてチンギス・カーンの血統以外からの皇帝と
なった。

　しかしそのエセンが1454年に部下の反乱により死去し、北元における

オイラト部族は一気に衰退していったのだが、オイラト部族はモンゴル帝国・元の版図復活を視野に入れていたことがうかがえる。

　次がティムール帝国である。モンゴル帝国クビライ・カーン時代の14世紀初頭にチャガタイ・カン国が分裂し、チャガタイ・カン国に属するバルラス部族出身であるティムールが君主として支配したのがティムール帝国である。ティムールの妻はチンギス・カーンの子孫であり、以降の子孫もチンギス・カーンの末裔と結婚したため、ティムール帝国にも、モンゴルの血が継承されていったのである。ティムールは、北元におけるオイラト部族とモンゴル族の対峙と内乱を、北元を征服する好機と見て、1404年に20万人の大軍を率いてモンゴル高原に進軍したのである。さらには大明帝国の征服も目論んでいたが、1405年ティムールが急死したことをきっかけにティムール帝国の東征は中断となり、北元と大明帝国の征服は実現しなかった。しかしながら、ティムール帝国においても、かつてのモンゴル帝国の版図を見据えていたことが感じ取れるのである。

　一方、大明帝国は、第3代皇帝・永楽帝時代の1410年から1424年の間に北元へ向けて5度の出征を実施した。大明帝国の皇帝・永楽帝は、大明帝国は漢民族国家に留まるものではなく、モンゴル帝国が支配していた元の版図を継承すべきものであるという思考が反映していたのではないか。北側への拡大を目論むだけではなく、ベトナムを征服し、さらに鄭和の大航海で知られるように東南アジア、インド洋までの航海を通じて多くの国との朝貢関係を確立していったのである。

　しかし明朝は北元を制することが叶わなかった。先に述べた土木の変をきっかけに北に対しては守りを固める方針に転換し、万里の長城を境として急速に内向きの思考へと変容していったのである。

　以上述べてきたように、モンゴル帝国としての版図が消滅した直後の15世紀においても、引き続きモンゴル帝国興隆期の統治・繁栄が各帝国の脳裏にあり、ポスト・モンゴル期の各帝国は自らが、モンゴル帝国時代の版図を描いていたとも言えるのではないだろうか。

第2項　モンゴル帝国の正統継承国家としての大清帝国

　モンゴル帝国は 1206 年チンギス・カーンが樹立し、1271 年クビライ・カーンがモンゴル帝国のカーンとして帝国全体を統治すると共に、東側地域を皇帝の直轄領として統治してきた。1368 年朱元璋が大明帝国皇帝の位につき、トゴン・テムル・カーン（大元皇帝）は万里の長城の北側へと退却した。そして 1388 年にトグス・テムル・カーンが殺されたことにより、約 180 年のモンゴル帝国が終焉を迎えたという見方もある。明朝としては、1368 年の大明帝国建国が元朝滅亡としているが、モンゴルの遊牧民にとっては中国という地域を失っただけで、元朝そのものは、北元としてその後も続いていたともいえるのである。

　大明帝国はモンゴル帝国・元の時代の全ての領域を支配しようと、1372 年にモンゴル高原へ進軍するものの制圧できなかった。その後も大明帝国は第 3 代皇帝・永楽帝の時代に 5 回もモンゴル高原に遠征したがモンゴル人を完全には支配することはできず、万里の長城を境に、北元と明という南北朝時代が続いていたことは先にも述べた通りである。

　そして 1616 年ヌルハチが大金国を建国し、その後の 1636 年に女真族あらため満洲人であるホンタイジが、万里の長城の中国から見て外側にあたる瀋陽を首都とした、大清帝国へと変更するのである。ホンタイジはモンゴル高原東部の北元勢力を屈服させたのち瀋陽に満洲人、モンゴル人、漢人の代表を集め 3 つの種族の共通の皇帝に推挙された。ホンタイジは北元の持っていた元朝の玉璽を継承したことにより、大清帝国はモンゴル帝国の正統を継承した帝国であるといえる。1644 年には大明帝国最後の皇帝・崇禎帝が自殺し、ホンタイジの息子・順治帝が北京に入り、大清帝国の中国支配が本格的に始まり南北朝時代は終わりを告げたのである。

　モンゴル帝国は、元から縮小した北元の時代を経て、再び大清帝国という継承国家へと繋がっていったともいえる。つまり、1206 年から 1388 年のモンゴル帝国時代以降も北元として継続し、1636 年の大清帝国建国から 1912 年の消滅まで、その版図や影響力・支配力は変われども、実に約 700 年もの間モンゴル帝国の血は引き継がれていたという見方もでき

るのではないだろうか。

第3項　大清帝国の支配体制

　大清帝国の支配構造である組織体制が八旗制である。八旗制とは、まず300人の壮丁と呼ばれる成年男子から成る組織をニルとする。このニルを基本単位として、5つのニルで1ジャランと称した。さらに5つのジャランで1グサとして、グサを8つ組織して八旗とする組織構成である。

　つまり、300人（ニル）が5ニルで1,500人のジャランとなる。そして1,500人（ジャラン）が5ジャランで7,500人のグサとなる。そして7,500人（グサ）が8旗で60,000人の組織となるのである。グサとは満洲語で軍団の意、漢語で表記すれば旗となる。

　さらに、満洲八旗のみなならず蒙古八旗、漢軍八旗も構成され、24グサの陣容となっていた。八旗に属する人達は旗人と称され大清帝国の支配層を形成していた。

　八旗は、皇帝自身が直接支配する正黄旗・鑲黄旗・正白旗の3旗と、旗王と称される諸王が支配する、鑲白旗・正紅旗・鑲紅旗・正藍旗・鑲藍旗の5旗に区分される。すなわち皇帝自身が支配する上五旗、旗王が支配する下五旗に分かれていた。

　また、大清帝国皇帝と旗王の親衛隊としてヒヤが組織されていた。ヒヤは皇帝・旗王の護衛、軍事・行政の要職を務め、皇帝側近として職務を果たす役割である。ヒヤを構成する人物は、従属した地域の首長の子弟、家臣の子弟、部下から選抜したメンバーであった。大清帝国におけるヒヤは人材育成機関として非常に機能していたのである。

　ここで、モンゴル帝国の支配構造と比較してみる。モンゴル帝国は、基本的単位を1,000人として部族長が千人隊長として組織を支配する千戸制を敷いていた。千戸隊の中には100人で構成する百戸隊、百戸隊の中には10人で構成する十戸隊が置かれ、それぞれ百人隊長、十人隊長が支配していた。この制度は軍事だけでなく、政治、行政、社会のすべての基礎となる組織として機能していた。この制度により、一遊牧部族社会という

ものから脱却し、帝国としての統治や経済運営を可能にしていったのである。

　また、モンゴル帝国においてチンギス・カーンが千人隊長、百人隊長、十人隊長の子弟を集めて結成した近衛軍団ケシクが存在する。ケシクは皇帝の警護・生活全般に渡る側近であり、帝国運営の中枢に携わるものであった。モンゴル帝国の版図拡大と共に従属地の王侯貴族たちも自らの子弟をケシクに送り出すようになっていった。子弟を送り出すという行為は、人質であると同時にモンゴル国家の一員であることの保証という感覚でもあったのである。一例を挙げると朝鮮半島地域の高麗王国がそれにあたる。さらにケシクは人材を育成し、帝国の中枢に登用する、或いは属国の国王として戻し従属関係を強固なものにするという人材育成機関として機能していたのである。

　以上のように、モンゴル帝国・元の滅亡から北元を経て、満洲人のヌルハチ・ホンタイジが元の継承国として建国、拡大した、満・漢・蒙連合の大清帝国の支配構造である八旗制・ヒヤは、遡ってモンゴル帝国の千戸制・ケシクの支配構造と、その目的・仕組み共に共通するところが見出される。ここにもモンゴル帝国が遺した影響というものが見えてくるのではないだろうか。

第3節　イスラム3帝国の滅亡とモンゴル帝国滅亡との共通項

　モンゴル帝国の衰退・滅亡と、ポスト・モンゴル期のオスマン、ムガル。サファヴィーのイスラム3帝国の衰退・滅亡との間に見られる共通項について考察する

　オスマン帝国は実に600年を超える長期間存在してきた大帝国であるが、第10代皇帝であるスレイマン時代16世紀後半に最大版図を実現した後、17世紀からは衰退の道を辿り、そこから約300年の歳月を掛けて、衰えながら20世紀初頭1922年に滅亡に至るのである。

領土については、1683 年の第 2 次ウィーン包囲網に失敗しハンガリー
の大半を失うことになる。さらに第 10 代スレイマン以降のスルタンと呼
ばれる皇帝は、頻繁に交替が繰り返され、経験不足且つ資質の低いスルタ
ンが次々即位するようになり、力のないまま選出されたスルタンは、戦場
に出ることも政務を執ることもなく、官僚に全てを任せて宮殿に閉じこも
り、美食や淫慾に明け暮れる堕落した生活を送った。このようにして歴代
のスルタンの求心力が失われていったのである。スルタンの求心力が低下
すると共に腐敗が進んでゆき、財政の悪化も招いた。18 世紀にはエジプ
ト、シリア等の地域で地方豪族が台頭し、中央集権体制に綻びが見え始め
たのである。18 世紀から 19 世紀に掛けては、衰えを見せる巨大帝国に周
辺国からの攻撃が続いた。ロシアとの戦いは 12 回に及ぶなど、戦費の支
出もさらなる財政悪化の原因となり、19 世紀半ばには滅亡へと向かって
いったのである。

　興隆へと導いた第 10 代スルタンのスレイマン以降は、力のないスルタ
ンの即位により求心力は衰え続け、財政の悪化を招き、地方豪族の台頭に
より権力の力学に歪みを生んだ。寛容でありながら支配制度によりスルタ
ンを中心とした中央集権的な「柔らかな専制」という体制が音を立てて崩
れてゆく姿は、モンゴル帝国の衰退への道と重なる部分が多いと考える。

　次にムガル帝国の衰退について述べる。ムガル帝国は、1707 年に最大
版図となり、第 6 代皇帝アウラングゼーブの時代に特に隆盛を極めた。
しかし隆盛が同時に衰退への始まりでもあったともいえるのである。皇帝
アウラングゼーブは、版図拡大を目指すことによって、王室の長期不在に
よる宮廷の浪費や戦費の散財による財政危機などを招くこととなった。さ
らに財政困難から、第 3 代皇帝のアクバルが廃止した異教徒であるヒン
ズー教徒への課税ジズヤ・人頭税を復活させたことによって異教徒である
ヒンズー教、シーク教の大きな反発を招くことに至った。ジズヤの復活に
より宗教の融和というものを放棄してしまったのである。

　アウラングゼーブの死後、帝位継承による王室の内紛が勃発したこと、
アウランゼーブ以降の皇帝が軒並み資質の低い人物であったこと、ヒン

ズー教徒やシーク教徒の反発が繰り返し起きたこと、これらを要因として、皇帝の求心力は急速に衰えを見せ帝国の弱体化が進行していったのである。これと並行してベンガル州の太守をはじめ、地方の多くの諸侯が帝国から離反し、独立を始めていったことにより、帝国の解体が進んでいったのである。

　第6代皇帝アウラングゼーブ以降、ムガル帝国の滅亡まで150年近く帝国は存続しているが、財政悪化、経済縮小、地方の諸王の台頭、皇帝の継承に関わる内紛、そして継承する皇帝達のリーダーとしての資質・力量の低下、といった複合的要素が絡み合いながら次第に衰退から滅亡への道を辿ってゆく。この姿は、オスマン帝国の衰退と同様に、モンゴル帝国が第5代皇帝クビライ・カーンの時代に経済発展により隆盛を極めたが、クビライ・カーン以降衰退への道を70年の歳月を経ながら辿ってゆく姿とやはり重なるもがあるといえる。

　続いて、サファヴィー帝国の衰退について述べる。1629年にサファヴィー帝国を繁栄へと導いた第5代皇帝アッバース1世が亡くなるとアッバース1世の長男の子にあたるサフィーが皇帝に即位した。サフィーは、政治は大臣達に任せきりとなり、自身は酒と阿片に溺れて、1638年にはオスマン帝国との戦いに敗れることとなり、現在のイラクにあたる領土を失ったのである。第6代皇帝サフィーの後、第7代皇帝アッバース2世、第8代皇帝スライマーンの時代を経て、1694年スライマーンの弟スルターン・フサインが第9代皇帝に即位した。この皇帝フサインは、大臣の進言を聞きすぎることによって、シーア派原理主義者達の台頭を許すことに繋がった。それまでのサファヴィー帝国は、シーア派を国教としながらも、スンナ派やキリスト教諸派を含め多宗教を受け入れる寛容さをもち合わせていたのだが、シーア派が他宗教を圧迫するようになりシーア派以外の教徒から反発を招くようになっていったのである。

　皇帝フサインは、やがて政治を投げ出し酒と女性に溺れてゆき、さらには建築事業も赤字を招いて財政が悪化していった。1706年には、宮廷の女性達、宦官、軍隊6万人を引き連れ首都イスファハーンを空けること

もあり、ますます中央権力は衰退していったのである。以降、宦官が権力を握るようになり、賄賂や派閥抗争、軍隊の弱体化、インフレによる経済の悪化など衰退の道を辿っていったのである。そして1722年アフガンからスンナ派の侵攻を受けて、帝国の滅亡に至るのである。

サファヴィー帝国は、第5代皇帝アッバース1世という求心力のある皇帝以降は、次第に皇帝の資質も低下してゆき、ゆるやかに衰退の一途を辿り、最後は無能な皇帝の下、財政・経済共に深刻化し、内部崩壊を起こしたといえるのではないだろうか。サファヴィー帝国の衰退にも、モンゴル帝国のクビライ・カーン以降のゆるやかな衰退の一途を辿る景色が重なるのである。

以上述べたように、ポスト・モンゴル期のイスラム3帝国であるオスマン・ムガル・サファヴィーの各帝国の大きな共通点として3帝国共に多民族・多宗教であるが故に、皇帝を中心とした支配制度による中央集権的な側面と広大な領土を統治する寛容且つゆるやかな統治を敷いていることが挙げられる。これはモンゴル帝国に共通するものである。

これらの巨大帝国が衰退する共通項として、王位継承・相続を発端とする内紛の勃発、巨大帝国であるが故の地方・地域の諸侯行の台頭や反乱、そして有能で資質の高いカリスマ的な皇帝亡き後の、無能な皇帝の即位による内部崩壊、経済・財政の失政を挙げることができるのではなかろうか。

第4節 【フィールドワーク】
モンゴル帝国が現代に遺した足跡

多摩大学・インターゼミ・アジアダイナミズム班は2018年8月13日から16日に中国・北京市でフィールドワークを行い、モンゴル帝国が滅亡以降に遺した足跡について学んだ。

まず、南開大学・馬暁林准教授より元朝時代の国家祭祀について学ん

だ。

　元代の祭祀は、1．内陸アジア祭祀（Inner Asian original rituals）、2．中原祭祀（Chinese original rituals）、3．元朝で新たに作った国家祭祀（New invention by the Yuan）がある。

　内陸アジア祭祀は、モンゴル族の祭祀として発生した。元代では、皇太后や皇族の未亡人が年に2回、北京城内の焼飯院という役所で祭りを行った。ポールに肉を刺す、酒馬奶（サマナイ）と呼ばれる馬乳酒を撒き散らす、射草狗と呼ばれる草でつくった犬を射ることなどが執り行われた。

　中原祭祀は、位牌を作って祈るという漢族の思想の影響を受けたものである。モンゴル皇帝は天命を受けた唯一絶対のものであり、天空に対して祈るのみであったが、北京城の太廟にはモンゴル帝国初代皇帝チンギス・カーンを中央に、第2代皇帝オゴダイ・カーン、第3代皇帝グユク・カーン、第4代皇帝モンケ・カーン、チンギス家のトゥルイ、ジョチの位牌が祀られようになった影堂には肖像画も祀られた。現在、これらのモンゴル帝国皇帝・王侯の肖像画は台湾の故宮博物館に保存されている。

　元朝時代に新たにつくられた国家祭祀として、チベット仏教のサキャ派第5代座主であるパスパとその弟子二人が帝師殿に祀られた。パスパは第5代皇帝クビライ・カーンに国師として仕え、皇帝要請で公用文書に使うパスパ文字を作成した。

　次に、中国社会科学院・阿風研究員から中国古代信牌に関してのレクチャーを受けた。

　信牌（牌子、ゲレゲ）は駅伝制度ジャムチで使われた通行証で貿易の証明書やパスポートの様なものである。宋代でも銀牌が存在し、金代では、信牌が金製ならば八頭の馬を駅伝で使うことができ、銀製ならば六頭、木製ならば二頭という具合に、駅伝で使うことが出来る馬の数が決まった。

　元代では、牌に加えて文書が必要となり、貿易だけでなく行政にも信牌を使うようになっていった。官吏や税金を徴収する者が持つ期限付文書となり、さらに民政事務でも使用されるようになっていった。

明代では、モンゴル帝国・元の時代の信牌がそのまま使用された。明代中期以降は、火急の用件時に火牌、火票が使用されるようになった。清代では、紙の牌のみとなり、信票、憲信と呼ばれた。現代における中国の行政文書の一形式である「牌」は、モンゴル帝国時代の信牌の文書がルーツという見方ができるのである。

　続いて、中国人民大学・張永江教授から清代藩部の研究を通して得た学びについて述べる。1211年から1234年の初代皇帝チンギス・カーン、第2代皇帝オゴデイ・カーンの時代の23年間、蒙金戦争が起こり、モンゴルが金を征服し、現在の北京である中都を奪った第5代皇帝クビライ・カーンは、1272年、中都から大都へと名称変更を行い都とした。モンゴル貴族であるバートルはクビライ・カーンに対し、「北京は地形的にいい。皇帝のど真ん中に置いて、訪問を受けるべきである。世界を獲るならば中央に居るべき。ここでやるべき。他にはない」(『元史』巻119ムカリ伝付孫バートル伝)と提案したという。漢民族の郝経も「北京から東を監視でき、西には重要な地域。南側に天下を治めればいいのでは」(『歴代名臣奏議』巻101「経国」)と勧めたという。

　大都の住民は40万人から50万人、最も多い記録で80万人、貿易で来る流動人口も含めると100万人であった。

　明の皇帝・朱元璋は北京から南京へと遷都した。その理由は、北京はモンゴル人が運を使い果たした縁起の悪い場所と考えたからである(蒋一葵『長安客話』巻1「北平」)。しかし、皇帝・永楽帝は、南側北側の統括のしやすさから再び北京に遷都した。モンゴル人は北元へと移動した後も、北京城のことを大都合托(Dayidu Qota)、大都の城と呼び、自分たちの城だとしていた。

　清の時代には、北京には4種類のモンゴル人がいた。1. 政権に帰属したモンゴルの貴族と官僚。2. 清の皇室の貴族と結婚したモンゴルの貴族。清の皇帝ホンタイジの妻もモンゴル人であった。3. チベット仏教の高僧。4. ジュンガル部のモンゴル族の人々である。

　1のモンゴル人はさらに2種類に分類できる。1. 八旗に入って清の社

会と一体化したモンゴル人、2. 八旗ではない外藩（同盟関係で高位にある王公）である。八旗蒙古は満洲化、漢化していったが、外藩蒙古は、「年班」として毎年春節（旧暦の正月）前の12月27日頃に代表者が皇帝の下へ参じたほか、皇太后や皇后の誕生日に訪問する慣習はあったものの、一定の距離が保たれていた。

　モンゴル人が北京に与えた影響は少なくない。例えば、元の時代に全ての通りに井戸を設けており、その井戸（フートン）を通りの名前としたという。現代でも北京の横町にはなおフートンという名前が残っている。また、鉄道の駅をジャンと呼ぶが、これはモンゴル語のジャムチ、「馬が沢山居るところ」が語源である。モンゴル系の羊肉のしゃぶしゃぶも現代では北京料理の火鍋として根付いている。

　また、チベット仏教であるラマ教の僧侶が大都に迎えられ寺院である妙応寺（俗称を白塔寺）が作られた。なお清朝の皇室においても仏教といえばラマ教であり、城内にも例えば雍和宮が王府から仏寺へと作りかえられている。

　一方、遊牧民であるモンゴル族は機動力と弓の技術によって広域を制覇したが、17世紀からの火器の台頭によってモンゴル族の強みは衰退していった。

　フィールドワークの議論からは、「モンゴル族は祖国と言う感覚が薄く、国という感覚が薄かったからこそ世界統一ができたのではないか」「チンギスは漢族と戦ったが、歴史の事実は事実として、今は中国国内にある56の民族をあわせて中華民族というのが中国政府の考えであり、中国国内のモンゴル族もそのように認識して生きている」などの意見が出た。

　モンゴル帝国は、文化や風習といったソフト面で現代に影響を遺しているのである。

第3章

モンゴル帝国と朝鮮半島

本章の主編者　半田 敏章・宮北 靖也
当時の執筆者　北山 智子・小西 令枝・杉浦 左京　など
（主編者をのぞく）

●高麗はどのようにモンゴル帝国と対峙したのか
●元と清の国家運営の共通点・相違点はどのようなものか

　少数民族であるモンゴル族（以下、モンゴル）は、組織力や結束力、計画性をもって、近隣の敵方の人間・集団・部族・都市・国家を吸収し、引き入れることでその勢力を拡大していった。当初は小さな集団にすぎなかったモンゴルが高原の牧民連合の中心となることができた最大の要因は、「イルになる」すなわち「仲間になる」という言葉に代表される通り、たとえ出身や言語、容貌が違っていても、みなモンゴルに一体化できたことである。杉山（2011）は、モンゴルを多種族混合のハイブリッド集団であり、いくつかの一族ウルス（国）を抱える多重構造の連合体と表現する。

　モンゴルは、仲間になった人間にはとても手厚く、そこから連合体を作っていく。たしかにモンゴル軍による破壊や殺戮はあったとするものの、それが全てではない。現にモンゴルに吸収された地方や都市、国家は廃墟となり死骸に溢れたというより、むしろ繁栄をもたらしたところが数多くある。モンゴル自身が「大殺戮」、「大破壊」を喧伝し、恐怖のイメージを撒き散らして戦わずして降伏させる「恐怖の戦略」を意図して演出していた、あるいは結果的にそういう演出となったようなのである。力任せではない巧みな戦略はモンゴルの拡大につながったことであろう。

　モンゴルが勢力を拡大した13世紀は、草原では統合・組織化されることで牧地争いも少なくなった。牧民の力が一つになれば、それが周辺地域に対して強力なものとなり草原の他地域の併呑という形で地域の安定がもたらされた。この時代、長く対立していた地域が一気に統合されていった一因として、安定をもたらすモンゴルという集団があらわれたことが挙げられる。モンゴルによる統合は、絶えず争いのリスクに晒されていた草原の牧民たちの安定に対する欲求を満たすものであったのである。

第1節　高麗の政治・国家運営

第1項　モンゴルに対峙した国、高麗

　モンゴルはユーラシア大陸を統合していく過程で、対峙する地方や都市、国家に対し様々な戦略を駆使した。大殺戮や大破壊をすることもあれば、疾風のようにやってきて示威しすぐに次の地方にうつることもあり、前述のように恐怖のイメージを撒き散らして戦わずして降伏させるなど、武力を巧みに使い分けていた。一方で、モンゴルが迫ってくる地域の恐怖感は相当のものであったであろう。モンゴルに対し、正面から対抗するものもあれば素直に降参するものもあり、向き合い方は様々であった。モンゴルが支配したユーラシアが全体として繁栄したことは事実であり、結果的に見ればモンゴルに統合された国・地域が利を得たともいえる。そしてその融合にも様々な形があった。モンゴルに降伏し吸収された国もあれば、属国としてモンゴルとの一定の距離感のもとで国を維持したものもあった。それぞれがモンゴルと対峙した方法は、現代社会の組織運営にもつながる興味深いものである。

　モンゴルの脅威に晒される中で、関係を築きながら自らの存在を確立した数少ない国の一つが高麗である。高麗は幾度となくモンゴルの侵入を受けるものの、巧みな交渉により危機的な状況を回避し国を維持した。国を維持していくための柔軟性を持ち合わせた高麗と、それを受容する包容力があったモンゴルの双方の観点で、国家及び組織のあり方を見つめてみたい。まずは高麗側からみたモンゴルに焦点を当ててみる。

第2項　高麗から見たモンゴル

　高麗は918年に豪族の王建により建国され、10世紀末から11世紀初にかけて契丹の侵攻を受けながらも朝鮮半島の覇権を確立した。中国に対しては朝貢使節を派遣して臣属を表明し王位の承認を受ける一方、自らも天命を受けた天子であり東方の天下を統治するという強い野望を持っていたとされる。

1206 年にチンギス・カーンがモンゴル皇帝に即位し、高麗の隣国である金に対し大規模に侵攻し、金に属する一部の者が高麗に逃れてきた。その際、高麗政府はモンゴル軍と共同でその集団を制圧し、モンゴルに抵抗してきた方針を転換してモンゴルとの講和交渉を開始した。しかし、モンゴルの使者の高圧的な態度や繰り返される貢物要求によってモンゴルへの不満が高まり、再び緊張状態となった。1225 年に高麗内でモンゴルの使者が不慮の死を遂げたことをきっかけに両国間の交渉が途絶した後、モンゴルは 1231 年から高麗への侵攻を繰り返すようになり、両国が和平交渉に入るまで 29 年を要した。最初の侵攻時には、高麗はモンゴルに対し一旦は降伏したものの、派遣されたダルガチ（監視官）を殺害し抵抗を開始した。高麗は江華島に都を移すなど山城や海島に退避しながら地形をうまく利用してモンゴルに抗戦し、水戦に弱いモンゴル軍の弱点を突いて南部地域の穀倉地帯から水上輸送で物資を調達するなどして有利に戦争を進めた。モンゴル軍は江華島に移った高麗政府を攻略しきることはできなかったものの、各地で略奪を繰り返し、朝鮮半島内に拠点を確保していった。モンゴルは高麗に対する圧迫を強める一方で、国王の出頭や王太子の出頭を条件として講和の選択肢を示すなど、対話での解決策を提示していた。そこでモンゴルとの講和を有利とする勢力による宮廷クーデターで国政を担っていた武人の崔氏政権が打倒され、抗戦責任を崔氏政権に押し付ける形でモンゴルとの講和に舵を切った。

　高麗内部では絶えず様々な考え方のぶつかり合いが起きており、頻繁に権力闘争が発生していた。国に不利益な道を選択する権力者を排除し、方向転換を図ることで国の枠組みを維持する実現力を持ち合わせていた。

第 3 項　高麗の国家運営

　次に、高麗王国の知恵を駆使した国家運営について触れたい。

　1259 年、高麗の王太子であった王倎（のちの元宗）は、父高宗（王皞）の名代として、病没したモンゴル皇帝の後に権力を手にしたクビライ・カーンと対面した。クビライ・カーンは長年屈服しなかった高麗の太子が

来投したことを「率先帰服」した大功とみなしたとされる。ほどなく高麗の高宗が死去すると、クビライ・カーンは高麗が離反することのないように王俔を新国王として承認し、護衛をつけて帰国させた。

　当初、元宗政権に対しクビライ・カーンは穏便な姿勢を維持した。しかし、モンゴル内の権力闘争に勝利しクビライ政権が安定すると、高麗に対する姿勢は硬化し、遷都の実行や服従国の定例義務を求めるようになった。高麗の元宗は王として直接にクビライ・カーンが治める中国に出向くなど関係の維持に積極的であったが、国内の反モンゴル派勢力との対立が深まり、クビライ・カーンの要求を履行しきれない状況が続いたため、クビライ・カーンは高麗に対する不信感を強めた。

　クビライ・カーンは高麗を従わせることを目的に、日本に対する朝貢勧告を高麗政府に担当させた。これには元と日本との関係性を作る目的の他に、モンゴルが当時進めていた南宋攻略の際に、日本が南宋と協力関係にならないよう牽制する狙いもあったとされる。クビライ・カーンは高麗政府の抵抗を予想して命令不履行は許可しないと方針を伝えたが、高麗政府が予想通り抵抗を示したため、あらためて高麗の責任で元の国書を日本に届けることを要求した。

　高麗では、1268年に林衍が親モンゴル派の金俊を殺害し実権を握り、元宗の弟を王として擁立した。モンゴルにとって、公認した国王を無断で廃することはモンゴルをないがしろにすることであったが、クビライ・カーンは南宋と高麗の距離が近づく危険性にも配慮しなければならなかった。そこで、モンゴルに滞在していた元宗の長子（王昛、後の忠烈王）に軍を授け、林衍の討伐に向かわせた。元宗が復位する一方、林衍は病死し、子の林惟茂は自身の摩下の三別抄によって1270年に殺害された。これをもって、約1世紀にわたり高麗で権力を握り続けた武臣政権が終わり、王政復古が実現し、元との協調姿勢が定着することとなった。

　その後の高麗は元の属国としての道を歩んでいった。元宗の長子である忠烈王は、元との関係改善を図る一手としてクビライの公主を妻として迎えた。モンゴルは、自らの帝国を築くにあたり多くの国を征服していた

が、各地域で言語や宗教を許容し自律性を保持させ、分権的な連合体・複合体として帝国を形成していった。そして高麗もその一つとしてあり続けたのである。

　忠烈王はモンゴル帝室との通婚関係により皇帝の婿すなわち駙馬となったが、元の貴族として扱われることはなく、元朝政府の下の外国君主として処遇されていた。忠烈王は交渉を経て「駙馬高麗国王」という称号を得ることになり、帝室に一体化することで、元の官人に対して優位に立ったのである。高麗王は以降代々、モンゴルの公主の降嫁を受け続けることになった。高麗王に対する元朝宮廷の待遇は向上し、また帝室の姻戚となったことで、それまで課されてきた年例の歳貢が廃止され、逆に皇帝から歳賜を受けるようになった。また高麗王の元に高麗王府とその断事官が置かれ、モンゴルの皇帝や諸王が保有する親衛隊ケシク（宿衛）と同様の組織が置かれることとなった。

　1280年代半ば頃に元の地方統治制度である行省制度が大きく変わり、朝廷は地方の11行省を統括する最高統治機関となった。日本進出に向けて設けられた征東行省の長官は歴代の高麗王が担い、元の傘下で二つの地位を兼任するという高い位置付けとなった。征東行省は元の一般人事の対象外とされ、高麗王の推薦を元朝政府が承認する形であったことから、人事権も保有し、高麗政府の人材だけでなく漢人・非漢人の元朝人士を任用することもあり、政治的人脈が国外にも広がっていった。高麗王家は、モンゴル帝国の中で成長した子弟が世代を超えて首長の座を継承することで、元に対し貢献かつ忠誠を示しつつ、自らに有利な政治的環境を獲得したのである。

　服従国には監視官の派遣など数々の要求をしたモンゴルだが、このような高麗の姿勢を考慮し、典型的な征服地支配策ではなく限定的な要求に留める関係を構築した。クビライ・カーンが高麗の在来体制の維持を承認した「不改土風」の原則は繰り返し二国間で確認され、高麗王朝の維持に寄与した。

　元が日本進出を企図した際に前進基地である鎮辺万戸府を高麗に設置す

ると、帝国東辺防衛として対日警戒網を統括する役割を進んで引き受けた。元の日本戦略の一翼を高麗が担うことで、高麗が元に対し自己主張できる立場にもなったのである。

　元は高麗に対して恒常的な徴税を行わなかった。高麗王朝を存続させることで、その軍事協力をもって東方辺境の平穏をはかる戦略をとったためである。元にとって日本は将来帰服させるべき敵性勢力であったが、日本に対する東辺の備えを元自らが負うのでなく、その役割を高麗王朝に担わせたのである。高麗としても、モンゴルの駙馬にしてかつ高麗独自の君主である地位を確立し、東辺の防衛も担って優遇される立場を勝ち取り、自らに有利な生存環境を維持する知恵があったといえる。

第4項　繰り返される内部闘争と国家維持

　忠烈王以降、高麗王は歴代に渡りモンゴルに帰服し、その証としてモンゴルの妃を迎えることにより、高麗を維持させた。しかしながら、内部の王位継承は複雑な問題を抱え続けた。忠烈王ののちに即位した忠宣王（王璋）は、強圧・独断専行的な政治手法が問題視され、元の指示で退位し再び忠烈王が復位した。忠宣王は時のモンゴル皇帝テムルの甥であったカイシャン（のちの武宗）と結びついて再び王位を得ることに成功したが、そのカイシャンが死去すると失脚した。この後も、忠烈王から忠恵王までの各王が一度退位したのち復位するということが続いた。

　高麗王が駙馬として元の支配層の一員となった結果、王子は元朝宮廷に所属する立場となり、それぞれが元の特定勢力と深く結びつくようになっていった。それが権力争いに利用されたり、逆に元の内部の係争に高麗王家が巻き込まれたりして、地位が不安定なものとなっていった。

　高麗に続く朝鮮王朝（李氏朝鮮）でも、権力争いがことあるごとに発生し、内部闘争が繰り返された。クビライ・カーンの死後、元は相続争いによる政治の混迷などによって徐々に衰退していった。中国では元に対する反乱が相次ぎ、1368年反乱諸勢力の一つであった朱元璋が明を建国した。明は元の領域をそのまま継承しようとしたが、高麗は元に侵入されていた

国土の回復をはかった。親元勢力、親明勢力が対立する中、1392年に李成桂が数々の武功をもって勢力を拡大し高麗の恭譲王から政権をゆずられ、明を宗主国とした政権を確立した。そして1393年、明から国号に「朝鮮」を下賜され朝鮮王朝（李氏朝鮮）時代が始まった。朝鮮は1910年まで約500年に渡る長期の体制となったが、建国した初代、文武に秀でていた第3代の太宗、最長の治世のなか各党派に均等な人事を行った第21代英祖のほか、強まる党争で高官たちが王族を巻き込み主導権争いを繰り返し、長期に安定することはほとんどなかった。

　高麗も李氏朝鮮も内部で長期の安定政権はあらわれず、国内勢力の対立が続く中で元や明といった大国とのパワーバランスを維持する努力は短期的で「対症療法的」なものにならざるを得なかった。しかし、これは裏を返せば、国を取り巻く環境の変化に合わせて柔軟に勢力が入れ替わったということでもある。これが他国に完全支配されることなく国家を維持できた要因であったのかもしれない。

第5項　朝鮮半島から学ぶ組織の生き残り術

　高麗は、モンゴルをはじめ諸国に侵略され傘下に入ることになっても、単に抵抗するだけではなく自らの価値を最大化し生き延びる道を模索する柔軟性を併せ持っていた。例えていうならば、台風が到来した際、幹が強固な大木は強風の衝撃によって折れてしまうことはしばしばあるが、幹が柔らかな柳はその衝撃に対し柔軟に難局を乗り越えるようなイメージであろうか。現状への過度な固執は時に致命的な結果を招く事態につながりかねない。周辺国の圧力に屈することなく国家を維持し続けてきた朝鮮半島の変遷は、現代の国家運営や組織を考える際にもつながるヒントが少なからずあるのではないか。

　一方で破竹の勢いでユーラシア大陸を支配したモンゴルは、カーン一族の内部闘争などから組織の弱体化を招き、その巨体を維持するに至らなかった。組織の創設や拡大をしていくことと、その組織をマネジメントし持続性のあるものにしていくことは全くの別物である。現代においても例

えばベンチャー企業が急速に事業規模を拡大し一世を風靡しながらも、それを維持できずに衰退する、あるいは他社に吸収されることがよく見受けられる。企業寿命30年説とはよく言われることだが、組織が成長、成熟し、衰退に至ることなく100年続く組織もある。成熟した組織を長期に渡って維持するには、それまでの成長過程とは異なる考えと戦略が必要であり、柔軟性と創造性を持ち必要に応じて変化し続けることが重要と言えよう。

第2節　高麗の経済

第1項　税制

　高麗は元から課税されず、むしろ支援物資を得ていたが（森平、2016）、なぜそのような特別扱いをされていたのか。元は高麗を支配することにどのようなメリットがあった、または期待していたのだろうか。

　モンゴル帝国は、直接税である土地税や戸ごとの課税に関しては地方に任せていた。これは、1269年の「計点民戸」の結果が元に報告された形跡がないという点から推測されている。そして国が専売していた「塩課」と、商行為に課した「商税」という間接税を基本とした課税体制だったようである（杉山、2004）。

　ここで言う商税は港湾・渡津などの流通、物流の拠点での税であり、最終の売却地では売上税として政府に納入する仕組みをとっていた。その税率は3.3%と非常に小さく、海外との貿易にも全てこれを適用していた。商税は売買においてのみ課税され、通過するだけなら課税されなかった。インフラとしては街道・ジャムチ（駅伝制度）の整備が大きな影響を持っていた一方、税制としても人の往来がより活発になる施策がとられていたのである。

　高麗は過去に契丹王朝（916年 – 1125年）から繰り返し攻撃を受けて敗北し、朝貢していた。続く金王朝（1115年 – 1234年）は中国経略に関

心をふりむけ高麗は比較的に平穏を得た。そして元に降伏したのちには中国王朝との関係が良好となり商路も太くなり税負担も軽くなったことで、高麗の民間人、特に商人が恩恵を得たと考えられる。元は高麗にだけ意図して課税しなかったわけではなく、もともと支配地域に対する土地課税に関心が薄かった。結果として、特に高麗にとっては大きな恩恵になったのである。

第2項 貨幣制度と貿易

　高麗の貨幣政策は不安定であった。初期の銅銭使用の強制、廃止、さらには紙幣である楮貨の使用なども試みられたが、これらは極めて短期間で改廃され、混乱を助長していた。このような中で貨幣の発行と流通の基本となる政府の信頼そのものが一時、喪失したことが、高麗における銭貨流通を疎外する根本的な要因の一つとなったようである。貨幣が全く流通していなかったというわけではない。貿易に貨幣を用いる商人、官僚、貴族などのいわゆる支配者層には流通していたのである。他方、彼ら以外の一般民衆は、貨幣ではなく物々交換が中心であったようだ。ここから推測出来ることは、高麗の支配者層と被支配者層は経済活動が分断されていたのではないか、と言うことである。このような歴史の中で、どのような貨幣が使われていたのか。

　朝鮮半島で初めて貨幣が発行されたのは996年のことであった。それらの貨幣は唐の貨幣「乾元重宝」を模したものや、「乾元重宝」背に「東国」の文字を鋳出した鉄銭であった。998年、唐の「開現通宝」の鋳写を開始し、現在はこれを「高麗開元」と呼んでいる。素材としてアンチモニー[1]を多く含む独特の銅銭であった。しかし、北方からの契丹の侵入により、鋳造が中止される。

　その後、1097年には鋳銭司を設置し、貨幣鋳造を再開、1102年には海

1　アンチモニー：アンチモンとも呼ばれる。銀白色の金属光沢のある硬くて脆い半金属の固体。日本最古の銅銭である富本銭（683年ごろ）にも、アンチモニーが銅の融解温度を下げ鋳造しやすくするとともに、完成品の強度を高めるために添加されていたという。

東重宝、海東通宝、東国重宝、東国通宝、韓重宝、三韓通宝の6種類の銅貨が発行されていた。しかし発行枚数は少なく、貴族だけの使用にとどまり、市場への流出はほとんどなかった。

　朝鮮半島では、19世紀頃までの1000年以上にわたり、布（素材は麻）がそのまま貨幣として使用されてきた。布には政府が取り決めた基準があり、縦糸5升（1升は縦糸80本）で長さ35尺（1,060.61cm）が1反、2反で1疋であった。米が貨幣の代わりとして使用されたこともあったが、穀物と比べ布は劣化が遅く価値の変動が少なかったこと、保存に便利であったことから、布の方が使用頻度は高かった。

　王朝末期の14世紀には縦糸の数が少ない3升布、2升布などが出現した。本来の布としての機能は果たさず、象徴的な貨幣へと変化した。

　1101年になると銀の貨幣「銀瓶」が発行された。価値は1斤＝布100疋であった。しかし、14世紀になると銀不足からサイズが小さくなった。また、民間では「砕銀」や「標銀」と呼ばれる低品質貨幣が発行され、次第に使用されなくなっていった。

　以上のように高麗国内において貨幣の流通は限定的だったが、重要な用途の一つに貿易があった。高麗は日本や江南などと貿易を行っていた。モンゴル帝国には既にムスリム商人らが入っていたことから、ムスリムの海洋コミュニティともつながっていたと考えるのが自然であろう。

　クビライの時代、モンゴルは南宋を降伏させた後に海洋進出の傾向が強くなっている。高麗への進出もこの方針に沿っていたのではないだろうか。もともと高麗が宋と頻繁に貿易をしていたこともモンゴルは知っていたことであろう。1293年にはモンゴルが水上駅伝を設けて流通の便宜を図ろうとしていた。

第3節　高麗王朝の実態

第1項　古朝鮮の自立

　国家がまだ成立していなかった紀元前の朝鮮半島は、漢民族にとっては未開で野蛮な民族が住む地域であり、支配し教化しなければならないと考えていたようだ（井上、1972）。朝鮮半島側の当時の資料はまだ発見されていない。漢民族の支配領域の拡大にともなって朝鮮半島が記録に表れるようになったのは紀元前2世紀頃のことである。

　前5世紀には濊族と燕が対立していたとされる。この頃に成立した国家の場所は北朝鮮の学術界、日本の学術界で意見が割れており、遼寧省方面、北西朝鮮などの説がある。北朝鮮の学術界では、その頃、中国よりも早く遼寧省で金属器の生産が始まっていたとされている（井上、1972）。

　紀元前2世紀頃になると、漢に滅ぼされた燕人を中心とした人々が衛氏朝鮮を設立した。中国と朝鮮半島との交易も始まっていたとされる。衛氏朝鮮の支配者である衛満の孫である右渠王は漢の武帝と争い、殺された。

　1世紀頃になると、鴨緑江中上流一帯に暮らしていた住民集団が大きくなり高句麗が建国された。この流域は海抜1,000mを超える山々が連なり、満洲の大平原と明らかに異なる環境であった。高句麗は朝鮮半島を広く支配し、中国、満洲方面へも領土を拡大していくが、建国時の環境の違いが、独自の文化基盤をもたらしたと見られる（東北亜歴史財団、2007／2012篠原訳）。

　後漢時代になると、遼東を支配した公孫度が楽浪郡を復興し、中国側から朝鮮半島への影響力が強まった。東方の高句麗を牽制するために、半島南部、韓族、濊族を支配しようとしたと言われている。

　後漢末のいわゆる三国時代になると、朝鮮半島は魏・呉の争いに巻き込まれていく。呉は、魏を背後から牽制するために遼東の公孫淵・高句麗と手を結んだ。魏が遼東を激しく攻撃すると、公孫淵は呉と手を切った。このとき高句麗は魏が公孫淵を攻めるにあたり魏に援軍を送っている。

　公孫淵が滅びたのち、高句麗は遼東の支配を求めてしばしば侵略を繰り

54

返した。魏は毌丘倹を派遣し、高句麗の王都をおとしたが、東川王は単身逃げ延び、高句麗は王都を落とされながらも存続したのである。

　このようにして諸外国からの侵略に抗う中で、朝鮮半島の各地方住民集団は互いに争いながらも次第に朝鮮半島独自の文化基盤を作り上げてった。「侵略への抵抗」「文化的基盤」が住民らのアイデンティティとして確立されていき、高麗へ引き継がれていったのである。モンゴル帝国からの侵略への抵抗の歴史は、このような文脈でも捉える必要があろう。

第2項　朝鮮半島と日本、それぞれのアイデンティティ

　朝鮮半島は、金達寿によれば2000年の間に外敵から3,000回侵略され、司馬遼太郎によれば500回侵略されたという。何れにせよ尋常ではない頻度である。にも関わらず、朝鮮人のアイデンティティは保たれ、独自の文化基盤が脈々と受け継がれてきた。

　大理国やウイグルのように、モンゴル帝国に侵略され、国体が保てず同化してしまった国もある中で、なぜ朝鮮半島の朝鮮人たるアイデンティティを維持することが出来たのだろうか。

　高麗は世界を知っていた。朝鮮半島は、ユーラシア大陸全体で見れば東の端に位置している。ムスリム商人が訪れていたことは事実だが、なによりモンゴル帝国との貿易が中心であった。

　高麗は、紀元前から続く朝鮮の歴史において、常に外部との関わりを強く意識せざるを得なかった、その関わりによって生きながらえてきたとも言える。先に述べたとおり、高麗の国内は貨幣経済も発展せず、脆弱であったことがうかがえる。また、モンゴル帝国だけでなく、宋、遼、金と常に強国と接してきた。朝貢貿易を中心とした周辺の強国との関わりにおいて、その目的は貢ぐという意味だけでなく、情報収集という側面もあった。使節を送り、その国の状況を把握し、自国の危機に備えるという重要な役割である。高い情報収集能力は、高麗が生き延びることが出来た要因の一つだろう。つまり、長きにわたり侵略されてきた歴史の中で、抵抗という受動的な行動だけでなく、能動的に情報を収集し、より積極的に事態

を好転させるための行動を身につけたのである。

　一方で高麗をはじめとする半島の国々は、地域住民の集まりとして興っており、高麗も例外ではない。高麗のアイデンティティを理解するにあたり、王朝だけでなくそこに暮らす住民のことも検討しなければならない。

　モンゴル帝国から侵略を受けたとき、高麗王朝は江華島へ避難し、そこで立て篭り抵抗を続けた。そのとき、モンゴル帝国軍は半島を蹂躙していた。時代は異なるが、高句麗の頃からしばしば同じ構図の状況が発生している。外部からの侵略を受けたとき、常にそこに暮らす地域住民は大きな被害を受けながらも抵抗を続けていた。そのような抵抗の中で、次第に朝鮮半島住民の間に檀君に関する民話が広まりを見せる。

　檀君とは、紀元前2333年に檀君朝鮮を建国したと言われている人物で、12世紀頃の歴史書に初めて登場する。この檀君に関する伝説のことを檀君神話という。内容は、天帝の庶子である桓雄と人間に化身した熊の女が結ばれ檀君が産まれ、この檀君が平壌を都として朝鮮が生まれたというものである。檀君が建国したとされる10月31日は開天節として祝日であり、大韓民国では1948年から1961年まで檀君紀元と呼ばれる暦が使われていたことからわかるように、半島において檀君への信仰は非常に深い。この檀君神話がモンゴル帝国へ抵抗していた時代に生まれたのは、朝鮮のアイデンティティと何らかの関係性があると見るべきであろう。

　フィールドワークで訪れた筥崎宮（福岡県）の「敵国降伏」の精神に、日本のアイデンティティが垣間見える。「敵国降伏」とは、敵国を降伏させるという意味ではなく、我が国の優れた徳の力によって敵国が自からなびき降伏してくることを祈念したものという。平安時代、醍醐天皇が「敵国降伏」の宸筆を下賜し、以降代々の天皇も下賜してきたとされる。

　外敵に対して抵抗し続けた朝鮮半島の歴史と対比するならば、日本は外敵が非常に少なく、民族として抵抗する必要が少ない歴史だったのだといえよう。お互いを理解するためには、どちらがより良いかと主張するのではなく、そもそもの歴史が異なり、異なるアイデンティティを持っていることを認識することが重要である。

第4章

モンゴル帝国史を起点とした
パンデミックのユーラシア史

本章の主編者　北山 智子・半田 敏章・光永 和弘
当時の執筆者　三田 大祐・池田 賢吾　など
　　　　　　　　　　　　　　　（主編者をのぞく）

●モンゴル帝国衰退の一因となったペストはユーラシア大陸にどの様に拡がったのか
●モンゴル帝国期の東西交流により拡がったペストが欧州に与えた影響とは
●中世日本の感染症と元代（モンゴル帝国）・明代の貿易・倭寇との関連はあるのか

第1節　モンゴル帝国が広げたペスト

第1項　隊商交通は感染症も運んだ

　モンゴル人のカーンのもとで政治的統一がされると、シルクロードが開通し、中国の貴重な品々とともにペストを感染させたネズミやノミも運ばれるようになった。諸地域の生態系に大きな影響を与えた最初の変化は、チンギス・カーンの建設したモンゴル帝国の支配下において、アジアを横断する陸上の隊商交通の発展・強化であった。勢力が頂点に達した1279年から1350年まで、この帝国の版図は中国全土とロシアのほとんど全土、さらに中央アジア、イラン、イラクを包含した。そして一日に100マイルずつ何週間も走り続ける騎馬飛脚や、緩やかな歩みではるばる遠い距離を行き来する隊商や軍隊などの織りなす一大交通網が、モンゴル帝国を1350年代まで一つに結んでいた。中国シリア間の古代における狭義のシルクロードは、中央アジアの砂漠を横断し、オアシスからオアシスへの道を辿るものだった。この古い道筋に加えて、隊商や兵士の群れ、早馬に跨った飛脚らは広漠たる大草原をも通った。彼らは広大な地域にわたる人間の交通網を強化し、それはカラコルムにあるモンゴルの総司令部を、ヴォルガ河に臨むカザンやアストラハン、クリミア半島のカッファ、中国のカンバリク（大都、現在の北京）などを強固に結びつけ、さらにその間に点在する無数の隊商基地を一つにつないだ。

　モンゴル人がペストにかかった正確な経緯はわかっていない。マクニール（1976 / 2007 佐々木訳）によれば、1252年に大草原の戦士たちが中国

南部やビルマのヒマラヤ山麓に北から侵入した時、地上性齧歯類に囲まれた古代からのペストの住まいで病気をうつされたのではないかという。

　マクニール（1976 / 2007 佐々木訳）は、元来ペスト菌が生息していたのは雲南省とビルマであると推測している。野生の齧歯類が慢性的な形でペスト菌を宿し、モンゴル到着以前にも何世紀にもわたってこの感染症が存在していたとしている。草原各地の野生の齧歯類小動物が地中に掘りめぐらす穴は厳しい冬の寒さにも耐えて、このペスト菌が年中生き続けるのに非常に好都合な局地機構を作り上げていた。またそうした穴には、動物と昆虫が複合的共同体をなして共存していたため、ペスト感染が永久に持続することが可能であった。地方によっては感染の危険に対処すべく弱った齧歯類に近寄らない、触れないといった習慣的方法により自らを守ることが昔から続いていたと記されている。

　隊商路網が北に広がったことが、ひとつの重大な事態を招いた。草原各地の野生の齧歯類小動物が未知の感染症の保菌者と接触することになり、そしてその病気にはおそらく腺ペストも含まれていたであろう。感染したネズミとノミが穀物その他の品等を収めた鞍袋に入りこむことも、時にはあり得たはずである。そして感染が緩慢に伝播していくには障害になっていた河川なども、モンゴルの派遣軍が移動に際して示した迅速さによって乗り越えられた。モンゴル軍が初めて雲南省やビルマに侵入した1252年以後のある時点で、彼らは不注意にもペスト菌を自分らの故郷の草原に住む齧歯類の群れにうつしたことが考えられる。モンゴル軍が雲南省とビルマの攻撃から帰還した1253年のすぐ後、ペスト菌はモンゴリアの野生の齧歯類の共同体に侵入しそこに根をおろした。以後、年々歳々この感染症が大草原を西へと広がっていった。その際、感染したネズミとノミとヒトが知らぬ間にペスト菌を新しい齧歯類の共同体にうつすといった形で、人間の移動に助けられることもあった。モンゴル帝国がつなげたユーラシア大陸という土俵の中で、齧歯類やノミに入り込んだペスト菌の生息範囲を人間の移動とともに広げることをモンゴル帝国がお膳立てした形になった。

あくまでマクニールの推論ではあるが、ペストは 1253 年モンゴル帝国が雲南省・ビルマに侵攻したことに端を発し、1331 年には中国全土に拡がり、1347 年からヨーロッパへと拡大していったという。そこで疑問となるのが 1253 年から 1331 年の中国でのペスト発生までの約 80 年間という期間の長さである。モンゴル帝国の人々が 1253 年の侵攻によりペスト菌を持ち帰ったものなのか、或いは 1331 年に近い年代にすでに領土となっていた雲南省・ビルマの地域から中国全土に拡がっていったのか、いずれの解釈が事実であるのかという疑問である。

　そのことについては、マクニールが著書にて次のように述べている（マクニール、1976 / 2007 佐々木訳、p.26）。

　　一番の難点は、中国の記録には華北に疫病が発生し人口の 10 分の 9が死んだとされる 1331 年まで、そうした異常な事態が全く記されていいないことである。それ以上の広い範囲に広がった災厄の記録となると、1353-54 年まで、現在生活様式は大きく変わっていくことになった。たとえば参照し得る資料には出てこない。中略。そうした研究が実現するまでは、われわれは 1347 年にヨーロッパにあれほど高い致死率を伴って突発したペストが中国に現れたのは、1331 年より以前ではなかったと考えざるを得ない。そしてそういうことになると、パストゥーレラ・ペスティスが草原の穴に新しいすみかを見出したのは 1250 年代という早い時期だったとは、容易に信じるわけにいかなくなる。もしそうだったなら、中国がペストと遭遇したのは1331 年よりずっと前でなければならないことになり、マルコ・ポーロが伝えるフビライ汗（1260-94 年在位）の宮廷の豪華絢爛たる輝きはあり得なかっただろうからである。中略。結局のところ、最も可能性が高そうな解釈はこうなる。パストゥーレラ・ペスティスは1331 年中国に侵入した。それは雲南省—ビルマに古くから自然に存在する中心地から直接広がったか、あるいは、満州—モンゴリアの草原の穴居性齧歯類に最近確立したばかりの感染源から流れ出たかのいずれかである。その後 16 年間、この感染症はアジアの隊商路を旅

し、1347年クリミアに到達する。

　つまり、80年間近い空白期間があるとは考えられないことから、モンゴル帝国が雲南省・ビルマに侵攻し領土とした1253年以降の、限りなく1331年に近い時代にペストが中国全土へ広がったという解釈であると理解するのである。

　1253年の雲南省・ビルマへの侵攻以降1331年の中国でのペスト発生までの間のできごとについて考察してみる。1259年第4代カーンであるモンケ・カーンが釣魚山を包囲中に伝染病で死去したとされる事実がある。この事実に対して杉山正明は述べている（杉山、1996、p.140）。

　　その時、なんらかの疫病が四川のモンケ軍を襲った。『集史』はそれを、「ヴァバー」という。ペルシア語・アラビア語で、「伝染病・赤痢・コレラ」などを意味する。厳密に何であったかはわからない。いわゆる、「ペスト」ではないかと憶測した人がいる。もしそうであれば、14世紀にモンゴルを中心としたユーラシアの巨大な繁栄をつぶすことになる黒死病は、13世紀の半ばすぎに東方から発したことになる。しかし、「ペスト」だと決めることのできる証拠はない。ともあれ、1259年8月、モンケは「ヴァバー」に倒れた。

　モンケ・カーンは確かに疫病で死去したのだが、それがペストであったか否かは不明である。しかし、前述のマクニールの見解と照らし合わせると、モンケ・カーンが死去した1259年は、ペストが中国にはまだ広がっていない時期といえる。したがってモンケ・カーンを死に至らしめた疫病はペスト以外のものであったと想像することができるのである。

　いずれにしても、モンケ・カーンの死が、その実弟であるクビライをその後の第5代カーンに導き、そのクビライ・カーンが東西交流を発展させ、経済によるモンゴル帝国のユーラシア興隆を実現させたことに繋がっていることも、まぎれもない事実である。

　さらに、1274年と1281年に2度に渡るモンゴル帝国の日本への攻撃、いわゆる"蒙古襲来"が起きた。日本は中国と海を隔てていたためにペストが発生しなかったという説もある。しかし襲来の時代は、前述のマク

ニールの見解によると 1331 年よりも 50 から 60 年も前である。中国でま
だペストは発生していなかったためという解釈が正しいと考えられる。

第 2 項　ユーラシアにおけるペストの拡大

　1331 年、中国でペスト感染が現れる。特に 1353 年以降事情は一変し、
中国の歴史上最も深刻な厄災に見舞われた時代が始まる。ペストの拡大と
同時に、モンゴルの支配に対する漢民族の抵抗が高まり、1368 年遂に異
国の支配者打倒と新しい明王朝の創始に到った。バーンスタイン（2008 /
2019 鬼沢訳、P.265）は、モンゴルと明の人口調査から、1330 年と 1420
年のあいだに中国の人口が約 7,200 万人から 5,100 万人に減少したとし、
剣よりも病原菌の方が一般人にとっても致死率の高い兵器であるのが普通
であり、この期間の中国における人口減少の原因はペストだと考えること
が理にかなっているとしている。モンゴル人の残忍さだけでは、これほど
ドラスティックな現象を説明できず、疫病が中国人の数を減少させるのに
大きな役割を果たしたと推定できよう。

　ペスト菌に感染したノミは、軍馬のたてがみやラクダの体毛、ある時に
は積荷や鞍袋に潜むクマネズミに隠れていた。それらは、モンゴル支配下
のシルクロードを猛スピードで運ばれた。ペストに感染された遠距離貿易
の中では品々の運び手が移動途中で何度も変わる。それと同様にペスト菌
も途中で何度も立ち止まりながら旅程を先に進めていった。道中の各隊商
宿でペストは、従業員、宿の主人、宿泊客の命を奪った。生き残ったもの
はあちこちに散らばり、各地の地上性齧歯類の個体群に病気をうつしたた
めペストはさらに拡大した。1345 年にはカスピ海北岸のアストラハンに
拡大し、その直後にカッファに襲いかかった。

第 3 項　カッファを起点としたヨーロッパでのペスト拡大

　カッファはヨーロッパの最果ての地であり、はるか東へ中国まで広がる
ハン諸国との境界に位置した。1266 年頃、ジョチ・ウルス（北西アジア
と東ヨーロッパにまたがるモンゴル帝国を構成する集合体の一つ、以前に

はキプチャクハン国として知られた）は、カッファ（現在のクリミアの
フェオドシャ）の土地をジェノヴァに売った。ジェノヴァは、シルクロー
ド西端のクリミア半島に位置するその街の価値を知っていた。商人たちは
カッファの船着場から奴隷をエジプトへ、東洋の贅沢品をイタリア、フラ
ンス、ヨーロッパ北部の大西洋岸の港へ輸送した。カッファの繁栄を目に
したモンゴル人は割譲を悔やんだ。やがてカッファ略奪の誘惑に耐えきれ
なくなり、この新たに価値を持った土地をめぐって壮大な覇権争いが始
まった。ジョチ・ウルスのトクタ・ハン（在位 1291 年 – 1312 年）は、
同胞のチュルク族がイタリア人によって奴隷として輸出されていることを
口実に、1307 年にカッファの東にある自国の首都サライに住むイタリア
人を逮捕すると、同じ年にカッファそのものを包囲攻撃した。ジェノヴァ
人は抗戦ののち、1308 年に火を放って町を放棄した。モンゴル人がカッ
ファを略奪し尽くした後、ジェノヴァ人が戻ってきて街を再建した。

　カッファの真東にあってジョチ・ウルスの脅威にいっそう晒されていた
のが、ヴェネチアの奴隷購入拠点のターナ（現在のロストフ州アゾフ）
だった。1343 年に攻撃を受けると、ターナのイタリア人は西のカッファ
に逃げ込んだ。モンゴルは 3 年に渡りカッファを包囲し、石弓で断続的
に攻撃を仕掛けたものの結局は失敗に終わった。1308 年の後、ジェノ
ヴァ人はボスポラス海峡を通るカッファへの海上補給路を強化し、重厚な
二重の環状壁で街の城壁を補強していた。

　攻守両軍とも気づかないうちに、終末兵器ともいえるペスト菌による疫
病が東からやってきて両軍を追い込んだ。当初それは攻撃側を壊滅させ、
カッファで身を寄せ合っていたイタリア人に思いがけない勝利をもたらし
た。ペストの猛威は凄まじく、カッファ攻撃軍は直ちに包囲を解かざるを
得なかった。ところがモンゴル軍は撤退に先立って、ペストに感染した死
体を投石機に載せて城内に投げ込んだ。その結果、カッファの籠城軍数千
人はペスト菌に感染したモンゴル軍兵士と同じ運命をたどり街はペスト感
染に襲われた。

　カッファはペスト菌がユーラシアからヨーロッパに飛び火した基点に

なってしまった。カッファでの攻防で生き延びた数少ない人々の中には船乗りもいて、彼らはイタリアの母港に帰っていった。するとそこにはペスト菌を保菌したクマネズミが紛れ込み、ヨーロッパ各港に菌を運んだ。ペスト菌はジェノヴァのガレージ船でひっそりと南へ運ばれ、中世で最悪の疫病による悲劇を引き起こした。

第2節　ペストが欧州の人々の心性に与えた変化

第1項　ペスト以前〜ペスト時代の欧州の気候・経済

　11世紀から13世紀のヨーロッパは温暖な気候に恵まれ、中世盛期とも呼ばれる豊かな時代であった。温暖な気候や生産用具の開発などを背景に、農地が拡大し余剰生産が生まれたことにより経済、都市間の交易が活発となる。経済的な活力が人々の生活を豊かにし、中央ヨーロッパを中心に圧倒的な人口増加がみられた。例えばイタリアでは11世紀500万人だった人口が、14世紀初頭で1,000万人、フランスでは11世紀600万人が1,900万人、ドイツやスカンジナビアもおよそ3倍となっている（石坂、2012、p.38）。

　都市化が進んだことはやがて都市間の争いや、豪族と市民などの対立・互いの暴力行為などが生まれることとなった。当時の小都市は、せいぜい東京の皇居からその倍くらいの大きさの土地が城壁に囲まれ、その中で1万から数万人が身を寄せ合うように暮らしていた。現在の東京の人口密度は1km^{2}あたり6,378人であるが、当時はそこに前述の人数が暮らしていた計算となり、2倍を優に超える人々が高層マンションもない中で窮屈に暮らしていた。

　こういった生活は、共同体意識と共に、悪い意味での自尊心や身分への誇りなどが醸成され、自分、もしくは「家」の誇りを傷つけられたことによる復讐などが頻発していた。さらには教皇派と皇帝派にわかれた都市同士の争い、もしくは都市の中を二分した覇権争いも行われていた。有名な

シェイクスピアの「ロミオとジュリエット」も14世紀のイタリアが舞台となっているが、この物語の背景は当時の「家」同士の争いであった。

　そんな中、14世紀になって気候条件が一変し、飢饉の頻発、大地震などの天変地異など人心を荒廃させるに足る条件がいくつもあった。そこへ、いよいよペストが到来することとなった。

第2項　黒死病という名前について

　ペストが「黒死病」（英語ではBlack Death、イタリア語ではPeste Nera（黒の疫病）、ラテン語ではNigrum Mortem（黒の死）と呼ぶ）と呼ばれたのは後世17世紀に入ってからといわれているが、ペストが欧州で猛威を振るった14世紀には「ペスト」という固有名詞もなかった。1347年欧州にペストが広がり始めた当時は「横根の疫病」（Bubonic Plague）と呼ばれており単なる疫病ではない特殊なものとして扱われていたが、段々とペストが欧州内で常在し、不定期に繰り返し蔓延するようになった15世紀ころには単に「疫病」と呼ぶだけでペストを指すようになり、ある種ペストが日常的に存在するもの、疫病の中の疫病と捉えられていた。

　石坂はこれを現代日本に通じる言い方で少しユーモアをもって「日本語で「ご飯」（ライス）が、食事の親分格であり、そのまま一般的に「食事」を意味するのと少し似ているかもしれない」（石坂、2012、p.221）と表した。それだけペストが疫病の親分格、疫病といえばペストだったということがよくわかる例示である。筆者の知人の英国人もペストのことは「Plague」（疫病）もしくは「The Black Death」と呼ぶ。現代の欧州人も、中学生時代の歴史の授業は覚えていなくても、ペストがどういうものかは体験として知っている。ロンドン出身の彼は子供時代の夏休みにスコットランドを訪れ、ペスト患者を閉じ込めた地下室で幽霊を見たと筆者に話していた。そこは今でも子供たちの夏休みの冒険地となり、生きた歴史を伝えている。そこには患者から感染を防ぐためのとがった鼻を持つマスクをかぶった案内人までいて、あたかも遊園地のお化け屋敷といった趣だった

らしい。また欧州の街ではあちらこちらにペストを撲滅した記念碑が建立されたり、ペストの撲滅を祝う祭りが開催されたりする。医療の発達した現代、ペストは現代欧州人にとってすでに過去のものであるにもかかわらず、精神的には近しい存在といえるのであろう。

第3項　ペストが人々の心性にもたらした影響

　13世紀、托鉢修道士が欧州の広い範囲に教皇を中心とする教会制度と、キリスト教的な秘跡等の救済システムを伝播させたことで、人々のキリスト教的心性が隅々まで浸透した。当時の人々は教皇を絶対的な権威者として尊び、教皇に忠誠をつくした（石坂、2018、p.210）。

　前項でも述べたように、14世紀のヨーロッパではペストが日常化されたといえるが、当然ながらその猛威は当時の人々を震撼させた。発熱の後現れる腫物、異臭を持った膿疱、血痰、意識混濁、これらは必ず死をもたらした。徐々に周囲に広がりそのうち患者の部屋に入っただけでも感染し、高い致死率により次々と死んでいく。

　やがて死者が多くなると、人間として弔われるということ自体が希少になる。死んだ人間はそのまま打ち捨てられ、またはまとめて運ばれて広場に掘られた穴に放り込まれ積み重ねられて最後に薄く土をかけられただけで終わりとなる。当時の人々は死に際し、丁重に扱われるべき人間としての尊厳が失われることを日常的に目の当たりにしていた。

　人々にとって神は慈愛と平和の象徴であったはずのものが、1347年のペスト入欧以降、神は許しを乞うても与えない存在となり、人々にとって神は徐々に畏れの対象となっていった。

　ペストの時期を経て、15世紀から「往生術」（イタリア語で Ars moriendi（死の絵））が印刷・出版され、人々に流布されるようになってきた。これは文字の読めない民衆が、絵を見てどのように臨終に臨むかの方法を描いた死への手引書である。往生術図には臨終に際し横たわる病人の周囲にキリスト・神・聖母・天使・悪魔が配されている。これは数枚の連作として描かれ、死に臨むキリスト教徒が、信仰の力によりいかにして悪魔の誘惑

を退けて神々の国に赴くかの技法が記されている。

　このようにした往生術図に見られるように、人々にとって死が「聖職者に与えられるもの」ではなくなりつつある傾向がみられる。これは今までは聖職者に与えられてきた死を、自分自身で主体的に得ようとする傾向といえる。さらに、一部の富裕な人々は庭に教会をたて、神を直接的に自分のものとするようにさえなってきた（蔵持、1995）。

　しかし人々がいかに聖職者から受ける死を自分で得ようと直接的なものにしようとしたとはいえ、死は神に与えられるものであるという根本的な信仰、「神への信仰」から心が離れることはなかった。

　教会と人々の生活の関わりには現代日本に生きる私たちとは全く違ったものがある。当時の欧州の人々は神なしでは生きられなかった。現代日本に生きる私たちが、宗教に対して真剣に向きあう機会がどれほどあるだろうか。もちろん特定の宗教に深く帰依する人々もいる。しかし、多くの日本人は自分が特定の宗教に帰依していると考えていないのではないだろうか。正月には有名無名様々な寺社に初詣に行き、クリスマスは教会に行く人は多いだろう。お盆は実家に帰省はすれども、先祖の墓参までする人はどれほどいるのだろうか。神棚や仏壇が自分の家にある一人暮らしの若者がいるだろうか。

　このようにしたことから考えても、現代の日本においては特定の宗教を持たない世代は着実に広がりをみせている。どちらかというと一神教というよりは、万物に命が宿る、八百万の神を常にぼんやりと感じているというのが日本人の心性に近いのではないだろうか。

　しかし、他の一神教の神に対する信仰を持つ民族にとっての宗教は全く違う。宗教が遠因となっている戦争や諍いは現代社会においてもそこかしこに頻発している。もちろん中世の欧州人にとっても、ゆりかごから墓場まで、人々の生活は教会とともにあり、死の秘術など聖職者が当時の人々の生活に与えた影響は大きい。むしろ人々の心が離れたのは、教会ではなく聖職者なのではないかと考えられる。

　ペストが蔓延した街から富裕層が逃げ出したケースは多くの文献にも記

載があり、彼らがよその土地にペストを持ち込んだともいわれているが、その中に多くの聖職者が含まれていた。死に際し秘術を与えるべき彼らが自己保身のために我先にと街から逃げ出していたことも多くの記録がある。

　また、ペスト全盛期から少し後のこととはなるが、教皇が同時に二人存在する「大シスマ」（1378年 - 1417年）と呼ばれた時期も当時のキリスト教の混乱を表現している。日本の南北朝時代にも同時期に二人の天皇が存在し、それぞれに政治を行うという混乱の時代があった。これと同様に欧州のキリスト教社会においても、並びないものが二人同時に並び立つという混乱の時代があり、民衆も混乱したであろうが、まともな精神を持った聖職者であれば、聖職者の正義とは、教会の正しい在り方とは何かということに想いが至るであろう。

　それ以外にも聖職者の妻帯や同性愛、贅沢な生活など、当時腐敗が進んでいた教会の例は多い。これらに対する反発は教会を批判する聖職者を誕生させることとなった。しかし、彼らは異端審査にかけられ焚刑に処されることすらあった。これらの教会に対する一部の聖職者の批判が少しずつ大きくなり、のちにルターの宗教革命を生み出したともいえる。

　キリスト教の信者であった人々の多くは、ペスト期を通じて信仰＝神を捨てることはなかった。しかし彼らの心性には、慈悲深い神が突如として怒れる畏れの対象となったことに深い恐怖の念を与えたことと推察される。そしてそれが一部の人々に教会＝聖職者の在り方に対する疑問を持たせ、正しい信仰は何かということを深く考えさせるにいたったと推察させる。

第3節　ペスト時のユダヤ人迫害と迫害が後世に与えた影響

第1項　ユダヤ人迫害とは
　ユダヤ人への偏見は紀元前パレスチナがローマ帝国支配下となった地域

において限定的に発生していた。パレスチナには紀元前11世紀ごろから非ユダヤ人が暮らしていたが、平時においてはユダヤ人・非ユダヤ人が争うことはなかった。しかしユダヤ人はパレスチナを神から与えられた土地とみなし、「異邦人」との結婚を禁止し、交際も拒否していたため、非ユダヤ人は彼らを孤立した存在と考えていた。

　シナゴークとはユダヤ教の会堂を意味し、礼拝の場であり、ユダヤ人の宗教生活、社会生活の中心の場となっていた。離散したユダヤ人が各地に増えるにつれ、シナゴークも各地に建設された。ユダヤ人は主にシナゴーク近くに集住することが多く独自のコミュニティを形成していたことから、その後も閉鎖的な孤立した存在とみられていたものと考える。

　ローマ帝国の末期、ローマ・カトリック教会の理念を確立し中世以後のキリスト教をに多大な影響を与えた教父、アウグスティヌスは著書「神の国」で、ユダヤ人が迫害されるに足る理由の多くを列挙している。しかし彼は必ずその後に「しかし」と文章を続けている。アウグスティヌスによれば、「しかしユダヤ人はキリスト教徒の勝利を見届ける役割を持っている」、つまりユダヤ人はキリスト教会がその存続を望んだものとされる（ケリー、2008、p.315）。この「しかし」は4世紀ごろから数百年にわたり効果を発揮し、大規模なユダヤ人の迫害は起きていなかったといわれている。

　キリスト教の信者にとってユダヤ人は、キリストを十字架に送った罪深い人々であると常に考えられていた。またユダヤ人は土地の所有を禁じられていたため農業に従事することができなかった。さらに教会から就業に制約を受けていたことにも由来し、カトリック教徒に禁じられている金融業などに携わっていた。このため一般にユダヤ人は裕福なものが多かった。このようにユダヤ人が裕福で罪深い人々と想念されたことが迫害の一因となったといわれている。

　さらにユダヤ人は時の政治に利用され、時には迫害が民族意識を高揚させ民族を団結させた。また、時には人々のユダヤ人への憎悪を高揚させることにより権力掌握が図られた。現状への不満からユダヤ人を迫害し、彼

らのスケープゴートに仕立てられるような社会的な要因もあった。

　11 世紀に入り各地で少しずつ迫害による虐殺が起こるようになり、第一次十字軍における 1096 年 5 月ドイツのライン地方において、大規模な虐殺が起きた。これを契機に各地でユダヤ人の大規模な迫害が続き、14 世紀のペストの時代へと入っていく。

第 2 項　ユダヤ人とは

　ユダヤ人とは、その起源をメソポタミア地方から放浪してカナンと呼ばれる地域に移住してきたセム系所属の支流であるヘブライ人にもつ。彼らの放浪・移住は、ヘブライ人の神ヤハウェが彼らのための用意された約束の地を手に入れるために要請されたもの、とされる。

　紀元前 1700 年ごろに飢饉となったカナンを離れエジプトに入り、イスラエル人と呼ばれたヘブライ人は、エジプトにおいて奴隷として働かされていた。指導者モーセの指揮のもとにエジプトを離れ、シナイ半島の北部を横断しカナンの地に戻ろうとした。しかし彼らがエジプトに入っていた間に住み着いていた民族をもう一度苦労して追い出し、カナンを征服しなければならなかった（ギ・リシャール、1996 / 2002 藤野訳、p.28、および黒川、1997、p.2）。

　その後のユダ王国・イスラエル王国というユダヤ人による王国の滅亡と、ユダヤ人のバビロン幽閉、ローマ帝国による支配・エルサレムの破壊を経て、ユダヤ人は戻るべき場所を失い、紀元 70 年ごろからディアスポラが始まった。ディアスポラとはもともと民族離散を指すが、特にパレスチナ以外の地に離散したユダヤ人を指す場合が多い。ユダヤ人はその後、地中海周辺のいたるところから欧州全域、メソポタミア、ヴォルガ川下流域、エチオピアなどに分散した（ギ・リシャール、1996 / 2002 藤野訳、p.61）。

　「ユダヤ人」として誰もが説明しうる、はっきりとした定義は存在しないといえる。ユダヤ教の信者、母がユダヤ教の信者であるもの、ユダヤ教の血統を持ったもの、イスラエル人など、様々な捉え方があり、明確に定義するのは難しい。

第3項　ペストとユダヤ人迫害

　14世紀におけるユダヤ人の迫害はペストの流行の前から何度も発生し、多くはユダヤ人がキリスト教徒に毒を盛ろうとした、ということを理由に発生したものであった。社会的な不安や根も葉もないうわさをきっかけにユダヤ人の虐殺が始まり、一度始まるとあちこちの都市に発展していった。この最たるものがペストの時期に重なっている。

　当時、ユダヤ人が拷問にかけられ、キリスト教徒の使用する井戸に毒を入れるように指示を受け、その毒を持っていた。他のものにもその毒を投下するよう広めるように指示されていた、という自白が得られたという話が多くの都市で語られた。これをきっかけに迫害がさらに広がりを見せ、さらにはペストそのものがこの毒によってユダヤ人が広めたものだといううわさも広がっていった。このことについては、17世紀の編年家ヨハンネス・ミュルナー（1565年-1634年）の『帝国都市ニュルンベルクの編年誌、1623年』に以下の記載がある（佐々木、2012、p.18）。

　　既述のペストのために、ユダヤ人は毒物の入った小袋を泉に投下し、それによって全キリスト教徒を根絶するのが彼らの計画であったという疑いをかけられた。しかも数名の捕らえられたユダヤ人が、そのことを自供したといううわさも広まった。それゆえペストはユダヤ人のせいにされた。普通に考えれば、盛られた毒がもたらすのはペストという病気ではなく、突然死であることは誰の目にも明らかなのだが。それにもかかわらずユダヤ人はドイツやロマンス語の各地で斬殺され、溺死させられ、火刑に処され、その他の方法で処刑され、その屍が山のように積まれた。アヴィニョンの教皇だけがただひとりユダヤ人を保護し、ドイツでも諸侯のなかにはユダヤ人を守ろうと奔走したものもあったが、彼らの身の安全すら暴徒によって脅かされ、結局彼らもなす術なくユダヤ人を引き渡さざるを得なかった。

　異常時の人々の判断力の不確かさをはっきりと見るようである。実際ニュルンベルクはペストの被害にはあっていないが、ここにはペストを起こしたユダヤ人が虐殺されたことに対しての懐疑的な意見が記載されてい

る。このミュルナーの著述のように、後年の歴史家の中にはペストはユダ
ヤ人が起こしたものだ、という噂があったからユダヤ人の虐殺に繋がって
いったと時代の流れを書いている。これはこのように書くことでユダヤ人
の虐殺の罪から逃れ、虐殺を無害化しようという意図が感じられる。

　ユダヤ人を迫害することは神の怒りを鎮めるものと考えられた。異教徒
を殺害することで神への贖罪とし、ペストから逃れられると考えた人々が
いた。そのため実際にペストが入ってくる前にスケープゴートとしてユダ
ヤ人を殺害し神に赦しを得ようとした。そもそも教会がペストを神の怒り
とし、ユダヤ人を異端であると断裁したことにより、人々の迫害に加虐的
な要素を加えたといえる（蔵持、1995、p.99）。

　また、アヴィニョンの教皇がユダヤ人を保護したという記述があるが、
このようにした形でユダヤ人を保護しようとする聖職者も多かった。しか
し、当時の教会の説法はすべてラテン語で行われていた。告解に際して、
聖職者は現地の言葉で話していたが、当時の人々には当然ラテン語は理解
できるものではなかった。このためユダヤ人が「罪深い人々」であるとい
ううわさ話のほうが民衆にとっては真実であった。当時、閉鎖され人口が
密な都市の中で聖職者の説教ではなくうわさ話が広まっていき、このよう
にしたユダヤ人が毒によりペストを蔓延させているという陰謀説が広まる
こととなった一因とも考えられる。

　当時は聖書もラテン語のものしかなく、各地の言葉で書かれたものの出
版はまだ数十年を待たなくてはなからなかった。聖書を読めば、ユダヤ人
が「罪深い人々」であることは間違った解釈であることが正しく理解でき
るのであるが、当時の民衆は聖書を知るのは通説やうわさ話が情報源だっ
た。このため聖書による正しい教えが広まらなかったものと考えらえる。

　この後、一度は棄教し虐殺から逃れたユダヤ人も厳しく制約された生活
を余儀なくされ、それでもなお元の地を離れずに暮らした者もいた。ペス
ト期にドイツなどで迫害を受けたユダヤ人はポーランドやさらにその東の
ウクライナに移住した（カンター、2001 / 2002 久保など訳、p.182）。ポー

ランドは国王自らがユダヤ人の保護を宣言していた。このため、ポーランドは第二のバビロニアと呼ばれた時代もあった。

　彼らは、東ヨーロッパを中心にユダヤ人社会を構築したが、彼らの子孫こそが20世紀にナチス・ドイツのホロコーストの対象となった（宮崎、2015、p.78）。

第4項　【フィールドワーク】中世民衆の宗教とユダヤ人迫害

　多摩大学・インターゼミ・アジアダイナミズム班では、フィールドワークとして、2020年8月15日に中央学院大学の黒川知文教授をお招きし、オンラインにより講演をいただいた。

　黒川教授の専門が宗教学、欧州史であり、かつご本人が牧師であるということもあり、大変専門的で深く有意義な講義を受講させていただいた。講義は欧州班の問題意識に沿って、「ペストと宗教意識の変化」という副題に基づき14世紀の欧州史、ユダヤ人迫害について幅広いお話を伺うことができた。

　当時のキリスト教徒であった民衆は教会ではほとんど説教を理解することができなかった。14世紀ごろはまだ聖書はラテン語で書かれたものがほとんどだった。各地の言葉への翻訳はほとんどの場所で行われておらず、民衆が自分自身で聖書を読むことはなかった。また、教会での礼拝や聖職者の説教もラテン語で行われていたため、民衆は聖職者が話している内容を理解するということがなかった。このため、人々は教会で教わるキリスト教の教えよりも、うわさ話を信じた。ユダヤ教徒がキリスト殺しの罪びとであるという考えも、聖職者は間違いであることははっきりとわかっていたし、そのように民衆にも伝えていた。しかし当時の民衆はこれには耳を貸さなかった。

　中世後期から民衆の識字率も少しずつ高くなり、このころから聖書を個人が翻訳することが始まり、民衆がわかるその土地の言葉で礼拝や説教などが始まったといわれている。このため当時は絵画でキリスト教を教えることが普通で、教会にはイエスの生涯を示したレリーフなどが掲げられ、

人々はイメージで宗教をとらえていたともいえる。

　ユダヤ人は、早くにはディアスポラの前から地中海沿岸に移住している
ものもいた。ライン川沿いにフランスからドイツ、ポーランドへと移住す
るルート、もう一つはスペインへ入るルートが取られた。こののちドイツ
のユダヤ人は十字軍とペストの時代に東へと移住し、ポーランド・ウクラ
イナに入る人々が多かった。ポーランドは一時、第二のバビロニアと呼ば
れた時代もある。

　ユダヤ人迫害は欧州全域で行われており、ペスト期のフランスやドイツ
の虐殺に比べて取り上げられることは少ないが、14世紀にはスペインで
も虐殺が起きていた。ロシアでも1818年から1900年にかけて「ポグロ
ム」と呼ばれる大量虐殺があった。しかしユダヤ人迫害はキリスト教徒の
圏内に限られている。キリスト教徒はユダヤ人を迫害することによって自
分たちの信仰心を強め、キリスト教徒としての団結力を強めていたともい
える。

　ユダヤ人の中には改宗するものもいたが、ユダヤ教徒は自分が受けてい
る苦難は、神が自分の罪により与えている罰、という意識が強く殉教思想
も強い。殺されるのなら改宗するといった傾向が少なかったことから、歴
史的な大量虐殺が何度も起こっていることにも繋がっている。

　苦難に出会った時、人は他を責めることで心の平穏を得ようとする。ユ
ダヤ人迫害にも同じことがいえるのではないだろうか。

　明確なのは、歴史は繰り返すということである。時の経過によって物事
の本質を見極めることができる、時間がたたないと物事の本質はわからな
いといえる。普遍的な要素を歴史から学び、それを生かしていくことこそ
が歴史を学ぶ意義である。

第4節　ペストがモンゴル帝国衰退に及ぼした影響

　モンゴル帝国の衰退要因の一つにペストの影響があったと考えられる。

1368 年、明朝の中国人はすでにペストに冒されていた草原の大国に反旗を翻し、その支配を脱した。中国からの撤収に象徴されるモンゴル帝国の衰退が、ペスト菌がおそらく草原全域に広がったと考えられる時期にすぐに続いている事実がある。病気特に腺ペストとの接触が強まったことがモンゴルの軍事力を蝕んだ真の原因だったとは証明できないが、アムール河口からダニューブ河の河口に至る全域に住む草原の遊牧民が、初めて高致死性の感染症に接した結果として大変な人口減に苦しんだのは間違いなかろう。そうとするなら、中国、ペルシャ、ロシア等の定住する諸民族に対するモンゴルの支配権を維持するために必要不可欠だった、軍事上の人的資源の補充が困難になった事情は想定できる。そして遊牧民の君主たちが、全アジアと東ヨーロッパ全土のかつて自分らが支配した農耕民によって打倒されたり吸収されたりしたことも想定できる。

　商品を集め、輸送を確保し、あるいは隊商路の途上や隊商基地で売り買いすることを職としていたような人々が最もペストに感染しやすかったのは確かである。随所に発生した大量死は、モンゴルの征服事業後ユーラシア大草原に出現した隊商交通路を破壊し去るに足りた。モンゴル人が、草原地帯特有の生活に内在する軍事的可能性を最大限に発揮することに成功したため、ユーラシアの遊牧生活を疫学的に大災害に見舞わせることになり、遊牧民の戦士も牧者も商人も遂にそこから立ち直れなかったのではないか。1346 年を境にしてモンゴルの移動パターンは消え、16 世紀には草原地帯西部の人の流れは明らかに逆流していた。1405 年にティムールが死ぬと、モンゴル人の攻撃の勢いは失われた。以降、凶暴な騎馬戦士が南隣りに住む文明的な農民を略奪することは徐々に減っていった。カーンの国の消滅にともなって旧来のホッブス的状況へ逆戻りし、数世代にわたるジェノヴァ商人が利用した中国への通路は消滅した。

　当時の人口推移から、ペスト蔓延がモンゴル支配下の元の弱体化を招き、当時の明朝（中国）の国家建設が進むことになったのかどうかも考察する。ペストが中国に侵入したのは 1331 年といわれており、世界に蔓延したのは 1347 年以降である。前述のバーンスタインが述べている通り、

明（1368年の建国）の時代に人口が減少したとされる。元から明への体制変換時には飢饉、反乱、インフラ破壊、反乱者たちと正規軍との三つ巴四つ巴の戦闘、租税忌避のための戸籍登録抹消など実に多様な人口減少の要因があったものの、少なからずペストが人口減少に関わっていたとも考えられる。モンゴルの人口推移記録は残っていないとされるが、中国本土に再び進出しなかった要因としても、やはりペストの影響があったとも考えられる。

第5節　国家統制によりペストの影響を最小限に留めた明

　ペスト蔓延を期にモンゴルを北へ追いやり、国家を確立させていった明とはどのような国なのか、疫病の影響を一定程度に抑えたことには何が影響しているのかという観点で明を考察する。モンゴル帝国は様々な国を取り込んで拡大しユーラシア大陸を制覇したといっても過言ではないが、中国もまたその支配下にあった。明の成立前夜には権力闘争や官僚の不正、貧富の格差が広がることで国家が弛緩し国民に実害が及んでいった。そのような社会の中でモンゴルの有力者達が競い合っていたのである。

　群雄割拠を制したのは朱元璋である。数々の反乱勢力との戦いに勝ち抜き、モンゴルをも追い出し中国を統一して明を興した。朱元璋は儒教的論理によって国家建設を進めて社会の隅々まで統制し、謀反や汚職を弾圧した。また国家建設においては里長を任命し相互に監視する社会を構築し、秩序維持のための法整備を行うことで国民を統制した。外国に向けては朝貢を求めて中華思想を展開し、私貿易を厳禁するとともに国家貿易によって国力を増強した。一方で国内外の人々の越境移動は制限し、流動性の低い社会を構築した。これらは元末の混乱の経験から国民そしてその末端にいた朱元璋が求めたものであるとも思われ、結果として明の国力は安定したのであった。

　これだけの社会統制を利かせ、国民の行動をコントロール下におけた閉

鎖的で流動性の低い国家であった明は、疫病対策でも一定の統一感のある対策を打てたと考えられる。一方で移動と交流が活発であった流動性の高いモンゴルは、ペストの影響を正面から受け国家の衰退につながっていったのではないか。疫病下においては社会統制が取れた国家の方が有効な対策を講じることができ、ウイルスや細菌と上手に向き合い共生していくことが国家維持につながるようにも考えられる。

第6節　13世紀から15世紀の日本と感染症

第1項　13世紀元寇と日本における感染症

　1331年の中国でのペストの発生から1347年以降のヨーロッパでのペストの拡大期に、なぜ日本にペストは流入しなかったのであろうか。本項では、1281年の弘安の役におけるモンゴル帝国・東路軍に発生した感染症と、蒙古襲来の時代である13世紀後半に日本国内で発生した感染症について考察する。

　弘安の役のモンゴル帝国の作戦は、モンゴル人・高麗人・漢人による東路軍が朝鮮半島より日本に侵入、旧南宋人から成る江南軍が現在の寧波から合流し日本に攻め入るものであった。

　1281年5月3日に合浦、現在の韓国・馬山市を出発した東路軍4万人・900隻の軍は、6月中旬に壱岐にて江南軍と合流する予定で、壱岐周辺の海上で停泊していたのである。

　「合浦出発以来1か月以上も船上で過ごしていて、疲労も重なり病人なども出て戦意も劣っていたことも考えられる」（黒田俊夫、1974、p.128）とあるように、東路軍の船上は、梅雨の時期であったことや衛生面の問題、食糧不足から感染症により、戦わずして約3,000人が死亡したともいわれる。その感染症は当時朝鮮半島で流行していた天然痘であるという説もある。

　次に13世紀後半に日本で発生していた感染症であるが、マラリアが広

がっていた。飯島は次のように述べている（飯島、2018、p.37）。

　　日本列島ではどんな感染症が流行していたのでしょうか。この時代に
　　は温暖化の中で土地の開墾が進み、水田耕作が広がりました。この結
　　果、さまざまな感染症を媒介する蚊などの生活範囲も広がりました。
　　そのため、日本列島では三日熱マラリアなどが本格的な広がりを見せ
　　たと考えられます。マラリアは、「瘧（おこり、わらわやみ）」と呼ば
　　れていました。

　日本でマラリアはいつ発生したのかを見てゆくと、「瘧の文字は大宝律
令の医療令の中に現れる」（酒井、2002、p.73）にあるように、8世紀に
は日本に発生していたことが分かる。なお「マラリアは突然、激しい震え
に襲われ、40度前後の高熱が4、5時間続いたあと、唐突に平熱に戻り、
二日後あるいは三日後に再び熱発作をおこす病」（酒井、2002、p.73）な
のであった。

　発熱後、次の発熱迄の間隔が三日間の病が三日熱マラリアである。三日
というキーワードを拾うと、「鎌倉室町時代を中心として三日病という流
行病が種々の記録類に現れている。」（中村、1987、P.308）とある三日病
については、風疹であるという説と流行性感冒すなわちインフルエンザで
あるという説が存在する。

　さらに、元寇時代前後である13世紀鎌倉時代に流行した疫病として、
酒井シヅは著書『日本の疫病』において、「鎌倉時代も疫病の大流行がた
びたび全国を襲った」（酒井、1987、p.142）、「鎌倉時代に流行した疫病の
中で、圧倒的に多いのが疱瘡であった。次が赤班瘡であった」、「赤班瘡の
次に多い疫病は咳病である」（酒井、1987、p.144）と述べている。

　1278から79年の2年間は全国的に疫病が流行し、疫病と飢饉とが重
なり日本人の人口が半減したといわれている。

　このように、当時はマラリアに限らず、多くの感染症が日本列島には存
在していたことがわかるのである。

第2項　ペストが流入しなかった日本と日元貿易

　1331 年以降中国本土に拡大し、1347 年には欧州へと広がったペストであるが、当時の日本にはなぜペストは流入しなかったのか、という疑問が浮かび上がる。「襲来以前も、襲来のあいだも、日本の貿易船はしきりに中国大陸との間を往来した。さらに、襲来後は、大変な経済・文化交流の波が起こった。明治期に至るまで、実はこれほどの日中交流は見られない」（杉山、1996、p.137）とあるように、元寇以降の時代 13 世紀後半から 14 世紀前半はモンゴル帝国が日本の征服、或いは朝貢に成功はしなかった一方で、元側の管理貿易としての公式な日元貿易と、いわゆる密貿易であった民間貿易は非常に活発に行われていたのである。

　貿易が活発であったことは、インターゼミ・アジアダイナミズム班の 2017 年「モンゴル帝国のユーラシア興隆史」におけるフィールドワーク時の、国際日本文化研究センターの榎本准教授の講義により史実として理解できる。そこでは、「1976 年、韓国新安沖で発見された元代の沈没船が、1323 年に元の慶元を出発した中国式のジャンク船であり、800 万枚に及ぶ大量の銅銭はじめ陶磁器、銅器、錫インゴット、香薬、書画、典籍等もあったであろう」「1342 年秋に天龍寺創建費用の不足を補うための、貿易船の派遣を決定した」、「当時の元においては全て管理貿易であり、それ以外の私貿易は密貿易である。こっそりと怪しい港に寄って密貿易を行い、最終は寧波によって管理貿易を行う」といった当時の活発な貿易の様子を示された。

　中国からヨーロッパへ拡大した 14 世紀のペストが日本に流入しなかったという事実はいくつか文献から確認ができる。文献の一例として、脇村（2006、p.39）は以下の様に述べている。

　　ちなみに、日本史に関連して付け加えておこう。13 世紀の後半に起こったいわゆる元寇は、日本史の帰趨をも左右しかねない大事件となった。これは、モンゴル帝国の世界的な展開が、ユーラシア大陸の東端に波及した末のことであった。しかし、その 2 回に渡る試みは海という障壁もあって失敗に終わった。これには、疫病史上の補足的

エピソードが加わる。すなわち、14世紀以降ペストも海という障壁によって日本への伝播が阻止された。この疫病史上に特記される事実については、後に改めて触れることになるだろう。

　東西の交易がモンゴル帝国によって活発になったことによって、14世紀のペストが拡大したことと、日元貿易にて貿易路が活発でありながら、日本にペストが流入しなかった理由を考察する。

　欧州へのペスト流入は貿易品の絹織物、毛皮製品にクマネズミ経由のペスト菌を保有したノミが寄生し運ばれて行ったことも一因である。貿易の品目という点に注目してみると、日元貿易における品目は、日本からの輸出は主に金・銀・硫黄・刀剣・蒔絵などであり、元からの輸入は銅銭・陶磁器・茶・書籍・書画・香料などであった。流入という観点から輸入品に着目すると、元から欧州へと渡っていた絹織物や毛皮製品とは異なることが分かるのである。つまり、日本がペストの流入を免れた理由のひとつとしてペスト菌を保有するノミが寄生した貿易品目が少なかったとも考えられないだろうか。

　欧州へ陸路、そして海路を辿ってペストが拡大したルートを考える時、日本に流入しなかった理由が海を隔てていたから免れたという一言では片づけられないと考えるのである。しかしながら、日本に流入しなかった明確な理由を文献から立証するには至らないことから、ここでは貿易品に着目をするという視点に留めておきたい。

表2　元との貿易品目（筆者作成）

	元と日本間	元と欧州間
主な貿易品目	金・銀・硫黄・刀剣・蒔絵 銅銭・陶磁器・茶・書籍 書画・香料	絹織物・毛皮製品

　パンデミックとなった14世紀のペストはなぜ日本に流入しなかったのかという疑問について、濱田は以下の様に述べている。

　まず一つは、九州限定流行説。倭寇がペストを中国から運んだとして
も、持ち込まれた地域が倭寇の根拠地である九州に限られており、そ
れが日本全国に拡大しなかったという説である。二つ目は日本人の清
潔志向説。古来、日本では入浴が体内の気の循環を改善し、体内の毒
物を排除すると考えられていた。このためヨーロッパで見られたよう
に、多くの人びとにシラミがたかるようなことは少なかったと考えら
れる。もう一つ、筆者が考える理由は日本人免疫説である。ペスト菌
と近縁の細菌が日本で既に流行していた可能性である。この細菌とし
て考えられるのが、ペスト菌と同じエルシニア属の仮性結核菌だ。
（中略）このように、筆者は日本にペストが波及しなかった理由とし
て、14世紀の日本人の多くが仮性結核菌の感染で、ペスト菌にもあ
る程度の免疫を持っていたとする説があるのではないかと考える
（2020、p.170）。

　濱田が述べている3つの理由のうち、九州限定説は濱田自身が可能性
を否定しており、清潔志向説と日本人免疫説の2つが残される。14世紀
のペストが日本に流入しなかった理由については、それを論じる文献は少
ない中で、貴重な見解であろう。

　また、筆者が述べた貿易品目の違いにより、日本にペストが流入しな
かったのではないだろうかという問題意識について、インターゼミ・アジ
アダイナミズム班が2020年8月1日に実施した、大阪経済法科大学の脇
村孝平教授は以下の内容の見解を示された。すなわち、中国と欧州・日本
との貿易品目の差異は、日本にペストが流入しなかった理由として十分に
考えられるものである。事実、ヨーロッパは黒海から海を渡ってペストが
来ていることから、日本にも海を渡って流入する可能性はあったともいえ
る。貿易の頻度や品目、密度の違いはあるかもしれない。貿易品の差異が
理由のひとつであったという仮説を立てて誰かが実証したならば、それが
新たな説になることもあり得る。

　濱田の文献、脇村の見解からも、いくつかの複合的な理由が重なり合っ
て、14世紀の日本にはペストが伝播しなかったという事実が存在するの

である。14 世紀の事実は、2020 年の新型コロナウイルスのパンデミック
において、日本の感染者数と死者数がやや少ないことに繋がっているのか
も知れない。

第 3 項　梅毒が流入した 15 世紀の日本と倭寇

　性感染症として最も著名な梅毒ではあるが、「梅毒は 15 世紀末にコロ
ンブスが新大陸を発見したときに、梅毒も持ち帰ったという。これに対し
て、早くから疑問を投げかけている者もいるが、大航海時代のはじまりと
ともに梅毒が世界的に蔓延したことは事実である」（酒井、1982、p.188）
と述べられている通り、1493 年にスペイン・バルセロナに梅毒が広がり、
1495 年にはイタリア・ナポリで感染が爆発することとなった。

　また「そのときナポリ人は進入してきたフランス兵が梅毒を広げたと
いって「フランス病」とよんだ。一方、フランスではナポリ帰りの兵隊が
梅毒にかかって、帰還したことから「ナポリ病」とよんだ」（酒井、2002、
p.167）と述べられている。このことは、1918 年から流行したスペイン風
邪において、第一次世界大戦中の各国は自国が発生源であるといわれない
よう、感染者数を正しく公表せずに、中立国であったスペインの名称と
なった事実を彷彿させ、15 世紀も 20 世紀もパンデミックに対する捉え方
が変わらないことを示唆するものである。

　その後、梅毒がアジアに広がったルートは、1498 年頃にヴァスコ・ダ・
ガマの一行がインドのカリクットに寄港した際にインドへと運ばれ、イン
ドネシアを経て 1505 年頃中国・広東に侵入し、さらに琉球を経て日本に
上陸したのである。「日本で、この新しい疫病が痘瘡・琉球瘡と呼ばれた
ことは、梅毒が中国（広東）と琉球から輸入されたこと示唆する」（立川、
1977、p.147）の記述からも梅毒のルートが分かろうというものである。

　15 世紀末から 16 世紀大航海時代のパンデミックは梅毒であった。梅毒
が中国・琉球から日本に流入した経緯を田中は以下の様に述べている。

　　それでは、この梅毒スピロヘータを海上はるか運んだのは誰か──。
　　じつはこれは、ポルトガル人でも朝鮮人でもない。倭寇と呼ばれる日

本人を主体とする海賊集団であった。とくに三浦の乱（1510年）以後、中国人や朝鮮人をふくんだ一大海上活動者として華南から南海にわたって明の沿海を荒らしまわり、とくに中国南部をはげしく侵したいわゆる後期倭寇——、彼らがじつは梅毒運搬の張本人であった（1977、p.147）。

　ここで疑問となるのが、前項で述べたように14世紀ペストは日元貿易という交易が活発であったにもかかわらず日本には流入せず、しかし16世紀の梅毒は倭寇を通じて海を越えて流入してきたという点である。

　ただ、ペストはネズミを宿主としたノミを媒介としてヒトを蝕んだのに対して、梅毒はヒトとヒトの接触による感染である。14世紀日本に日元貿易を通じて、ペスト菌をもつノミが貿易品などを通じて流入してこなかった反面、16世紀には梅毒がヒトを介して上陸し、日本国内へ拡大していったのではないか。

　先に述べた梅毒の日本への流入ルートは、当時の明と琉球からである。明からのルートは後期倭寇の往来が盛んであったことに加えて、その構成員は日本人よりもむしろ殆どが日本人以外で構成され、なかにはポルトガル人も交じっていたことから、日本への流入以前の感染拡大国の構成員が多かったことも一因だったのかもしれない。

　また、もうひとつの流入ルートである琉球は、明が琉球に対しては他国よりも圧倒的に多い貿易回数を認めていた時代であることから、明から琉球への流入は比較的容易な環境であったのではないだろうか。

　梅毒の感染特性と倭寇による活発な往来が、明と琉球からのルートで日本への梅毒流入につながったということが分かるのである。

第**5**章

倭寇とモンゴル帝国史
～海洋の渡海民と大陸の遊牧民～

本章の主編者　杉 由紀・光永 和弘
本章の執筆者　三田 大祐・谷ケ崎 真尚・森 勇太・森田 耕一郎・多田 敏男・
田中 千尋・天野 真一朗・羽田 キッティパッド・山埜 彦樹
（主編者をのぞく）

● モンゴル帝国は倭寇の発生に影響を与えたか
● 倭寇とは単なる「海賊」なのか
● 倭寇はなぜ終息したか

　本章では、モンゴル帝国から明の時代にかけて周辺地域で活動した倭寇に焦点を当てる。倭寇は、船や沿岸部を襲い略奪する「海賊」としての側面が多く知られているが、海を基盤とした貿易商人「海商」という面もあり、東南アジアの広い地域で貿易拠点へ移住した移民でもある。国家の統制から離れた海賊や自由商人、つまり「国」という統治構造から離れた存在でもある彼らを研究することで、グローバル・ヒストリーとしてのモンゴル帝国をより重層的に理解できると考える。

　研究対象とする時代は幅広く、(1) モンゴル帝国が 13 世紀に東西交流を活性・興隆・繁栄させた時代、(2) 16 世紀における大航海時代のグローバルな交易が開かれる世紀、(3) その間を接続していたといえる 14 世紀から 16 世紀となる。

関連年表

世紀	中国・モンゴル帝国	高麗・朝鮮	日本
13世紀	1252年 ビルマよりペスト流入 1271年 元 建国	1223年 『高麗史』に倭寇の記事がはじめて記載される 1244年 日本船高麗に漂着、略奪	1274年 文永の役 1281年 弘安の役 1297年 徳政令を発令
14世紀	1305年 元が5つに分裂 1363年 倭寇が蓬州を襲う 1368年 明 建国 1383年 明で海禁の制を厳重にする	1358年 高麗では倭寇により財政が窮乏 1372年 琉球の中山王が明に朝貢 1392年 高麗が滅亡し 李成桂即位	1350年 倭寇が高麗の各地を襲う（倭寇の活動が激化） 1366年 高麗の使者が出雲に着岸し、室町幕府に倭寇の禁止を要求
15世紀		1404年 室町幕府と国交回復、日朝貿易が盛んになる	1419年 応永の外寇 1467年 応仁の乱がはじまる
16世紀		1510年 三浦の乱が起こる	1523年 寧波の乱 1543年 種子島に鉄砲が伝わる 1592年 文禄・慶長の役

本章筆者作成

第 1 節　倭寇とモンゴル帝国のつながり

第 1 項　前期倭寇とモンゴル帝国のつながり

　倭寇が明確に史料に意識されるのは 1350 年からで、『高麗史』巻 37 忠定王二年二月には「倭寇之侵始此」と書かれ、以降は米穀を運ぶ船や陸上の官庫を襲う存在として記述されている。1350 年といえば中国においてはモンゴル帝国の統治であり、朝鮮半島においてはモンゴル帝国の属国であった高麗の時代である。さらに時代を遡ると、日本船が貿易活動に訪れるようになったのは 11 世紀で、13 世紀中頃には、日本船は進奉船と呼ばれ、高麗との貿易が定着していた。しかし 1251 年から 1259 年までの長期に渡るモンゴル帝国の高麗攻撃により、日本の進奉船の貿易活動は途絶えた。さらに、1274 年の文永の役、1281 年の弘安の役の二度のいわゆる蒙古襲来が起こる。高麗はモンゴル帝国の属国であり、日本の脅威を監視する立ち位置であったため、日本と高麗の交易が復活する環境とはならなかった。1350 年からの前期倭寇の活動が盛んになる土壌がすでにあったと考えられることは、田中が以下の様に述べている（2012、p.30）。

　　やがて、進奉貿易がとだえるときがきた。その時期は、北方におこった蒙古の圧力が大きく高麗におよんできた時期であり、また、倭寇との先駆と考えられる高宗朝の海寇が活動しはじめた時期と一致している。日本から高麗に渡った進奉船は、蒙古との折衝に力を使い果たして国力の衰えた高麗から拒否されて海盗に一転する可能性をつねにもっていたのである。

　さらに倭寇の活動が盛んとなる土壌について、田中は以下のように述べている（2012、p.35）。

　　倭寇発生の年として注目される 1350 年は、高麗では忠定王の二年、蒙古はすでに国号を元と改めており、その順帝の至正十年である。日本と高麗との通交関係が絶え、元と高麗軍の戦争がおこり、高麗の国内が空前の疲弊の状態におかれていたときに、倭寇という海民の運動がまきおこったのである。キッカケさえあれば倭寇はいつでも発生し

うる環境が作りだされていたのである。

　つまり、モンゴル帝国による高麗攻撃、その後のモンゴル帝国の属国としての高麗の立ち位置から日本との交易が途絶えたことが、前期倭寇発生の要因と考えられる。

　高麗は元朝末期の1356年に、モンゴルの直轄領となっていた旧高麗領人の双城総管府を武力で奪還し、モンゴルからの独立を図った。さらに1359年には、中国国内でモンゴルへの反乱である紅巾の乱を起こした反乱軍の一部が高麗を攻撃した。倭寇の活動が活発になった14世紀後半は、高麗国内が混乱したこの時期だったのである。

　高麗国のモンゴル帝国からの独立については、森平が以下の通り述べている（2011、p71）。

　　王権のゆらぎは、高麗官人奇轍の妹が順帝トゴンテムルの皇太子を生み、皇后に冊立されるにおよんでピークに達する。高麗の臣下が元朝皇帝の外戚として国王に匹敵する権勢を手に入れたのである。1356年、恭愍王は奇轍ら国内の元朝害外戚勢力を排除し、勢威にかげりのみえはじめた元から離脱政策を開始する。恭愍王の試みは、元（北元）・明との外交戦、倭寇や紅巾軍の侵掠、国内抵抗勢力との葛藤という内外の流動化した情勢への対応におわれるなか、必ずしも十分な成果をあげられなかった。

　前期倭寇の始まりである1350年から、高麗国滅亡までの14世紀後半の倭寇の盛んな活動については、「1350年から高麗が滅びる1392年までのあいだに300件あまりの倭寇があったとされ、1377年の1年だけでも29回を数える」（上田、2005、p.97）とされる。

　このように、1350年に倭寇が発生するに至る土壌、1350年以降の高麗国内の混乱期に倭寇が数多く発生していた背景には、モンゴル帝国・元と高麗間の情勢が少なからず影響していたものといえる。ここにモンゴル帝国と前期倭寇のつながりを見出すことができると思われるのである。

　中国への前期倭寇の活動は明代に本格化するが、モンゴル帝国の末期にも見られた。田中は以下のように述べている（2012、p.63）。

『元史』の至正二十三年（1363）の条に、倭人が蓬州に襲来して、守将劉暹がこれを撃破した、十八年以来倭人は、しきりに浜海の郡県に襲来していたが、ここにいたって平和になった、としている。蓬州という地名は広東省にもあるが、ここに書かれているのは山東省の蓬州であろうという後藤秀穂氏の考証がある。

　朝鮮半島で行動していた倭寇が、そのまま山東方面に移動していったものと考えて大過ないであろう。後に明代の倭寇としてあらわれるものが朝鮮への倭寇と一心同体のものであったことから考えても、山東の倭寇の実体は容易に想像できるであろう。『元史』には、右の記事以外には倭寇に関する記述はほとんどないのであるが、さきにも述べたように、これは記録の不備が原因であって、実際にはかなり多くの倭寇活動があったと考えてよいであろう。

また、上田も以下の通り記述している（2005、p.99）。

　このようにした流れの中で倭寇は中国にも達するのである。一三五八年は、朝鮮半島でも倭寇が多く襲来していた年にあたる。三月と七月、半島の南海岸に現れた倭寇の船団は、西海岸へと進み仁川に侵攻している。『元史』によると至正一八年（一三五八）に倭寇が山東に現れ、至正二三年（一三六三）までのあいだ、毎年のように沿岸地域を襲うようになったとある。明朝が成立したあとも、山東半島は倭寇の攻撃目標となっている。

これらの記述から、前期倭寇は元の末期には山東半島で活動しており、モンゴル帝国時代に倭寇とモンゴルは接点があったことが分かる。その後、明代に入り前期倭寇は山東半島から活動範囲を東シナ海沿岸地域へと広げていった。

第 2 項　後期倭寇とモンゴル帝国のつながり

　海禁政策を講じていた明では、16 世紀に入ると密貿易が盛んとなり、後期倭寇が広った。密貿易が盛んとなった背景は以下のように述べられている（岡田・神田・松村、2006、p.135）。

16世紀になると密出国や密貿易がはげしくなり、シナ商人が会場に進出してきた。その結果、福建省漳州の月港や寧波の双嶼（そうしょ）のように漢人やポルトガル人が密貿易にあつまる根拠地ができてきたのである。また、明の商船は、ちょうど最後の遣明船がだされるすこしまえごろから、にわかに日本の各地に来航するようになった。むろん禁令をおかした密貿易で、そのおもな目的は、日本から銀をもちかえることであった。銀は15世紀なかごろからシナで流通がさかんとなり、これまで現物をおさめていた地租も金花銀（きんかぎん）といって銀で納入し、徭役（ようえき）もしだいに銀で代納することがおこなわれた。当時のシナ社会においてなににもました貴重な存在となった銀は、シナ国内での産出が少なかったのに対し、日本では16世紀のなかばちかくから急激に増産されたのである。明の商人がこれに目をつけるとともに、彼らに誘導されて、日本商人もシナへ往来しはじめ、ここに密貿易がにわかにさかんとなってきた。

このように日本銀をめぐっての密貿易が、1552年から10年間の後期倭寇の最も激しい時期に至るのである。

銀を軸とした交易は、13世紀のモンゴル帝国の時代にユーラシア大陸の広い地域で繁栄した。しかし、交易を支えるだけの銀の量が不足すると経済は混乱した。その後、明の支配下では銀を使用しないシステムへ移行した。

朱元璋が造ろうとした帝国は、このようにした貨幣経済メカニズムの不調を前提としてデザインされた。まず交易は銀を用いず、現物で行うことを目指した。人民から税金を徴収するのではなく、直接にその生産物と労働力とを徴発する。その前提として、人民をその身体レベルで把握することが必要となる。さらに、支配領域の外から貨幣経済が帝国を侵食することを恐れ、外国との交易を民間人に委ねるのではなく、帝国が直接に管理する方法を採用した（上田、2005、p.91）。

杉山も「社会全体が物々交換による自然経済に近い状態に回帰した。モンゴル時代の経済活況は昔日のものとなった」（1996、p.232）と述べてい

る。

　つまり、モンゴル帝国の経済政策から一転して 14 世紀からの明の政策は銀・貨幣から穀物などの現物と徭役としての労働力に転換したのである。しかしながら、明は 15 世紀半ばから再び税糧と徭役の銀納化を認め、16 世紀には日本銀が密貿易により流入することにより一層加速したのである。

　その背景には、モンゴル帝国が北へと追われて以降も、モンゴル高原を拠点としてその勢力を保ち（いわゆる北元）、16 世紀に至るまで継続的に明を脅かしてきたことが挙げられる。明が 1429 年に北京に遷都すると、1449 年にはモンゴル高原西部から勢力を拡大していたオイラト部族のエセン（後にカーンに即位）が明に攻め入り、当時の皇帝である正統帝を捕虜とした土木の変が起きた。この事件をきっかけに、国境防衛線となる万里の長城をより堅固なものへと改修することとなった。

　さらに、1550 年には北元のモンゴル皇帝となったアルタン・カーンが長城を越えて北京を包囲し、当時の皇帝である嘉靖帝に対し、貿易を拓くことを要求した庚戌の変が勃発した。この事件によって長城のさらなる大規模改修が実施された。

　このように、北帰したモンゴルの度重なる脅威から、防衛費用が増大してゆく過程において、銀により税を徴収することがより効率的であり、銀納化へと転換していった。そのことは、上田が以下の様に述べている。

　　徭役のなかでまず銀納化が進展した部分は、遠隔地に赴いて堤防の建設など国家的な建設プロジェクトに従事する「雑役」である。このようにした徭役は銀に換算して徴収し、建設現場で労働者を雇用して進めれば、遠隔地から強制的に集められた農民などを駆り立てて行うよりも効率的であった。十六世紀のなかばになると、日本から大量の銀が中国に流入するなかで、銀納化はいっそう加速される（上田、2005、p.230）。

ここまでの経緯を見ると、モンゴル帝国の時代から、北帰した北元が明を脅かし、その脅威に対抗すべく銀を必要とした明であったが、国内の銀

が枯渇してくると密貿易の倭寇による日本銀の流入を抑えることは出来ない状況となったのである。ここにモンゴル帝国と後期倭寇のつながりのひとつを見出すことができる。

第3項 【フィールドワーク】倭寇とモンゴル帝国史の関連

2021年8月8日に実施したアジアダイナミズム班・フィールドワークにおける、信州大学豊岡康史准教授によるレクチャー「倭寇の背景・東アジア交易構造の歴史」から倭寇とモンゴル帝国との関連を考察する。

1350年頃から前期倭寇が本格化した背景として2点が挙げられる。1点目は、日本の南北朝期の戦乱である。南朝系の松浦一族が南朝系支配地域で調達した物資を高麗に売り渡していたことと、当時の高麗王朝の貿易制限政策が噛み合わなかったことにより、騒乱がたびたび生じたのである。2点目に1350年代のモンゴル帝国の財政悪化である。モンゴル帝国は当時、高麗の宗主国であり、高麗の王は北京で育ち、妻はクビライ・カーン一族の娘であったという関係性であった。そして高麗を守るべき立場のモンゴル帝国が、急速に財政で失敗し、給料不払いも増え治安維持機能が減衰していた。その減衰が、前期倭寇の混乱を終息させることが出来なかった要因といえる。

モンゴル帝国との関連性という点においては、この2点目のモンゴル帝国の財政事情が、前期倭寇が本格化し終息に至らなかったことと密接に関連しているといえる。

次に、後期倭寇とモンゴル帝国との関連について、第2節で述べた、モンゴル帝国が北帰し明朝の北辺をたびたび脅かすことへの防衛費としての銀需要と倭寇の密貿易のつながりを照らし合わせてみる。

豊岡氏は、後期倭寇とは中国の銀のニーズに対応する商人の話であると述べている。明代の銀需要は戦争の話だけではなく、明朝が貨幣使用の必要に迫られ、モンゴル帝国以来の銀使用に戻ったことも要因である。明朝は、税金を銀納とし、取引も銀を用い、財政を銀で動かしていく方向に転換したことにより、銀需要の構造が出来上がった。銀の調達においては、

明国内ではもともと中央部に有望な鉱山が少なく、また課税率が高いことから銀鉱山開発の抑制につながり、国内での調達は乏しいものであった。そこで日本からの銀の輸入需要につながるのだが、貿易は王朝の独占である。民間貿易は全て密貿易であるから後期倭寇が本格化することとなった。

そして、明に日本からの銀が流入したことにより、明の経済は拡大し、周辺国との貿易ニーズが高まっていった。また、明朝政府は治安維持と独占貿易の観点から民間貿易を禁じていた為、北辺防衛ラインに軍団を多数配置していた。その理由は、北帰したモンゴルが貿易を求め圧力を掛けていたからである。明朝は、北辺防衛をある種公共事業化していたといえ、いわば「北辺防衛は銀流通のマッチポンプ」となっていたのであった。

密貿易と銀流通、北帰したモンゴルと倭寇は、明朝を介して影響し合っていたといえるのではないだろうか。

さらに大陸と倭寇の関連性について、明朝は漢民族支配、元朝と清朝は漢族以外の支配であり、支配する民族によって貿易に対する考え方の違いはあったのかという問題意識に対して、豊岡氏は以下のような見解を示された。

貿易に対する考え方は、支配する民族によって変わる性質のものではなく、儒教をメインに据えるか否かに考え方の違いが表れるものである。科挙官僚、すなわち儒教を学び、儒教の価値を重んじる人達が権力をもっているか否かであり、支配層の問題といえる。その視点においては、元朝は科挙官僚が居てもいなくても良い時代であり、清朝では科挙官僚は必ずしも全てではない時代であった。一方、明朝は科挙の力を信じている社会層が強い時代ではあり、原則主義・農本主義によって貿易に対して否定的な考え方であったことが、むしろ倭寇、北虜南倭を過激化させたといえる。

つまり支配する民族により貿易に対する考え方が異なるのではなく、支配する社会層の違いによって貿易の位置づけがことなるということである。

モンゴル帝国と倭寇の関連について、さらに広い視野で捉えるものとし

て、豊岡氏はおよそ高麗を嚙ませた東アジア貿易、東南アジア貿易への華人の主体的な関わり、倭寇は東南アジア貿易と日中貿易を組み合わせた方式によって利益が上がる、という貿易の原型をつくったのがモンゴル帝国・元朝の時代である、モンゴル帝国滅亡後も、17世紀・18世紀に至るまでポストモンゴルと理解すべきであり、即ちモンゴル帝国なおありきといえ、モンゴル帝国が中央アジアから銀取引の慣習を持ち込んだからこそ銀の流通が盛んとなり、その後の後期倭寇の銀の密貿易にも繫がっているのである、とも示された。

　文献研究によってモンゴル帝国と倭寇の関連性を見出すことが出来たことに加えて、豊岡氏のレクチャーを通じて、前期・後期倭寇の背景にあるモンゴル帝国、さらに14世紀から16世紀の倭寇発生の時代の前後にもモンゴル帝国の影響を見出すことができた。

第2節　中世の武装貿易商人 倭寇の実態

第1項　倭寇の原点と実像

　本論ではこれから倭寇を多角的な視点から論じていく訳であるが、本章ではまず「倭寇」の輪郭を浮き上がらせていく。第1項では、歴史的背景から出来得る限り時系列でその姿を追いかけてみる。続いて第2項では、倭寇が辿った道（航路）を切り口に活動を炙り出し、最後に第3項でその活動と実態から倭寇が後世に残した爪痕として「ポスト倭寇」を展望してみたい。

　まず、倭寇とは何か。世間一般に知られる「日本の海賊」と見るにしろ、海上貿易のプロとして歴史に名を刻む「武装貿易商人」と捉えるにしろ、倭寇の倭寇たる所以が海上での活動と切っても切れないことは疑いようがない。つまり、倭寇の活動の原点には出発地（九州五島や対馬）と到着地（朝鮮半島や中国大陸の沿岸地域）、それらを結ぶ航路、そして船はもちろんのこと、何より航海のためのノウハウを有していたと考えられ

る。ある時代に突如として武装した漂着民が倭寇としてその名を轟かせるに至ったのだろうか。はたまた、操船技術と比較的安全な航路を有した武装集団が倭寇と呼ばれるようになったのか。史料に残る船団の規模をみると武装漂着民の前提は肯首し難い。では、倭寇はいかにして倭寇になり得たのか。如何にして、海を股にかける活動の素地が備わったのか。そのルーツから紐解いてみる。

　日本は比較的気候が安定した中緯度に位置する国家として栄えてきたといえるが、島国ながら豊富な水源を有するのはユーラシア大陸の東岸を流れる黒潮の影響も大きい。温暖で流れの速いこの海流が、雲を作り、時には激甚災害や異常気象をもたらしつつも、陸地に豊富な雨を降らし豊かな自然を育むためである。そして、この流れの速い黒潮が流れる東シナ海を渡るには相応の操船技術を要する。同海流を主たる起源として対馬海峡へ流れ込む対馬海流についても同様なことが言えるかもしれない。一方で、東シナ海の横断と対馬海峡の渡海には、決定的な違いも挙げることができる。それは、目視で対岸が確認できるか否かということである。操船技術が発達していない時代にあっても、対岸（玄界灘－壱岐島－対馬－朝鮮半島）を確認しながらであれば航海のめどが立つ。このようにして、ユーラシア大陸から海域という境界に隔てられるなかでも往来を試みようとしたのではなかろうか。そして、その試みを実践しノウハウとして蓄積した氏族が古代日本に生まれたと考えられる。それかたとえば主に北九州を拠点に勢力を築いていったとされる安曇（阿曇とも）氏であり、祖先神として海神を祀った氏族であった。

　では一体、安曇氏とはどのような氏族であったのか。古代日本の原風景を詳らかに出来る程の文献が残っておらず、歴史家の解釈もさまざまなことを承知の上で、この度は本論のテーマである「倭寇」に関連する視点で考察を加えてみる。

　まず、沿岸部に拠点をもつ氏族として、その活動の場を海域に求めることは想像に難くない。漁労に従事していたことが推察される。一方、水軍という概念は海上あるいは沿岸部での紛争を示唆する。

安曇氏は全国の海人集団、海部を管掌する伴造の地位にあった。『書紀』応神三年条には、海人の騒擾を平定した阿曇連の祖・大浜宿祢を「海人の宰」に任じたとされる。これは、漁撈民の長であり、水軍の長であったとみられる（宝賀、2012、p.29）。

　海を渡ってきた船との争いがあったとすれば、規模の大小はあるにせよ、元寇あるいは倭寇を待たずして、古代より同地域では武装の必要を迫られていた可能性があっただろう。

　また、外交の役割も担っていたとされ、氏族としての身分の高さを示す記述も残っている。海域を自由に行き来が出来た海神族が日本国家の黎明期に権力を持っていたと見受けられる。

　二・三世紀代の海神族の国としては、博多平野の那珂川流域にあった奴国すなわち葦原の中国があげられるが、その王族嫡裔が和珥氏であった。和珥氏族の宗族は後に添上群春日に分かれた春日臣氏となるが、北九州にも「春日」の地名があり、那珂川と御笠川に挟まれた奴国の主領域にあった。（中略）従来から、海神族の阿曇連が奴国末裔ではないかとみられてきたが、阿曇氏の方が和珥氏のむしろ支流ではなかったかということでもある。（中略）海産物の貢進や大王の御膳に奉仕し、中国・韓地とも外交を行う任につく者を和珥一族から多く出した事情も肯ける（宝賀、2012、p.37）。

　和珥氏族からは、古くは塩乗津彦や大矢田宿祢が韓地関係で見え、七世紀以降では推古朝の小野妹子、文徳朝の粟田真人などが隋・唐への使節となっており、入唐学問僧として道観などが見えるなど、海外交渉や朝鮮半島関係で活躍するものが和珥氏族から多く出た。これら事情も、海洋関係部族に通じると見られる。和珥氏族には猪甘部首のように、阿曇氏同様、入れ墨の習俗をもつものもあった（宝賀、2012、p.18）。

　なお、上記引用「入れ墨の習俗」という独特の風貌についても言及がある。

　海人を軍事の手兵に用いたこと、浜子の入れ墨が目のふちになされて

いた故か、世に「阿曇目」と言ったことも記されるが、入れ墨自体
は、海神族では元からなされていた可能性もある。和珥支流の山代の
猪甘部の祖先は、「間黥ける老人」として安康記に見える。『魏志倭人
伝』でも、男子は黥面、文身であるが、これは、水人が海に潜って魚
蛤をとらえる際に大魚水禽を避けるためだと記すから、入れ墨は海人
関係者の古来の習俗であった。中国江南にも文身する習慣があり、古
代倭人の文身は江南に連なるとみる見解がある（宝賀、2012、p.29）。
　引用中にある「黥面、文身」は、入れ墨をしている状態を意味してい
る。古代日本における海神族においては、目のふちになされた入れ墨で
あった。『万宝全書』（1694年）にある倭寇のものと見られる挿絵では、
裸足に半裸、右肩に太刀を担いだ出で立ちに、目のふちが黒く囲われてい
るように見受けられる。日本の多くの場所では成人儀礼としての入れ墨文
化は基本的に消失してしまっており、この1枚を持って断言することは
不可能であるものの、十四世紀以降に九州沿岸を拠点として躍動する倭寇
と、同地で海軍・外交を礎に勢力を誇った古代海神族との関係性に想像を
膨らませたい。

第2項　海商の時代

　古代から時代が少しくだり、中世へとさしかかる平安時代へ移っていく
と、朝鮮半島の新羅を拠点に、海上の行き来や交易活動に関する史料が多
く見られるようになることから、当時の活況な具合が伺える。その中心と
なったのが新羅商人である。彼らは船を用いて、半島と日本、大陸を自由
に動き回る存在として、海上を活動のフィールドとしており、まさに海商
であった。前述の通り、古代から海上を往来する人々がいたことは事実で
あろうが、本格的に商業を目的に船に乗り込むようになるのはこの時代か
らであったのかもしれない。もちろん、航海の経験があって成り立つ生業
であるため、連綿と受け継がれてきたものを否定することはできない。一
方で、ではなぜ新羅商人は海商として一世を風靡したのであろうか。一時
代の証として例えるのであれば、中世の14から16世紀に名を刻んだ倭

寇ともどこか同じ印象を受ける。その共通項を見出すべく、新羅商人の発端から考察を試みてみたい。

　背景をつかむために、比較的わかりやすい当時の世相から確認していく。

　このころの新羅では、八世紀後半以来貴族、民衆の反乱が相次いでいた上、飢饉・疫病もかなり頻発していた（中略）同時期の九州でも不作が続いていたようで、八世紀末から頻繁に九州飢民への賑給が行われているが、特に八一五年には九州諸国が連年不作のため、三年間田租免除の特別措置が講じられている。同年の五月から九月に長雨が降ったため、諸国で被害が出たとも言う（『日本後紀』弘仁六年今年条）。この頃に九州に近接する新羅でも同様だったのであろう。八一四年五月、新羅西部で洪水が起こり、おそらくこの影響で翌年には西辺の州郡で、飢饉の中で盗賊が蜂起し、討伐軍によって鎮圧されている（『三国史記』新羅本記、憲徳王六年五月条）。新羅でも九州と同様に夏に大雨が続き、その影響で洪水が起こったのではないだろうか。異常気象が不作と災害をもたらし、栄養失調が疫病を蔓延させ、追い詰められた民が盗賊に身をやつし、さらには暴動を起こす。このようにした負の連鎖が、当時の新羅でも起こっていた（榎本、2020、p.48）。

引用から読み取れるように、当時八世紀末から九世紀にかけて、新羅では内乱と天候不順に伴う不作・食糧不足によって混乱していた。朝鮮半島含め、黒潮の影響も有り気象の影響を受けやすい土地柄であることは前述のとおりであるが、現代と異なり、天候不順や自然災害が人間の生きていくための生活と直結する時代においては、まさに死活問題であった。そのような状況下、いかにして命をつなぎとめるか。そこで一部の人間達が取った活路から、新羅商人の活動へと繋がっていったように思われる。

　追い詰められた新羅人たちの中では、外の世界に活路を見出そうとしたものもいただろう。八一一年には対馬海上に三艘の新羅船が現れ、一艘は佐須浦に来着したものの、二艘は行方をくらませた。ところがその翌日には二〇艘以上の新羅船が火をともして現れたため、対馬で

はこれを海賊船と判断し、先に佐須浦に上陸していた一艘の乗員一〇人中五人を殺害した。（中略）また八一三年には新羅船五艘・新羅人一一〇人が小近島（五島列島の小値賀島）に来着し、島民と戦闘に及んでいる。（中略）おそらくは飢饉と疫病・盗賊にあえぐ新羅人たちが、一か八か海外に可能性をかけたものだったのであろう。（中略）つまり異常気象に苦しんでいた新羅人たちの中には、すでに食料の交易や略奪のために一時的に日本に来た者もいたが、八一四年以後には事態がより深刻化して、日本移住を決意して来航する事例が多くなったのであろう。（中略）彼らはまず飢民として移住し、海外に拠点を築いた上で、祖国との間での通商活動をはじめたものではないか（榎本、2020、p.49）。

　さて、新羅商人の黎明期を語る表現の中で、「海賊」というフレーズが出現することが実に興味深くはないだろうか。本論をつうじてこの後テーマとして取り上げる「倭寇」も「海賊」としての認知が一般的である。一方で、貿易商人としての顔を持ち合わせていたことを紹介していくわけだが、新羅商人においては、まさしく商人であったそのイメージだけが後世に残っているとも言える。その後世に残った商人像には無い一面にもう少し触れてみる。

　　新羅人が身内の「ごくつぶし」を商品として売りさばくことがあった（中略）飢饉に苦しむ新羅国内では、人身売買に関わる需要は限界があったはずで、海外に向けて売られることも少なくなかったと考えられる。この頃、唐人が新羅人をさらって奴隷にしてしまう事態があり、新羅はこれを問題視して唐に訴え、唐もたびたび禁令を出した。奴隷売買の手順は、「海賊、新羅の良口を詃掠し（誘い連れ去り）、当管（平盧軍節度使の管下。節度使は要地に置かれ、地方の軍・民・財・政を掌った）の登萊州界及び縁海の諸道に将到し（連れて行き）、売りて奴婢と為す」という（榎本、2020、p.50）

　こちらは新羅と当時の中国である唐についても言及がなされているものの、端的にとらえるのであれば、奴隷売買の話である。こちらも、倭寇に

よる「被害」として後世記録に残っていく内容との共通点が見出せる。で
は、話を新羅商人の発端から、実際の活動に移していく。まず、その活動
拠点についてである。

　　　山東は朝鮮半島の対岸にあるため、古くから中朝交流の舞台となって
　　　おり、唐羅交通の拠点として多くの新羅人が居住したようである。赤
　　　山浦は新羅の中央政界でも力を持った張保皐の拠点でもあり、（中略）
　　　張保皐は新羅から唐にわたり、三〇歳頃には軍中少将として武寧軍節
　　　度に仕えていた。新羅の飢饉を避けて、唐で軍人になったのかもしれ
　　　ない。その後帰国し、八二八年に興徳王に進言して、奴隷貿易禁止を
　　　名目として新羅西南の莞島に清海鎮の設置を建言し、自らその大使と
　　　なった（中略）ここは以降、唐羅日貿易の一大拠点となる（榎本、
　　　2020、p.52）。

唐羅日貿易とは、言うまでも無いが、新羅と唐そして日本を股に掛けた
貿易を意味している。張保皐に関する記述が続くため、先に参照しておく。

　　　張保皐が清海鎮を設置したのは、海上貿易に対する影響力の増大が主
　　　要な目的であろう。彼は「海島人」と呼ばれる海民の出身であり、海
　　　のもたらす富への関心は強かっただろう（榎本、2020、p.52）。

　さて、本節では張保皐と言う人物について詳述する紙面が割けないた
め、深入りは避けるものの、当人が「海島人」という海民の出身であるこ
とと、活動の拠点が大陸山東であったことは、倭寇の出自と活動域の原点
を探る上でも重要な手がかりとなるように考えられる。そして何より、海
商として日常的に海上を往来していた彼らの航海術や造船術は後世へも引
き継がれていくこととなる。

　　　彼らは海を通じた物資輸送をなりわいとしている以上、生き残って
　　　帰ってきた後もまた公開に従事することになる。彼らはその時の経験
　　　から、地理や気候など航海に関わる知識を蓄積していったことだろ
　　　う。その知識は仲間内で共有され蓄積され、彼らの航海を確実で安全
　　　なものにしていった（榎本、2020、p.60）。

　また、新羅船については当時の日本国内でも評価が高く、「新羅船が風

波に耐えることができる」（榎本、2020、59）との理由から、太宰府でも新羅船の活用を推奨したと考えられる記録も残っている。加えて、新羅商人についても「船の性能のみ（中略）ではなく、船員の航海知識」（榎本、2020、p.61）を評価しつつ「新羅海商たちは、日常的に海を越えて行き来する人々であって、海上交通を生業としていた専門家」（榎本、2020、p.61）として一目置かれていた様子も伺える。

　そのような新羅商人であったが、時代の変化に伴って衰退への道を辿ることとなる。

　　東シナ海の交流を一変させた新羅海商だったが、まもなく日本が資料では、彼らの活動がほとんどみられなくなる。これは八四一年一一月、張保皐の滅亡から始まった。張保皐が同年に反乱を起こすと、閻長という人物がこれに合流すると称して、清海鎮の張保皐幕下に投降してきた。張保皐はこれを信じて受け入れ、ともに酒を酌み交わしたが、張保皐が酔うと閻長はその剣を奪って惨殺してしまった（中略）これ以後新羅と海商たちの関係はギクシャクし始める（榎本、2020、p.63）。

　ある意味においては、海商として影響力を持ち出した新羅商人に対して、中央政府が歯止めを掛けに行ったという見方も出来る。このように、当事者たちは生業として変わらずに活動している中でも、外部環境（中央政府の意向や法施行などをも含む）の変化によって、ある時期を境にならず者やアウトローというレッテルを貼られることを余儀なくされる場合があった。これは、新羅商人や倭寇のみならず、歴史の中に見落とされてきた数多の人間集団に当てはまるものではないだろうか。

　また、時を同じくして新羅商人に代わり、唐を拠点とする唐海商が台頭してくることとなる。しかし、ここで注目に値するのが、呼称と拠点、そして構成人員の出自の関係性である。

　　つまり唐海商と扱われている者が民族的な意味で唐人だとは必ずしも言えず、実際には唐に拠点を置いた新羅人を唐海商と扱う場合も多かった（榎本、2020、p.66）。

当時は現代のように個人の籍を証明するパスポートのような証明書が存在しない時代である。国家は自国民を保護するものであるという近代の通念も存在しない。そもそも所属する国家を意識していた人間が少なかった可能性は高い。その上で、唐海商として記述が残る人間を想像すると、彼らの代表格となる集団の拠点、ないしは風貌にイメージに紐付く地域が呼称に付随したのであろう。先の新羅商人においても、必ずしも新羅で生まれ育った貿易をする人間を指すわけではなく（もちろん黎明期においては実際に新羅の土地出身者が多かった可能性を否定するものではない）、拠点とした新羅の地名との関係が深かったものを指したのではないか。倭寇についても、倭という当時の日本を指した蔑称の地域の出身者を示すものというよりは、倭を拠点としていた集団と捉えられるだろう。

　最後に、その後の時代へと残る航海航路に触れつつ、倭寇の出現に繋がる時代背景を簡単に確認していく。

　　張保皋滅亡の影響はもう一つあった。この頃から新羅沿岸を経由しない東シナ海直航ルートが用いられるようになるのである。（中略）新羅海商からすれば新羅を経由したほうが安全だった上、清海鎮を含む新羅沿岸部との関係もあったから、あえて東シナ海を利用する必要はなかった。だが、新羅の混乱は、新羅沿岸部を避ける動機になったはずで、その結果東シナ海直航ルートが開拓され、恒常的に利用されるようになった（中略）技術の壁を乗り越えれば、直航ルートの方が経済的には可能性を秘めいていた。（中略）十五世紀には東シナ海直航ルートが明によって日本の入貢路に指定された（中略）つまり遣明使が絶えるまでの七〇〇年間この航路は東シナ海の動脈であり続けた（榎本、2020、p.65）。

　また、海商が担った貿易の形態についても、「九世紀末以後も日唐・日宋間には一定の頻度で海商の往来があり、船便もあった」（榎本、2020、p.95）という程度で、新羅商人によって頻繁な往来があった時代から、十世紀にはすべての貿易が国家の管理下に行われるようになる。その主な要因として、朝廷による貿易品の精選志向が挙げられる。

朝廷が優良品を確保するためには、海商が来航したらすぐに公的管理の下に置かなくてはならない。海商管理と搭載品の確認は、来航地が九州ならば大宰府、九州以外なら国司が担当した。（中略）このように日本では、九世紀の間には官貿易を確実に遂行するためのシステムが出来上がっていた（榎本、2020、p.101）。

なお一方で、すべて国家が把握するようになるとその弊害もうまれてくるのが必然であった。

当時は商取引一般について公定価格が存在し、官貿易に当たってはそれに従って支払えばよいともいえるのだが、それがあまりにも実勢レートとかけ離れてしまうと、官貿易自体が忌避されて、貿易船の来航がなくなったり、密貿易に走られたりする恐れもあった（榎本、2020、p.101）。

12世紀の平家滅亡前後になると、朝廷の力も及ばなくなってなのか大宰府による海商や貿易の全面管理はなくなっていったようである。榎本によれば、当時の太宰府の姿勢は「その貿易への関与というのは、貿易を行う当事者が鎌倉幕府による代行者としてのものであり、往来する貿易船全体に対する管理者としての姿は、もうない。（中略）一元的な貿易管理は終わりを告げた」（2020、p.149）とされ、積極的な関与はだいぶ薄れていった。その姿勢と呼応するかのように、海商たちの活動が活発となったのである。

大宰府による一元的貿易管理は、海商からすれば国家による大口取引や滞在中の安全を保障するものでもあった。その終焉によって、海商たちは恒常的な取引相手や保護者の獲得に走らざるを得なくなる（榎本、2020、p.150）。

つまり、海商たちはある種の自由市場のなかで、自らの商売のため活発に日宋間を往来していくこととなる。そして活動が活発になる中、中央政府が定めるルールの管理限界を突くような形で実需を優先させた動きも見られるようになる。

貿易の活性化に伴って、宋では違法行為も問題にされるようになってき

た。特に問題になったのが、宋銭密輸である。この頃日本に大量に輸入された宋銭は、宋では原則として輸出禁制品だった。宋はたびたび宋銭密輸の禁令を出しているが、たびたび出しているということは、あまり守られていなかったということでもある。市舶司では入出港時に必ず船内のチェックをすることになっていたのだが、実際には銭を海辺の人家に預けたり海島に埋めておいたり、小船で銅銭だけ運び出しておいたり、チェック前に船を出してしまったり、さらには賄賂で見逃してもらったりと、様々な脱法手段があった。

　ただ、このような時代も 13 世紀には終焉を迎える。モンゴル帝国の登場である。南宋がモンゴルの支配下に入ると日本の貿易相手となっていた江南が一転して軍事的対立相手に様変わりしてしまう。また日本側でも、「弘安の役後、日元間では警戒態勢が極限に達し、数年間（中略）貿易船の往来した形跡がなくなる。（中略）有事体制下、鎮西探題の設置に象徴されるように、博多への支配を強めた鎌倉幕府は、軍事的な必要があると判断する場合、交通統制を行うこともあった」（榎本、2020、P175）のである。このような時代状況、そして対馬・北九州に蒙古襲来が残した爪あとも絡まる形で、いよいよ倭寇の発生へとつながる。

第 3 項　倭寇の台頭（14 から 15 世紀）

　ここからは、本論のメインテーマである倭寇について論じていく。なお、後段との重複も避けるため、倭寇の概要を示すにとどめる。

　まず、時代背景である。13 世紀に入ると大陸で勢いを増したモンゴル帝国がアジア各地に進出していく。その中でも 14 世紀の半ば頃までモンゴル帝国の支配下に下ることとなる高麗では、多くの犠牲者を出しつつ民は疲弊し切っており「高麗に侵入した蒙古軍は、男女無慮二十万六千八百余人を捕え、多くの高麗人を殺し、その通過地区は灰燼に帰した」（田中、2012、p.34）という。高麗が落ちたことによって、日本への足掛かりを得たモンゴル帝国が目指した先が日本であった。文永の役・弘安の役と呼ばれる蒙古襲来である。世間一般での認知は、見事に敵襲を追い払ったた

め日本は無事であったという類いのものであろうが、実際には「文永十一
（一二七四）年一〇月五日、元軍・高麗軍あわせて三万数千人が、（中略）
対馬の防衛隊を破り、壱岐をひとのみにして」（村井、1993、p.139）通過
地点であった対馬・壱岐が制圧され、その有様は高麗で見られた灰燼とも
いえる甚大な被害をもたらしたという。生命と財産を踏みにじられ、明日
をつなぎとめるための行動への動機がもたらされる状況は、8世紀にみら
れた新羅と通底する。

　次に、倭寇の特色を見ていく。その際たる特色は、現代において「倭寇
イコール海賊」のイメージとしても残るとおり、海賊活動にある。時代背
景でも述べたとおり、前述の新羅商人の誕生前夜と状況的に類似点が見ら
れ、それに伴い活動の側面においても、命をつなぎとめるためという大命
題が意識される。

　　倭寇の特色は、（一）行動の目標が、米穀などの生活必需品の獲得に
　　おかれていたこと。すなわち、租税としての米穀を運ぶ漕船と、それ
　　を備蓄しておく官庫とが主要な攻撃対象とされたこと。（二）高麗の
　　南部沿岸ばかりでなく首都開京（開城）付近にまで、しばしば攻撃し
　　ていること。（三）はじめ二十隻くらいであった船団から、兵数三〇
　　〇〇とか、船数四〇〇余とかいわれる大規模な倭寇があらわれたこ
　　と。などがあげられる（田中、2012、p.36）。

　船団の規模に目を向けると、新羅商人の時代からの技術革新が見て取れ
るように大規模化が進んでいる。また、その規模が大きくなったためか、
「『高麗史』によりますと、これを境に倭寇は女・子どもまで皆殺しにする
ようになり、朝鮮半島西南部の海岸地帯は「蕭然一空」、人影がなくなっ
てしまった」（村井、1993、p.190）というように新羅商人の時代と比べて
より被害や残虐性に関する記述が目立つ。また、倭寇の構成人員について
も触れておくのであれば、1446年時点においても、朝鮮王朝実録『世宗
実録』巻114の世宗28年10月壬戌の軍事部門による上申では「倭人は
一〜二割で、朝鮮人が和服をかりに着て徒党して乱をなしたのだというこ
とを聞いている」（田中、2012、p.40）のように、必ずしも倭人（日本人）

だけではなかったとの見方もある。一方で、新羅商人や唐商人について述べた、当時の国民観と拠点とした地域の呼称からの分析を試みるのであれば、高麗や日本（なかでも対馬・壱岐・九州）という蒙古襲来により疲弊した地域を拠点にした人間集団であったとも考えられるだろう。我々は当初は当事者の名前か、日本風か朝鮮風なのかというアプローチにより服装はＡ人ながら実際はＢ人と判定できるのではないかと考えたのだが、そもそも判別をしようとする価値観そのものが、現代の捉え方に寄った思考なのかもしれないと改める。加えて、倭寇の活動地域であるが、高麗や日本のみならず中国大陸へも進出をしている。「中国での舞台は、朝鮮半島に近い山東の沿岸が最もはなはだしく、ついで江蘇・浙江・広東の諸地方におよんでいる。倭寇は沿岸の住民を掠めたり、官米を襲ったり、高麗で行ったのと同様な行為を明でも行った」（田中、2012、p.64）といい、この東シナ海を舞台にした活動範囲は、新羅商人から時代とともに受け継がれてきたものとも考えられよう。

　そして、15世紀も程なくすると、倭寇の被害に頭を悩ます朝鮮や中国の中央政府が倭寇対策に乗り出すことになる。単なる軍事行動や規制のみならず、貿易商人や役人として取り立てることによって懐柔するなどの方策によって倭寇の活動は一旦沈静化へと向かう。

　　政治折衝と軍備の拡充、倭寇の首領に対する降伏勧告、通商許可、倭寇自身が奥地に深く入りすぎて自滅したことなどの諸要因がかさなって、倭寇は変質・分解を余儀なくされた（田中、2012、p.55）。

第４項　中世倭寇国の王、王直（16世紀）

　本節の最後では、後段に続く倭寇の輪郭を具体化するため、倭寇の最も隆盛を極めた時代である16世紀に栄華を誇った王直という人物像を確認して締めくくりたい。

　16世紀となると、主に朝鮮で行われていた倭寇の懐柔策が予算の都合などにより影響力を落としていくとともに、中国の明朝ではモンゴル時代とうってかわって民間による貿易を制限する海禁政策が取られるようにな

る。このことによって、端的には、貿易商人としてその貿易を認められていた人物がある時点を境に貿易商人という肩書きを外され、そして貿易そのものが違法となる状況が生まれた。さて、昨日まで半ば中央政府に認められつつ当たり前のように生業としていた活動が一転、中央政府の後ろ盾（ルールや規範）をなくすわけである。それどころか、その活動が違法、つまり取り締まりの対象となっていく。そこで現れてくるのが、王直のような武装した密貿易商人である。明確なルールの無いなかでは、貿易において双方の不正を未然に防ぐことが肝要であり、取引をまとめるためには調停者の存在が必要になる。ときに武力を持って対抗するための武装も辞さなかった。

　王直をこのような大勢力に成長させたのは、かれの商業取引の方法が適切だったからである。密貿易はもともと違法の貿易であり、大きな利益がある一面で予測できない危険をはらんだ行為でもあった。需要と共有はつねに一定しておらず、決済の方法も現金のときもあれば商品で支払われることもあっただろう。信用の基礎はなく、紛争がおきてもその処理を訴えでる機関もない。このような不安定な状態での取引には、双方の当事者から信頼され、不当を断乎として制裁する実力をもった者の存在が必要である。王直は学問もあり計数にも明るく、それに衆望をあつめる性格をそなえていたから調停者としての条件をそなえていたといえる（田中、2012、p.142）。

　さらには、その影響力を発揮するために公権力までも味方につけていたとも言われている。

　　　王直は自分と敵対する海寇の頭目らを倒し、そのことによって官憲に
　　　協力して恩を売りながら、自己の海上における覇権を確立していった
　　　（田中、2012、P144）。
　　　五島付近に根拠地をおき、博多や薩摩の日本人と密接な連絡を取って
　　　いたばかりでなく、大内義隆などの有力大名とも接触があったことが
　　　知られるのである（田中、2012、p.143）。
　さながら、現代にみられる飛ぶ鳥を落とす勢いの新興企業の創業社長の

ように、法整備がなされていない、曖昧な間を縫いつつ、既存の大きな勢力を巻き込みながら自らの組織規模を拡大していったとも言えよう。

　以上のように、本節では古代の安曇氏から新羅商人、倭寇へと時代とともに主人公を変えつつ、主に東シナ海・対馬海峡という海域を舞台にした歴史を追うことによって、倭寇の原点と実像を考察した。ひとつ確証を持って言えることがあるとするならば、人間の「正しい行い」「悪い行い」の判断は容易につけられないということである。断片的に見れば全く「悪い行い」としか捉えられない人間の活動であっても、その背景に目を転じると、「悪い行い」の中に「正しい行い」とされるものが見出され、共感を禁じ得ないこともある。大切なことは、視野をなるべく広げて高い視座を保つことであろう。

第3節　中世倭寇の影響力と痕跡

第1項　倭寇の発生要因と行動範囲

　11世紀以降、日本船が高麗へ渡って貿易することはしばしばあった。高麗史の歴史的な書物によれば、とりわけ対馬の人の数が最も多いと記されている。対馬からの貿易船が多かった理由は、生活の資を島外に求めなければならない状態であった経済事情と、地理的条件が重なったためだろう。貿易船は美術工芸品・真珠・水銀・柑橘等の方物（土産の貢物）を献じ、そのかわりとしての反対給付をうけることを目的としていた。

　当時の高麗はモンゴルの圧力が大きく及んできたうえ、倭寇の先駆と目される高宗朝（在位1213年 – 1259年）の海寇がみられた時期であり、対モンゴルの折衝に忙殺され国難を迎えていた。それまでは進奉船と呼ばれる船が幾度となく日本から渡航していたが、高麗の国勢の悪化にともない、日本からの貿易が拒否されはじめた。これに加えて、先に述べた対馬をはじめとする三島の経済事情から、日本からの進奉船の人々が一転して海賊に転じたのであった。

　倭寇の行動範囲は、恭愍王（在位 1330 年 - 1374 年）の時代ごろから
の開城(ケソン)付近から内陸深くに及んでいる。華北の主食が粟であり、租の基本
的な納税物である粟が四方から開城付近に集中することと、中央政府に圧
力をかけようとすることに狙いがあったようである。

　このとき倭寇は租粟も強奪したが、沿海の人も拉致している。ここで捕
虜となった人は日本で安価な労働者力として使役され、転売されることも
しばしばあった。また、高麗側へ適当な価格で売り戻すことも計算に入れ
て拉致をおこなっていた。このような狡猾な戦略から、倭寇の首領が無学
無頼ではなかったことが想像できる（田中、2012、p.34、p.35）。

　南朝勢の快進撃に頭を悩ませた幕府は、室町幕府きっての智将として名
を馳せた今川了俊を最後の切り札として 1370 年に九州探題に任命した。
了俊は高麗側の依頼によって捕虜の送還に努力し、数次にわたって数千人
を送還した。このような規模という点からみても、捕虜の送還は単に人道
上の問題としてだけではなく非常に割の良い事業であったことが想像でき
る。

第 2 項　密貿易者と沿海官豪〜中国詔安県梅嶺の事例から〜

　中国の福建省漳州府の詔安県は周囲は山や谷で囲まれている地域であ
り、その地域のなかにある梅嶺は詔安県のさらに断崖絶壁の山や谷に囲ま
れた場所にあった。陸の孤島である梅嶺にアクセスできるのは港のみであ
り、その地理的条件により密貿易の温床となった。梅嶺にはいくつかの一
族が住んでおり、彼らは密貿易経営を行うとともに、海賊勢力ともに結び
ついていた。またそこの地域に住む家族の衣食住に関わる資金は皆、海賊
行為による収入であった。しかも「一族の中から親や子や甥が海賊となっ
て強奪を働き、それによって一族が郷里で生活する資金がもたらされてい
たのであった。また、郷里で暮らす者たちは、海賊となった親族を恥じる
こともなく、資金が送られてくることを地域社会の中で自慢していたとい
う」（三木、2010、p.77-78）ほどであった。

　このように海禁を犯してまで海上へ出て貿易を繰り返していたのは、中

国の福建・広東・浙江地方の沿岸の人民であった。これらの地方は、地理的な条件としては漁業や沿海航路による物資の中継運搬によって生活が支えられており、歴史的条件としては、南海・東海への門戸としての貿易港を持ち、海上活動のための条件をそなえていた。とくに福建省などは海上生活に依存するものの人口比率が全人口の9割にもおよんでいたことが『天下郡国利病書』に記されている（田中、2012、p.183）。

第3項　拉致家族に対する保障システム

　前項で梅嶺の衣食は海賊の資を頼っていたという事例を紹介した。彼らが行った海賊活動は、非公式の取引活動であり、命を落とす危険性もあった。そのような時代背景のなか、入り江の港湾社会である〈澳〉には保障システムがあったという。たとえば「海賊による拉致が頻繁に行われるという現実の中から派生してきたものと考えられるが、〈澳〉では拉致家族に対するある種の保障システムとして機能していたのであり、そこからは〈澳〉社会のもつ独自性と〈澳〉社会に暮らす人々の生存のための智恵を看取することができるのではなかろうか」（三木、2010、p.85）という。そして「ここに見える〈澳〉の内容は、当該地域社会の住民が船隻で航行中に海賊によって拉致された場合、三か月を経過しても行方が分からず、郷里に戻らなかったときは、同船の者がその家族に対して一定の銀両を支払わねばならないというものである。また、その金額は「祭奠」、すなわち葬儀の費用に相当するもの」（三木 2010、p.80）であった。

　澳甲制を理解するためには「里甲制」を理解する必要がある。里甲制とは中国、明代から清代初頭にかけて行われた地方村落の自治制度である。1381年に制定され、110戸を1里とし、そのうち富裕な10戸を里長、残りの100戸を甲首戸として10戸ずつ10甲に分け、毎年輪番で1里長と10甲首の正役とし、租税徴収・治安維持などにあてる制度である。

　明末の福建沿海地域には、これに似た〈澳甲制〉といえる制度の存在が確認することができる。ここでは「沿海の澳港」に「総甲一人」を置くとともに、当該の澳港に停泊する船隻に字号を刻印し、かつ船隻を治安維持

のため保甲的システムに編成したのである。これは澳港の船隻が倭寇・海賊と通じることを防ぎ、沿海地域の治安を維持する狙いがあった。海賊や密貿易に対する「接着」等を防止するために「里甲」と「澳甲」との一体化が図られたのであった。

　澳制のおかげで治安が上昇したこの地域で漁業活動を行うにあたっては、定額を銀で納める必要があった。安心して漁業を行うことができる仕組みが形成されていったことが窺える（三木、2010、p.83）。

第4節　琉球王国・奄美と倭寇の影響

第1項　カムィ焼の時代

　1983年、鹿児島県大島郡の伊仙町（徳之島）でカムィヤキ陶器窯跡が発見された（吉岡、2010、p.323、および村井、2021、p.103）。カムィ焼は11世紀から300年にわたって作られたものであり、鹿児島県から与那国島に及ぶ地域に分布している類須恵器である。奄美や沖縄で、九州産滑石製石鍋、中国産白磁などの穀物と一緒に見つかることから、活発な海上交易農耕に支えられたグスク時代の始まりを示す代表的な遺物として知られている（伊仙町教育委員会、2016）。この時代は琉球王国形成以前であり、海商集団が非合法な経済活動を展開する兆しが見えた時代であった。

　カムィ焼は、製作に用いられている技術が朝鮮半島の高麗に見られる陶芸技術である点から、高麗陶工が参入していることは明らかであるが、奄美・沖縄から訪朝した形跡はないことから、南九州からもたらされたものではないかと推測されている。

　奄美諸島は単なる中継交易基地ではなく琉球列島へ供給する鉄とカムィ焼の生産基地でもあった。流通経路は、まず沖縄の流通拠点に搬入され、その後、行商人によって南下して行った。カムィ焼はヤコウガイなどの南島の特産物入手の為の対価物でもあり、民需品でもあったと考えられる。

　徳之島を生産拠点とするカムィ焼が奄美諸島から八重山諸島にかけての

琉球列島全域に流通するというのも、すでに琉球列島全域に政治的あるいは経済的なまとまりが形成されつつあった事に加え、倭寇的存在が琉球列島全域で活動し、また各地に拠点を置きながら海商・海賊行為を行っていたことも想定できよう（吉成・福、2006、p.278）。10世紀頃の奄美諸島は、奄美賊徒が出没する地であり、平安朝廷や幕府の流刑地にもされていたが、本土人がしばしば訪れる交易の地でもあったのである（村井、2019、p.64）。

写真3　カムィ焼き（伊仙町歴史民族資料館にて筆者撮影）

写真4　伊仙町カムィ焼き陶器窯跡（現地にて筆者撮影）

第2項　琉球王国の成立と朝貢貿易

　琉球には、14世紀後半から海商が住み着くようになる。彼らが琉球の島々を通る航路を選び、そこに居付くようになったのは、対立する倭寇の妨害から少しでも逃れる為であった。そのきっかけは、元の時代の末期に騒乱が盛んに起こり、時勢が難しくなってきたことで、航路を大洋路から南島路に変更したことにある。

　上里によれば、10から13世紀の中国の認識としては、琉球と台湾との区別はなかった（2018年、p.40）。そして中国との正式な外交となる明の対琉球外交は1372年楊載の発遣に始まる。日本からの帰途、琉球を訪れて王に入貢を勧め、中山王の察度は率先して弟の泰期を派遣、入貢させた。ここに貿易立国の琉球王国が成立したとも言える（来間、2021、p.70）。

　琉球は、15世紀に統一されるまでは三山時代と言われる3王国の統治下にあり、「琉球国中山王」の入貢から8年後の1380年には南山王の承

察度が、1383年には北山王の帕尼芝が朝貢をしている（吉成、2020、p.167）。

　海禁政策下であった明であったが、海商勢力は琉球という逃げ道を得たことで、琉球は受け皿のような存在として繁栄していったのかもしれない。そして、倭寇的な勢力の「国家」としての通商希望を明が朝貢体制に組み込み、正当な交易者に転化したのである。しかも琉球は、明よりジャンク船を何度も無償で支給され、朝貢回数無制限等の琉球優遇措置がとられたのである。なお三山のそれぞれが強力な固有の領土をもつ確固とした王権であったとまではいえなさそうなことから、彼らが倭寇の受け皿として琉球を利用としたよりも、琉球そのものが倭寇勢力と一体化した存在となっていて明としても琉球に対して朝貢で優遇することで海賊活動を抑えようとしたのではないかという意見もある（吉成・福、2006、p.227）。

　琉球における朝貢貿易は琉球にいる中国人が主体であったとされている。明より航海、通訳等で琉球の朝貢貿易を支援する位置付けとして福建人である閩人三十六姓が派遣され、以降に華人の居留地が久米村に形成されていった。しかし、華人の中には琉球王に仕える者もいたが、海賊集団に身を投じる者もいて、それが琉球使節を巻き込むこともあった。

　琉球王国は硫黄鳥島を有しており、そこで産出される硫黄と馬が明への朝貢品とされていた（入間田・豊見山、2002、p.188）。当時、馬の調達ルートはモンゴル人の影響下にあり、調達が難しかった。また、北元に対抗するために火薬の原料となる硫黄を必要としていたという理由からヤコウガイなどの貝殻類だけでなく、琉球原産の馬や硫黄が好まれていた。しかし、それ以外には顕著な加工技術や物品もなく、主に行われていたのは中継貿易であった。中国へは、胡椒、蘇木、象牙、扇、日本刀など東南アジアや日本産の朝貢品も献上していた。

第3項　琉球とモンゴル遺民

　琉球が明との朝貢貿易において優遇されてきたことは先に述べたとおりであるが、北山は明との朝貢樹立に中山や南山よりも遅れ、海船も賜った

記録がない。ここで、北山についての新説を紹介したい。

　北山の今帰仁グスクからは、元朝に仕えたアラン人と呼ばれるイラン系遊牧民を想起できるものや中世のモンゴル騎兵軍団の鏃や小刀と類似する物が多数出土する。あるいはモンゴル遺民が北山に逃げてきたのではないか。そして、経歴の多くが謎に包まれている最後の北山王である攀安知の名についても、最初の北山王である怕尼芝と類似する発音であり、そしてその名はモンゴル語やトルコ語に由来し、アラン人の末裔なのではないか。そして、王の愛刀という千代金丸の形状もモンゴル帝国との関係がありそうである（以上、上間、2018、p.143）。

　以上のことや、北山が北からの新参の倭寇勢力が上陸する格好の場所でもあったことから、モンゴル遺民と倭寇的勢力が結びつき、彼らを北山の人々が受け入れていたと想像することができるかもしれない。

第4項　琉球王国と日本・朝鮮

　日本との外交は、主に禅僧が担っていたが（来間、2021、p.186）、15世紀以降民間勢力による交易活動も多く存在し、那覇には中世日本人社会を内在化した倭人居留地があり、日本人の他に朝鮮人、東南アジア人も滞在していた。そして16から17世紀にかけて畿内・日本海・南九州方面出身者が沖縄に集中して居住し、さまざまな王府職に着任していたのである。

　朝鮮との外交に関しては、1389年に朝貢として朝鮮への使節派遣が開始されたが、1421年に朝鮮へ向かう琉球船が対馬海賊に襲撃される事件が発生した。以降、琉球の直接朝鮮への派遣は中断し、またこの事件により、防衛の為、武器を搭載するようになる。

　その後の1431年には、対馬の海賊衆を雇い、朝鮮王朝との通交を再開する。このように倭寇と相互に協力し、交易を行っていたという事も伺える。しかし、次第に琉球王朝の偽使として倭寇が朝鮮との交易を行うようにもなった。

　朝鮮出身の「倭人」金元珍のように平戸を拠点に朝鮮と琉球を往来し、漂流者送還や通事など、両国家間の外交の担い手として活動していた者も

生まれた。15世紀前半には那覇に奴隷市場が存在しており、すでに14世紀後半には琉球には倭寇に連れ攫われた朝鮮被虜人や朝鮮からの漂流民が滞在していた。琉球中山王は何度も朝鮮人を送還している。このことからも倭寇が琉球で活動していたということが考えられる。そして、倭寇には朝鮮を出自とする人も少なからず含まれていたのである（上里、2010、同2018）。

第5項　琉球王国の朝貢貿易衰退期

　16世紀には、中国の官軍に敗れた倭寇の船が琉球に漂流したが、琉球は倭寇船を殲滅し、被虜人を中国へ送還していた。しかし、那覇港で活動する民間勢力を活用していた琉球王国にとって外来者の受け入れは不可欠であり、厳重な倭寇対策と相反するような交易勢力の受け入れ方針を取らざるをえなかった。

　一方で、倭寇的な性格を内包した琉球王国による海賊行為も絶えなかった。1474年の琉球使節による福州懐安県民の殺害および強盗事件を機に、朝貢回数は2年に1回と制限され、琉球の優位は失われていった。そして、海禁の見直しにより倭寇問題が終息すると、明朝は琉球を優遇するメリットがなくなり、徐々に朝貢回数も減少させられ、優遇措置がとられなくなった。ジャンク船の支給もなくなり、15世紀後半には琉球船が造られるようになった。

　優遇措置の廃止に関しては、明朝としては国際秩序保持の目的での朝貢体制を退潮させることにしたものであった。周辺国から朝貢品を得て過大な恩賞を与える朝貢の費用が高くつくことも理由のひとつである。倭寇が終息したので廃止したのではなく、倭寇の活動が活発になり、市場での相互貿易である互市体制に変更したのである。

　アジア各地の特産物を中継する国家の貿易である朝貢体制から、銀の取引を中心とした民間の貿易である互市体制に変化したことにより、琉球王国の国営貿易は衰退していった。朝貢貿易から倭寇的貿易に変化していったわけである。

　琉球王国は、1609年の薩摩の侵攻により占領され日本の幕藩体制の影響を強く受けるようになるが、それまでの14から16世紀の間、東アジアの交易ルートを支え、重要な役割を果たしていたのであった（上里、2018、p.163）。琉球は、中継貿易という大事な役割を担ったことで、中国大陸や朝鮮、日本からの影響を受け、琉球独特の東南アジアの文化が入り混じった文化が生成されたということが伺える。

　琉球王権の樹立に関しては、倭寇勢力が関係したという意見があり、琉球統一を果たした尚巴志が日本本土人ではないかという説（吉成、2020、p.191）や、琉球王朝の起源を倭寇勢力そのものに求める説（村井、2019、p.248）も唱えられている。琉球王国からは、シャム、マラッカ、ルソンに訪れた記録も見られ、自ら倭寇的勢力として海を渡り、活発な交易を行っていたと考えられるが、それだけではなく、琉球、台湾は貿易を行う海商の中継地点として大事な役割を担い、倭寇集団や海外からの移住者が、国家形成に多大な影響を与えていたのではないだろうか。

第5節　台湾、朝鮮半島と倭寇の影響

第1項　台湾と倭寇の影響

　14世紀から16世紀の倭寇は中国の沿岸地域を荒らしまわり、官憲の反撃にあうと、まずは澎湖列島に逃げ、さらには台湾に逃げていた。官憲は澎湖列島までは追撃するが、台湾までは追撃しなかった。16世紀頃、明朝はまだ台湾の地理に不案内で、そこは風土病の蔓延する恐ろしい未開の地と考えていたのである。当時、澎湖列島は、台湾から出没する倭寇や海賊を防ぐための中国の前線基地であった。14世紀末には警備と治安に当たる巡検司が置かれていた。1387年には島民を丸ごと本土へ移住させる「澎湖廃墟」政策により廃止されたが、次第に密貿易の拠点となり、倭寇対策の一環として1563年に復活した。

　台湾は、密貿易の拠点の一つであった。先住民が住む以外に、中国の海

賊や海商、日本や琉球を含む各地の商人たちも台湾へ来ており、明の海商は台湾産の鹿皮、硫黄も中国や日本で販売していた。

　前期倭寇は台湾と関わりを持たなかったが、後期倭寇は台湾の南部を基地とし、台湾の仲介貿易の地位を高めた。倭寇は、台湾の南部や北部そしてルソンに出没し、船隻は百余隻にのぼった時もある。漢人は台湾を海賊の基地として利用していたが、生活の為に漁業や農耕も行っていた。しかし、台湾はまだ開発されておらず、一島だけで持久の策をとることができなかった。

　台湾の先住民は、言語も様々であり、部族間の文化交流がほとんどできない部族もおり、文字による伝承は 17 世紀になって漢人やオランダ人が台湾にやって来てからである。そのため、先住民による統一した政権が樹立しないまま外来者に抑圧されることになった。しかし、北部の先住民は操舟に長けており、中国沿岸部まで交易に行くなど、海で生活をする伝統を持っていた。

　17 世紀、台湾はオランダ人東インド会社の統治下となるが、1662 年最後の倭寇と言われた鄭成功がオランダ軍を下し、台湾統治を開始する（楊、2018、および伊藤、1993）。

第 2 項　朝鮮半島と倭寇 ── 高麗と李氏朝鮮

　ここでは朝鮮が倭寇によって受けた被害と影響をまとめ、反対に朝鮮が倭寇に与えた影響についても考察する。

　『高麗史』に明確に倭寇という名称が登場するのは 1350 年からである（巻 37 忠定王 2 年）。だがそれ以前にも高麗史で倭寇という言葉が史料で使われていたことがある。それは海賊としての倭寇が確認される 100 年以上前の 1223 年の「倭寇金州」の記事である（『高麗史』巻 22 高宗 10 年）。これは寇が動詞であり、倭すなわち日本が金州を略奪したという意味であって倭寇という固有名詞ではない。なおこの倭寇は 12 世紀中期から 13 世紀前半において非法行為を行なっていた日本人のことを指していて、これ以後史料に倭寇という言葉が現れるようになった。固有名詞とし

てあつかわれるほどの規模となった倭寇の活動が始まったのが 1350 年なのである。

　この 1350 年の倭寇の攻撃以降も、継続的かつ大規模に倭寇の略奪が行われるようになる。倭寇の略奪によって主に被害を受けていたのは、沿岸地域に住んでいる人や漕船で運搬をされている米穀などであった。拉致された人の扱いとしては、日本に運んでくるだけでなく琉球に転売され日本に派遣をされた高麗の高官に買い戻され帰国できることもあった。日本は捕虜を高麗に送還することで相当な対価を得ていたようだ。

　こうして倭寇は高麗にとって恐怖の象徴ともいえるものになっていった。その規模と被害については村井が以下のように述べている。

　　多数の船と騎兵を擁する倭寇集団がいくつかあって、それらが連続的に各地を寇掠していくようすが読み取れる。この一年だけで、咸鏡道と江原道をのぞく朝鮮半島の全域が被害にあった。（中略）じっさい、南方の多島海地域では、倭寇を避けて内陸部に「僑寓」を余儀なくされた郡県がすくなくない（村井、1993、p.27）。

上記の内容から、倭寇の略奪は苛烈であり、土地を明け渡すような行動をしていることからも対処をすることが難しかったのだということがわかる。

　高麗が倭寇に反撃をしたのは 1376 年からで、崔瑩・李成桂・羅世・鄭地・朴蔵といった有力武将によるものである。次第に倭寇に打撃を与えるようになり、1376 年には崔瑩が鴻山で、1380 年には李成桂が荒山で、崔茂宣や羅世が鎮浦で、1383 年には鄭地らが南海島観音浦で勝利を収め、1389 年の対馬攻撃以降、倭寇の侵入は激減することとなった。ほぼ同時期の 1388 年に、倭寇などとの一連の戦いで功績をあげた李成桂がクーデターを引き起こし、政権を掌握した。1389 年に恭譲王を擁立すると、親明派の支持を受けて体制を固め、1392 年に恭譲王を廃して自らが国王に即位し、朝鮮王朝を興した。これによって高麗は滅びることになった。

　高麗が滅び、李成桂が国王に即位をした朝鮮王朝の時代になると、倭寇の活動は下火になっていた（村井、1993、p.30）。しかし 1419 年、飢饉のため対馬から数千人の倭寇が明に向かう途中、食糧不足から朝鮮を襲撃

した。船が焼かれ、城がほぼ陥落し、場外の民家は略奪された。さらに数日後にも海を侵犯し、朝鮮軍およそ 300 人を殺害・捕虜にすることまで起こった。これが対馬から出発したということを知った世宗が出征を命じたのが 1419 年（日本の応永 26 年）に発生した朝鮮名「己亥東征」日本名「応永の外寇」である。結局朝鮮は敗北し、その後は朝鮮内にいる対馬人を別地に移転させた。

　応永の外寇よりのち、倭寇の活動はなくなった。しかし 1429 年に日本を訪れた通信使、朴瑞生の帰国報告では倭寇問題について以下のように述べている。

　　ここで倭寇の侵略が「かつてあったこと」として述べられているように、倭寇の軍事活動自体は、もはや大した問題ではなかった。だがとりこになった朝鮮民衆にとって、倭寇はまさしく現在の問題だった。朴が船で瀬戸内海を通過したとき、港に寄るごとに、奴婢として使役されている俘が逃げてこようとするけれども、かたく枷鎖でつながれていて果たせない、まことにあわれむべきである……。ここから、相当多数の朝鮮人が倭寇によって日本に連行され、奴隷として使役されたり、遠い国に転売されていったことが知られる。日本の諸勢力に交渉してそれらを返還させる（これを当時のことばで「刷還」（さつかん）といった）という課題が、朝鮮政府に重くのしかかることになったのである（村井、1993、p.30）。

　この内容から分かるように、倭寇が活動しなくなっても多くの被害は回復することが難しく、後にも影響が残るものであった。倭寇によってもたらされた影響はそれだけには留まらなかった。朝鮮では倭寇懐柔のため倭人通交者に対する優遇措置をとるようになった。物資の買い付け・調達の優遇に始まり、滞在中の食糧・宴会・旅費などの全てを朝鮮側が負担するという好待遇である。これが広く知られると、数多くの通交者が朝鮮を訪れるようになった。通交者が持ってくる貨物運搬などのストレスによって、民衆の中には流民になるものが増えるなど、民衆が弊害を受けて国家が衰退する理由になったと言われている。

第6節　倭寇と日本の国内事情

　前期倭寇が発生した 14 から 15 世紀当時の日本国内はどのような状態
だったのだろうか。図の通り 14 世紀は鎌倉時代、室町時代から南北朝時
代にあたる。南北朝時代は日本全国を巻き込んだ動乱の時代であり、その
動乱という時代背景を抑えることは倭寇発生の国内背景を考えるにあたっ
て重要な情報となる。

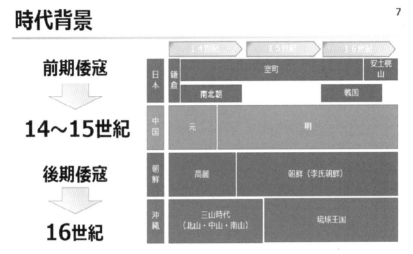

出典：「東アジアと志布志城の関係年表」（志布志市教育委員会『国指定史跡「志布志城跡」』
　　　 2014 年 4 月 1 日改訂）より谷ヶ崎作成
図 1　本研究での時代背景一覧（筆者作成）

第 1 項　前期倭寇発生の背景としての南北朝の動乱

　南北朝時代は、日本の歴史区分の一つであり、鎌倉時代後期に端を発し
室町時代にまたがる。その時代は、北朝と南朝という二つの朝廷が併存す
る王権分裂状態であり、それに伴う大規模な戦が続き南北朝の動乱へ結び
ついた。

建武の新政を崩壊させた足利尊氏が京都で新たに光明天皇（北朝・持明院統）を擁立した。それに対し、後醍醐天皇（南朝・大覚寺統）が京都を脱出し、吉野に逃れ、分裂状態となった。分裂の背景は、鎌倉時代の後半から持明院統と大覚寺統という二つの相容れない系統の並存が続いたことに由来する。そして日本の各地の守護や国人たちがそれぞれの利害関係から北朝あるいは南朝に与し、それぞれが勢力を拡大し、大規模かつ長期化し、日本全国に広がる戦乱となった。

　南北朝期の時代区分はいくつかあり、人物と年代で分類される。それぞれ共通する部分は以下の通りである。第1期は、内乱の前史をどこまで含めるかに差があるが、建武政権の成立が含まれている。第2期と第3期は分類に差があるが、観応の擾乱から全国に内乱が広がる時期をさしている。第4期は、足利義満が将軍職につき国内統一が完了するまでの期間とされている。

表3　南北朝時代区分（参考文献を整理）

	①人物区分	②年代区分-1	③年代区分-2
第1期	建武政権の成立から王朝権力の没落で、結城宗広、楠木正成、足利尊氏が代表	内乱の前史。13世紀後半の鎌倉幕府執権体制の崩壊から、元弘の乱、建武の新政、建武の乱、室町幕府成立を経て、後醍醐天皇の吉野への脱出（1337年）まで。	1336–1348年、南朝成立から、四條畷の戦いで楠木正行が戦死、後村上天皇が行宮を賀名生に遷すまで
第2期	観応の擾乱によって南朝も一時的に勢力が回復した時期で、後村上天皇が代表	内乱の展開。後醍醐天皇が吉野へ脱出して南朝が成立してから、1348年1月に高師直が四條畷の戦いで楠木正行を敗死させ、2月に南朝の吉野行宮を攻略、後村上天皇が賀名生に行宮を遷すまで。	1349–1367年、観応の擾乱から足利義詮の死まで。
第3期	室町幕府の守護が強大化し、権力が分散され、やがて再編される過程で、佐々木導誉が代表	内乱の深化。1367年に南北朝間の和平交渉が再開される頃まで。	
第4期	国内統一の完成期で、足利義満が代表	内乱の終焉。1367年の細川頼之の管領就任から南北朝合一まで。	1368–1392年、足利義満の将軍就職から両朝統一まで。
出典	林屋辰三郎『南北朝 日本史上初の全国的大乱の幕開け』朝日新聞出版、2017年	佐藤和彦「南北朝の内乱」『国史大辞典』吉川弘文館、1997	永原慶二「南北朝時代（日本）」『日本大百科全書』小学館、1994年

筆者作成

第2項　14世紀の経済状況

　石沢（1968）によれば、中世前期（13世紀）は荘園経済の経営で説明がつき、中世後期（14世紀）は荘園経営中心の経済から変質して異なった様相を呈してくるとしている。

　中世前期の荘園経済とは、荘園領地を地域の中心とした地域内の自給自足経済である。中世後期は、石沢によると、「楕円経済が行われた」とし、「どちらか一方の焦点を中心として説明しつくすことはできないというこ

とと、両焦点は相互に作用し影響していること」が特徴であるという。楕円経済におけるそれぞれの焦点は、「中小名田経営」(すなわち「中小名主級・作人級の経営権の掌握・経済的実力の獲得」)と「財貨経済」であると論じている (石沢、1968、p.96)。以下それぞれの論点についてまとめる。

　中小名主級・作人級の経営権の掌握・経済的実力の獲得とは、荘園経営の崩壊、それに伴う経営権の主体が中小名主級や作人級の手に移り、「彼らは荘園領主の隷属関係から独立する傾向を著しくした」ことにある。また、財貨経済とは、「高利貸活動などによって、多くの金銀財宝・米銭を蓄積して、「有徳」な百姓」を生み出す経済であり、「室町中期には名工・名匠が排出して、名器・名作を発表し、全盛期となった。金銀が流通貨幣というよりも、財宝として貯蓄され、また多くの高級工業品などが畜蔵され」ることによって成立したものである。

　続いて、南北朝の動乱による影響を、①権限の換算売買、②商人の顧客の変化と分布の変化、③価値観変化 (土地から財貨を重視)、④価値観の変化による職人気質の発生、の4点を紹介する。

① 権限の換算売買

　石沢 (同、P.91) に「13世紀後半から14世紀初めにかけて、荘園制的名田体制の解体があり、14世紀前半になると、明らかに荘内の諸階層の間に新しい動きがみられる。有力名主層の小領主化傾向、中小農民の小商人的活動、荘内外の高利貸的名主の進出、手工業生産者の自主的な分離の進展、これらの諸階層による新しい分業体制、即ち、地域内分業体制の形成、惣的・地縁的共同体の形成がみられた」とあるように、荘園内の諸階層の間で分権化が起こっている。この流れが商人の顧客と分布の変化、そして価値観の変化、職人気質の発生につながる。

　なお財貨経済貫徹の一貫として、荘園経済の主体であった地頭職や名主職そして作職などがみな得分権として売買の対象になる。『祇園社記』の建治4年正月廿五日の条に京都の土倉が寄合衆を組織して、質流れになった備前可真社の処分について協議したことを紹介している。

② 商人の顧客の変化と分布の変化

　石沢（同、P.88）は「荘園経済の自足経済の崩壊からして、荘園内で広く自給していた農器具や生活必需品にいたるまでも、中小名主級や作人級の経営者を相手とする商業へと変じた。また、年貢輸送ルートとはかぎらず、地方に広く商人が分布するようになった」としている。すなわち商人の顧客は、中世前期は荘園内での自給自足を中心としたものであったところ、南北朝の動乱により経済の中心が京都から地方に移り、かえって商圏が拡大したのである。

　　南北朝以後の、中世後期にも、京都・奈良は最大消費地であって、商業の繁栄を続け、国内商業の中心をなしていたことに変わりがないが、しかし、それらの都市商業繁栄の基礎条件は著しい変質を遂げた。その一つには、前期の商業を支えていた荘園領主層の荘園支配の後退と、それにともなって領主経済の縮小が避けられなかったことである。ことに京都の場合は、それが著しかった。中央都市商業に占める荘園領主経済のウエイト軽減は、明らかであるが、しかし、京都などでは、それ補うような形で、武家の駐留や商工業人口の増加があって、これらのものが新しい都市商業の重要な基礎となっている。（中略）後期になると、その比重を低め、地方の中小名主級・作人級らの購買力を背景とする地方の商業、または地方の封建領主制の進展にともなって、地方城下町、港湾都市、門前都市のような、初期封建都市商業が台頭してきて、中央都市商業の集中的な繁栄と地位はゆらぎだし、国内商業に占める地位も、前期に比しては低下せざるをえなくなった（石沢、1968、p.88）。

　後述する財貨経済と関連するが、地方でも経済が発展するなかでセーフティネットが未整備にとどまったため貧富の差が拡大し、貧しいものが徒党を組み倭寇の土台となったと推察できる。

③ 価値観変化　土地から財貨を重視

　価値観の変化について、石沢（1968、p.91）は、「地頭職も、名主職・作職も、たやすく財貨で入手できるようになった」、あるいは「土地とい

うものが、一族・一家にとっての唯一の富、一生懸命の土地ではなくなった」、と述べており、経済の発展に伴って、土地から財貨への価値観の変化があった。

　荘園経済体制が多くの困難にぶつかり、経済的に絶対的な信のおけない不安定なものになってくると、財宝や財貨の蓄積を主とするような世相になった。困難な自足的荘園の経営よりも、交換手段でもある財貨の獲得と蓄積の方が有利な経済活動となったのである。そこで金銀、舶載品、書画、骨董品、名刀、名器などに価値が見出されていくのである（石沢、同、p.91）。

④ 職人気質の発生

　職人気質の発生の背景について、石沢（同、P.91）は「荘園経済の不信が、他方では高級衣服や高級工芸品、書画、骨董品などの財宝を尊重する経済思想を生みだし」、そしてそれが「芸術趣味的な名器・名作などを尊ぶ経済的価値観念」の発生につながり、「それらのものをつくる名工、名匠などの職人気質を生みだした。」と論じている。

　なお職人気質の事例として石沢は以下のように紹介する。

　　室町前期の作と考えられる「庭訓往来」には、各地の銘産品をあげているが、名器・名作を尊ぶ意識があらわれている。1370年代頃より窯業は盛んになったといわれるが、瀬戸焼などに天目釉が行なわれてすぐれたものを作るようになり、それにおくれて、備前・信楽・伊賀・常滑・丹波などの製陶業が発達した。製紙では美濃国の美濃紙、越前国の鳥の子紙など、醸造業の京都の柳の酒屋がもっとも有名で、京都・博多・堺・西宮の銘酒が知られた。鋳物では、楠葉の鍋、河内鍋、播磨鍋が知られた。1403年には井手家太刀（備前長船盛光）の名刀がつくられたし、1426年には北野神社梅蒔絵箱が作られた（石沢、同、P.91）。

　上記から、職人気質の発生は良質な産業発展の土台となり、倭寇にとって有力な武器も提供され、また交換価値のある生産品そのものが輸出して販売するモチベーション、貿易の土台となったといえよう。

第3項　前期倭寇

　「中世日本の内と外」の筆者である村井は、「倭寇の活動期間中、「倭寇」という言葉の「倭」は「日本国」とは明確に区別されていたとしたら、「倭人」は対馬、壱岐、博多などの「三島」を中心に住む人々であり、この三島の「倭人」が倭寇集団の中核であった」（村井、2013、p.128-137）と述べている。

　三島倭寇に対しては、宋による反対意見もある。

　　三島の各地方が「倭」としてのみ認識され「日本」とは区別されていたという村井氏の見解とは異なり、この地域を「日本」と呼んでいる事例は史料上大変多い。例えば、朝鮮王朝の建国から15世紀末までの100年余りの間、『朝鮮王朝実録』において「日本」又は「日本国」という記述の後「対馬」、「壱岐」、「松浦」、「覇家臺」（博多）など三島の地名、又は「志佐」、「田平」、「鴨打」など三島地域の領主の名が記録されている箇所は少なくとも1,000以上確認される。また『朝鮮王朝実録』では「昨見慶尚道監司啓本、日本国使臣出来云。大抵如此倭使出來、……」のように「日本」と「倭」という二つの表現が一つの文章で同時に使用されるなど、「日本」と「倭」の用語を混用している事も多い。一方で村井氏の主張を裏付けできる史料上の根拠は乏しい（宋、2017、p.67）。

　このように専門家のなかでも意見は統一されていない。そこで、襲撃を受けた朝鮮側の視点で、朝鮮半島に出没した倭寇に関して述べた文章を以下に確認する。

　『高麗史』巻37忠定王2年（1350）2月条では、「倭寇固城・竹林・巨済、合浦千戸崔禪・都領梁琯等戰破之、斬獲三百餘級、倭寇之侵始此。」と書かれている。近藤によれば、

　　庚寅年（1350）から倭寇の活動が本格化しその被害に苦しめられていた。前述の通り既存の研究のなかでも、この倭寇の主体を最も具体的に論じたのは李領氏である。李領氏は、それ以前の倭寇（13世紀の倭寇）との違いを明確にして、その規模や頻度が以前と比較できな

いほど拡大した 1350 年以後から 1391 年の高麗滅亡までの倭寇を
〈庚寅年以降の倭寇〉と命名し，倭寇による高麗での略奪行為は，日
本の南北朝の抗争を背景に一律日本人の専門的武装集団（中世武士
団・悪党）が携わっていたとした。具体的な目的には，その始まりの
1350 年の倭寇は観応の擾乱に伴い筑前・対馬守護兼大宰少弐であっ
た少弐氏（少弐頼久）が兵糧米など軍備品の確保にあたったためと
し，禑王 3 年（1377）の倭寇にいたっては北朝軍の激しい攻撃を受
けた南朝勢力下にあった松浦党が食糧の確保はもとより一時的避難の
場所としたことを挙げている（近藤、2014、p.127-128）
　『高麗史』巻 41 恭愍王 4 年（1365）3 月己巳条では、「倭入昌陵、取世
祖眞以歸」、『高麗史』巻 39 恭愍王 6 年（1357）9 月戊戌条では、「倭入
昇天府興天寺、取忠宣王及韓國公主眞而去」とある。ここから、倭寇が昇
天府（現在の開城市開豊郡）の興天寺に入って忠宣王とその妃の韓国公主
（モンゴル帝国の晋王カマラの娘の宝塔実憐）の肖像画を持ち去ったり、
昌陵（高麗を建国した太祖王建の父である世祖王隆の墓）に入りその肖像
画を奪ったりしたことがわかる。公的なものへの関心をあらわにしていた
とみることもできる。略奪行為を繰り返していくなかで、地域間の交流が
少ないことや、公的権力の介入もあって、組織として複雑化していったも
のであろうか。これが境界人マージナルマンとしての国際性や多様性など
後期倭寇の特質に繋がったと考えられる。
　上記を踏まえて対馬と壱岐に視点を絞って当時の倭寇の活動域に住んで
いたとされる人々の歴史背景を整理する。まず、地政学的側面を見ると、
対馬・壱岐どちらもとも本島とは離れており、海に囲まれている。海を
渡ってくる倭寇にとってアクセスしやすい環境であった。
　対馬は「国境の島」にあたる。たとえば、「九州よりも朝鮮半島の方が
近いという地理的特性から、古来より日本列島と朝鮮半島との交流の窓口
としての役割を担ってきた。対馬は、古代から近世にかけて新羅使や遣唐
使、朝鮮通信使などの外交使節が行き来し、日本列島と朝鮮半島を結ぶ通
交経路であった。古代には対馬経由のルートが公的かつ安定したルートで

あると考えられ、その経路上の重要な島であったことから令制国に準じる扱いの「嶋」がおかれた」（柿沼、2021、p.13）のである。

　つまり、対馬は交流の最前線として恩恵を甘受する立場である一方で、対立の最前線でもあった。前期倭寇の動きが活発する前の13世紀には蒙古襲来の被害を受け、15世紀初頭には倭寇の拠点として朝鮮から襲撃される応永の外寇（朝鮮側では己亥東征と呼称）が起こった。そして「朝鮮軍の軍行行動は短期で終わりましたが、対馬と朝鮮との関係はしばらく断絶したままになりました。朝鮮との交易を生活の手段とする対馬の人びとにとって、これは大変困った事態でした」（村井、2021、p.211）という大きな影響を受けたのである。

　司馬遼太郎は対馬と倭寇の関係について、「良田無し、ということで、この島民が室町に倭寇になり、朝鮮沿岸の米倉をねらって荒らした。李朝はこれをやめさせるために島主宗氏とその重臣に官位をあたえ、毎年いくらかの米を送った。この関係はきに断絶したが、江戸期もつづき、幕末までおよんでいる。対馬藩主宗氏は三百諸侯の一つでありながら、同時に朝鮮との関係では両属のかたちをとった点、琉球が中国との関係において中国によりつよく力点を置きつつ両属のかかわりを結んだことに似ている」（司馬、2014、p.12）と述べている。

　次は壱岐について述べていく。

　　港に営まれる漁村集落を「浦（うら）」と呼び、内陸の農村を「触（ふれ）」、と呼ぶ。江戸期には触に60〜300戸の農家があり、サスガシラ（百姓頭）が触れて回る範囲であったと云われている。この触をいくつかまとめた単位を「在（ざい）」と呼び、それぞれに庄屋が置かれた。（中略）白村江の戦い後、朝廷が派遣した遣新羅使は壱岐を中継地とした。その一行に雪連宅満が居り、壱岐で病没したことが万葉集に記され、同行者による悼む歌が残されている。また宅満の墓が石田町に残る（壱岐市社会教育課文化財班、2019、p.24、p.27）。

　対馬と壱岐はどちらも地形を活かした漁業をなりわいとしつつ、加えて外国との貿易中継地帯として栄え、その一方で国防の要としての役割も

担っていたのである。

第4項　後期倭寇

　鄭若曽の『籌海図編』では、後期倭寇の日本人構成は薩摩、肥後、長門の人がもっとも多く、大隅、筑前、日向、摂津、播磨、紀伊、種子島、豊前、豊後、和泉の人々であったという。

　　陳貴等七名、節年故違明禁、下海通番、貨賣得利。今次適遇潮陽海船二十一隻、稱水一千 三百名、彼此爭利、互相殺傷。

　　陳貴等七名、節年故より明禁を違へ、下海通番、貨売して利を得。今次適たま潮陽の海船 二十一艘、水一千三百名と称するに遇ひ、彼此利を争ひ、互に相ひ殺傷す（『明経世文編』巻219、嚴嵩南宮奏議 嚴嵩「琉球國解送通番人犯疏」、金沢陽、2016、p.112）。

　この陳貴は広東省の潮陽から琉球に渡航していた多数の者たちと騒乱をおこしたという。おそらく彼らの船は五島または薩摩を発し、大小琉球（沖縄、台湾）を経て、江南、広東、福建に至っていたのであろう。この地域と後期倭寇の繋がりの強さがうかがわれる。

　中国は東シナ海に面した浙江、福建、広東の海岸沿いに非常に多くの島があり、その地形を活かして日本などの船と交易を進めていた。当時の貿易陶器を研究する金沢陽は、日本の五島列島や薩摩あたりの島々が主に交易を進めていたと述べている。

　薩摩や肥後は後期倭寇に何故加わっていたのかという視点も検討する。元々、薩摩の島は、大陸から台湾・沖縄・奄美を経て、様々な貿易品の入手地として栄えていた。後期倭寇の特色には「貿易」という面がかなり強い。明の海禁政策によって彼らが生活の生業としていた貿易が難しくなり、その対抗手段として、武器をとり自由な貿易を求めたわけである。

　また、琉球国が近くにあったということも大きいと考えられる。琉球は、海禁政策の中でも交易を行っていた国であった。

　　15世紀から16世紀にかけて中継貿易にもたらしたのは、明の海禁政策と対外関係だった。明は自国民の海外渡航を厳しく制限し、諸国と

　の外交関係も皇帝への朝貢に限定していた。その明に来た舶来品の調
　達窓口となっていたのが琉球で、那覇港に集結した物資は皇帝への
　「進貢」と言う名のもとに大陸へ送り込まれていった。あたかも「明
　の総合商社」の役割を果たしていた琉球にとっては、明との関係性が
　国家の屋台骨となっていたのである（国立歴史民俗博物館、2021、
　p.83）。
　後期倭寇が明の沿岸部で活動が活発となるにつれて、琉球との間に摩擦
も生じた。

　1530年代から、明の沿岸部では倭寇の活動が目立ちはじめた。倭寇
　は反体制勢力であるとともに、東シナ海を行きかう交易集団となり、
　明国内で需要が増した日本銀を運び入れるなどをしたため、明はその
　統制・鎮圧に膨大なエネルギーを費やすことになる。琉球では当初、
　倭寇を取り締まることはなかったが、1542年の陳貴事件を契機とし
　て、明皇帝の厳命のもとに倭寇勢力をシャットアウトするようになっ
　た。このため、琉球も倭寇から攻撃されるようになる。倭寇の襲来を
　恐れ、那覇港では防衛のため、入り口の南側には王府の命で1553年
　に屋良座森城が竣工し、北側の三重城も同じ頃に築かれた。どちらも
　岩礁の上に築かれた城塞で、海中道路で陸地と連絡し、さらに砲台の
　機能をもつ。天然の地形を巧みに利用して、那覇港は厳重に守られた
　港へと変貌したのである（同、P85）。
　倭寇が明の沿岸部の活動を活発にしたことで、明は倭寇を害と見なし
た。当然ながら明の動きに倣って琉球も倭寇を警戒した。そこで倭寇は琉
球を攻撃対象とする。倭寇にとって地域的に近く、唯一貿易を行った琉球
は地形的に近く標的にしやすかったのだろう。倭寇の動きから、彼らはた
だ闇雲に攻撃していたのではないことがわかる。
　後期倭寇の日本人の構成としては、薩摩、肥後、長門の人がもっとも多
く、大隅、筑前、日向、摂津、播磨、紀伊、種子島、豊前、豊後、和泉の
人々であったということを述べた。そこで、九州に住んでいる人々や地域
に関わっていた人々にスポットを当てて調べていきたい。まず、そこで博

多商人の動きについて少し纏めていく。理由としては、15世紀に博多商人が朝鮮・日本・琉球を行き来するようになると、航路を記した琉球の絵図があらわれてるからである。国立原史民俗博物館2021の海図をみると、九州と沖縄の間の、吐噶喇列島や奄美諸島はかなり詳しく描かれている。これにより、琉球やそれらの中心を外国人が見ていることがわかる。16世紀に東アジアに進出してきたヨーロッパ人は「レキオス」すなわち琉球を知り、世界地図に琉球が登場することになる。台湾と琉球の間に無数に描かれた島々は、八重山や宮古の諸島であると考えられる。これらの島々は、南の世界に開かれたのである。近世になって薩摩藩により作られた国絵図は、八重山、宮古、琉球など詳細な情報が盛り込まれていた。厳然たる支配者による地図であると同時に、海外の人々がどのようにこの地帯を捉えていたのかなどの繋がりも見えてくるものでもある。

　また、小林信三によると「15世紀から16世紀にかけてヨーロッパ人は活発的な進出をはかり、15世紀末にはポルトガル人がインドに到達し、さらに東シナ海に入って当時アジアで展開されていた中継貿易に参入した。またスペイン人もアメリカ大陸から太平洋を渡ってフィリピンに根拠地を築いた。そして16世紀半ばにはポルトガル人が種子島に現れ、九州各港を中心にポルトガル・スペインとのいわいる南蛮貿易が展開されるようになる」（2017、p.9）とあるほか、「1543年（一説には1542年）にポルトガル人が種子島に現れていこう、九州の諸港を中心に貿易が展開されてこと、鉄砲やキリスト教がもたらせれたこと、また石見銀山などから産出された大量の銀がポルトガル人やスペイン人の手を通じて中国にもたらされたこと、さらに中国からおもに生糸が日本にもたらされた」（同、p.9）と、中国との関係性もあることがわかる。本州と比べて、他国との関わりも深いのではないかとここから感じ取ることができる。中世の日本は現代のように日本という国自体も一つではなかった。

　　「日本」と意識されていた北東の津軽から南の鬼界ヶ島（実際には北端は佐渡、東が津軽、西が五島列島、南が鬼界ヶ島である）にいたる領域の中で「国王」と認知され、自らも「公方」と称していた室町殿

は自己の支配する領域を次のように把握していた。「遠国事ヲハ少々事雖不如上意候、ヨキ程ニテ被閣之事ハ非当御代計候。等持寺殿以来代々此御計ニテ候ケル由伝承様候」「南部方へ下国和睦事、以御内書可被仰出事、若不承引者、御内書等不可有其曲歟事、遠国事自昔何様御成敗毎度事間、不限当御代事歟。仍御内書可被成遣条、更不可有苦云々。以上畠山意見〔二ヶ条也〕。山名申事、南部方へ御内書事ハ畠山同前也」ここから見える室町殿周辺の意識について本郷和人氏は「東北、関東、九州地方は「鄙」であり、政治的遠国、辺境なのであって、幕府が実際に掌握すべき地域は「畿内近国」「瀬戸内」「中部」の三ブロック」であると論じた。このような統治理念が「倭寇」への取り組みを消極的にし、結果「遠国」たる「鎮西」の一部＝少弐氏の支配地域たる壱岐・対馬が倭寇システムに組み込まれていった、とはいえるだろう（秦野、2002、p.97-98）。

　九州は国とまではいかないが、それでも中央にとり京周辺にくらべて異国と日常的に関わることで本州の人々とはまた違う価値観を形成していた可能性が高いことが伺われる。

第7節　明朝と倭寇の終息

第1項　明朝の海禁解除と後期倭寇の終息

　1521年から1556年の嘉靖期は後期倭寇の最盛期にあたり、嘉靖の大倭寇と呼ばれている。後期倭寇の大頭目である王直は、長崎県・平戸、五島列島に交易拠点を設け、東南アジア・中国・日本を結ぶ交易を殆ど独占していた。王直のめざすところは、明朝に海禁政策を解かせて、海洋商人による交易を認めさせることであった。明朝の側でも浙江総督の胡宗憲が、王直の要求に応じる懐柔策により、投降させて、倭寇を鎮静化させてゆくことへと動いていった。1557年、王直は浙江総督の故宗憲に降伏し、投獄された。そして「十一月、王直は千余の部下とともに胡宗憲に降伏し

た。王直の来投を迎えて、明朝の延議は二分した。王直の願い通りに互市を許そうという意見と、皇朝の対面を重んじて王直を殺そうという意見」（田中、2012、p.162）のなかで、最終的に王直は 1559 年 12 月に斬首された。

　倭寇の大頭目である王直の死の影響は大きく、倭寇の活動は杭州・浙江から福建・広東と南方に変わっていくと共に、次第に倭寇の勢力は衰えていったという。同時に明朝の側も、海禁の緩和へと向かうのである。そして「王直の死後、倭寇が終息に向かうと、明朝もまた海禁の緩和に向けて動き始める。ついに隆慶元年（1567）に「東西二洋」、すなわち華南からヴェトナム・マラッカ方面に向かう西洋航路と、中国から台湾・フィリピンを経てブルネイ方面に向かう東洋航路について、対外交易を行うことが認められた」（上田、2005、p.251）のであった。

　明の建国以来、実に 200 年の時を経て海禁が解かれ、海外渡航が認められ、密貿易とされていた交易が公に認められるようになった。但し、日本との交易及び、硝石・硫黄・銅・鉄などの禁制品は引き続き禁止されていたことは付け加えておく。このようにして、明の時代における「北虜南倭」のうち南倭である倭寇が終息を迎えたのである。

第 2 項　モンゴルとの貿易認可による北虜の終息

　前項で述べてきた、海禁解除と倭寇の終息と時を同じくして、モンゴルとの北辺地域のおける長年の北虜についても、貿易認可の動きが加速していった。この背景には、1557 年の海禁解除により東南の安定が図れたことがある。中島は「海域アジアにおいて、海禁緩和が東南沿海の安定をもたらしたことは、明朝政府が内陸にアジアにおいても、モンゴルとの通商を公認することをうながした」（中島、2010、p.519）と述べている。

　そして、北元のアルタン・カーンと明朝との間で、1570 年には和議が成立した。モンゴル帝国の北帰から約 200 年の画期といえる事象について、上田は以下の通り記述している。

　　隆慶四年（1570）には、アルタンと明朝とのあいだの和議が成立し、

大同などに場所と期間を定めて交易を行うこととなった。モンゴル側からは金・銀・ウマ、中国側からは絹織物・糧食・鉄製品などが取り引きされた。以後、相対的に安定した状況となる馬市と呼ばれる交易もまた互市であり、海と陸の二つの局面は連動したもので、明朝は隆慶年間に現実の経済活動に対応した政策を採り始めた考えることができる（上田、2005、p.253）。

また岡田は、明と北元の和議による貿易認可による双方への効果を以下のように述べている。

この講和のおかげで、明朝は防衛費の大幅削減に成功し、国境貿易が繁栄した。モンゴル側でも正常な貿易のチャンネルができたために経済が安定し、チベット仏教文化が流入するなど、文化水準も高まった。アルタンは馬市貿易で富を築き、一五七八年、チベット第一の高僧であったゲルク派のデブン寺の座主ソェナムギャツォにダライ・ラマ（第三世）の称号をおくった（岡田、2015、p.223）。

南倭といわれた倭寇鎮静化への海禁解除により、東南沿海の安定をもたらしたことが、北虜であったモンゴルとの和議へと繋がっていったことにも、明を媒介としたモンゴル帝国と倭寇との接点を見つけられるのではないだろうか。

さらに、海禁解除とモンゴルとの和議が、朝貢システムだけではない周辺国との貿易をもたらし、衰退の道にあった明朝の経済繁栄と延命をもたらしたといえる。

一方、貿易商人が財力を蓄え、その頭目ともいえる女真族のヌルハチが台頭し、1583年にマンジュ国を建国、ヌルハチの後継であるホンタイジが1636年にモンゴル帝国の正当継承国家である大清帝国の皇帝・カーンとして君臨することへと繋がったのである。

第8節　元・明各王朝の通貨体制が倭寇の興亡に及ぼした影響

　倭寇が出現し活動を広げていく要因のうち、経済的な環境の変化について、特に通貨の側面に注目して考察する。

第1項　経済環境と海賊の盛衰

　現代でも同様だが、海賊や山賊は、警察や海軍の統制力が十分に行き届かないところで発生し活動を広げる。前期・後期倭寇はともに元・明の帝国にとって周辺地域である海域を中心として勃興した。前期倭寇については朝鮮半島と中国の周辺海域、後期倭寇については中国の沿岸部から東南アジアにいたるまでの広範な海域に出没したが、いずれも二つの王朝の勢力が弱まるか、周辺地域である日本や朝鮮半島の勢力に混乱があり、権力が隅々まで行き届かなくなった時期と考えられる。

　そこで、各王朝の勢力、つまり統制力の強弱を測るものさしの一つとして、当時の通貨の使われかたを振り返ってみたい。当時は過去の王朝時代の銭貨や紙幣、金銀、私鋳銭、物々交換が併存しており、その中で王朝が発行した通貨が使われる度合いや範囲は状況によって大きな変化があった。おそらく各王朝が認可した通貨の有効性は、各王朝の統制の度合いと連動するのではないだろうか。

　この推測は、倭寇が衰退していった理由を理解する助けにもなりそうだ。後期倭寇は明の軍による討伐、九州の大名による統制強化、1588 年の豊臣秀吉による海賊禁止令などを経て衰退していった。明軍や戦国大名が火器・重火器を備え、それまでより規模が大きい軍事力が勢力の必須条件となっていく中で、私兵であり大規模軍事力となりにくかった海賊・海商の活躍余地が低下したのではないか。倭寇は最大時で船数百隻規模の勢力が記録に残っているが、中から大規模の軍勢が長期にわたって規模を維持できた例はない。

　この点については 15 世紀から 19 世紀の北アフリカ海賊の盛衰にもヒントが得られる。フィールドワークの一環としてお話をうかがった桃井治

郎清泉女子大学准教授の議論では、欧州で常備軍を持つ近代国家の定着、植民地体制の強化などが進むにつれてヨーロッパ中心の国際関係が成立し、各国の個別外交が国際社会の統一見解の押しつけへと変化するなかで北アフリカの海賊が消滅していったと考えられるとの示唆をいただいた。

第2項　元の通貨政策

　クビライがモンゴル帝国の皇帝になった1260年に、諸路通行中統元宝交鈔が発行された。紙幣はもとより宋代に鉄銭の預り証から発展した政府保証の手形が数多く流通して紙幣と化していたが、モンゴルはその流通範囲そして規模を圧倒的に発展させたのであった。

　日本銀行金融研究所によれば、金の末期には「銅銭は国外流出や鋳潰し等により絶対量が不足する中、地方の軍事勢力により発行された各種紙幣のほか、銀や絹が主たる貨幣となっていた」という。そうした中で紙幣発行に踏み切った背景には、広大な交易圏をかかえたモンゴル帝国としては、ムスリム商人による西方の国際交易のために銀を確保しておく必要があったこと、南宋の海上貿易路が勢力範囲に入り、交易圏がいっそう拡大する中で、補完するものとして紙幣が低コストで迅速かつ大量に製造が可能で持ち運びやすいという事情があったようだ。

　それまで紙幣として流通していた手形（会子、交子など）や金、銀は、兌換機関である平準庫で交鈔への交換が進められた。金、銀、銅貨は民間使用を禁じた。そして塩の専売で交鈔を使用したほか、商税の納税も交鈔へ移行し、交鈔の発行量も増大していった。価値の下落を抑えるため、傷んだ交鈔の交換機関「回易庫」を設置し流通量のコントロールをはかったほか、1287年には至元行宝鈔を発行し、中統鈔5対至元通行宝鈔1の交換比率で回収をはかった。

　ただ、交鈔だけが通貨として元の全土で使用された訳ではない。徴税においても、交鈔の比率は増えたとはいえ、銀、絹、綿、米なども引き続き使用されたことが分かっている。江南の一部や福建など支配が徹底できなかった地域では「大量の銅銭が残留し、旧銅銭使用禁止にもかかわらず、

江南支配の脆弱性もあって、その使用は排除できなかった」（明石、2021、p.53）ようである。また雲南では地方発行紙幣やタカラガイなども通貨として流通していた（安木、2012、p.129）。紙幣の減価を抑えるために流通量をコントロールしたこと、またモンゴル帝国の分散型統治スタイルから地方の独自色を許容したこと、その裏返しとしてモンゴルの統制力が行き届かない地域があったこと、などの要因がからみあっていたと考えられる。

　このように完全ではないながらも共通通貨が安定的に使用されるようになり、銀による西方を主とした広域貿易を補完した結果、パクス・モンゴリカ、パクス・タタリカと言われるような広範な地域が比較的安定した時代が訪れた。しかし、モンゴル帝国にとって周辺地域である朝鮮半島で倭寇が散発的に発生し、14世紀半ばに大きく拡大することになる。現代のような経済理論や貨幣理論がないこの時代、専門知識を持つ専門家を欠いた状態でのモンゴルの貨幣政策は、経済の安定に必ずしも強い支えにはならなかったといえる。

　1300年代に入るとモンゴル帝国の中核である中国地域の元朝の後継者争いが激しくなった。また日本、ベトナムなどへの出兵で戦費がかさみ、1300年代半ばになると財政が逼迫し、紙幣が乱発され、紙幣の価値が暴落していく。明石（2021）によれば交鈔の紙幣価値と米価（江南米価）、塩引価（公定価格）の変化を推計したところ、1200年代末から発行残高が急増し、1320年前後には1280年頃の120倍程度となった一方、物価は8倍強になった（明石、2021、p.59-60、p.66）。そして1325年頃以降は物価は高値安定するのだが、「銀の私的売買の解禁により市場の銀取引の比重が高まり、交鈔価値の維持のためその発行を抑制せざるを得なくなったことや、また財政の実物部門への依存が高まっていったことなどが変化の要因として考えられる」（明石、2021、p.60）という。

　1350年、銅銭「至正通宝」を鋳造・発行するとともに歴代銭貨の通用も認め、またこれら銭貨と等価とする新たな中統鈔（銭貨1000文が中統鈔1貫）を発行し、銭貨により紙幣価値の保証を図る改革を断行する。

しかし、元朝の支配力が低下する中で、銅銭に対する紙幣価値の暴落により、元朝による紙幣制度は破綻・崩壊を余儀なくされた。1351年には紅巾の乱（1351年から1366年）が起こり、元朝は経済の中心地であった江南を失った。前期倭寇が最も活発化したのもこの頃である。

　そして高麗では親元勢力が排除されモンゴル帝国から独立する。紅巾軍は半島にも到来し高麗が撃退に成功したが、同時に倭寇の襲来も激しくなった。またこの時期、『元史』巻46順帝紀至正23年8月丁酉条によれば倭寇はモンゴル帝国の本領である蓬州（中書省の般陽府蓬莱県か。現在の山東省煙台市）も1363年に襲ったと記録されており、しかも記事はつづけて至正18年（1358年）から倭寇がたびたび瀬海郡県を襲っていたとする。このように帝国の政治的安定が揺らぐのに連動して通貨も弱体化し、法定通貨に依存しない密貿易が増加した。周辺地域の政情も連動して不安定となり、海賊の活躍する余地が高まったと考えられる。俯瞰すれば、帝国を維持するコストの大きさに耐えられなかった、帝国を維持できるだけの財政構造が失われたということも言えるだろう。

第3項　明朝の通貨政策

　1368年、朱元璋により明王朝が成立し、北上して大都（現在の北京）を攻撃し、モンゴル帝国は高原へ北帰した。それに先立つ1361年に物価安定を狙って銅銭「大中通宝」を発行している。当時は、元朝銭、宋銭などの歴代の銅銭、元朝の交鈔が同時に流通していた。紙幣の交鈔でなく銅銭としたのは、元末のインフレで、交鈔に対する民衆の信頼が低くなっていたことがあるようだ（宮澤、2002、p.94）。

　そして1368年、洪武元年と改元すると、それとともに洪武通宝を新たに鋳造した（なお大中通宝も引き続き使用された）。宮澤によれば、洪武通宝は最初の鋳造から2ヶ月で鋳造中止されたものの国用が不足して鋳造が再開されるなど、当初から銅銭を財政運用の基本に据える方針は一定しなかった。鋳造額も初年度で8900文あまりと少なく、その後増加したものの財政の基軸になるほど十分ではなかった。しかも軍兵に対する銭賜

給が鋳造量を上回る記録が残るなど、銅銭が国家の備蓄に回らない状況であった。当然のことながら、民間における銅銭の流通は十分ではなかった。一方、銀の貨幣使用は公的には禁止され、金銀を国庫に納入して銅銭と交換することのみ認められていた。

　銅銭の供給が不十分な状態が続き、明の経済システムは実物経済の併用を前提とせざるを得なかった。時期によっては、軍糧郡料納入の代価は塩引により、また文武官の俸禄は米建てだったという（宮澤、2002）。よく対比されるようにモンゴル帝国が貿易重視だったのに対し、明は農業重視の農本主義であったことも背景にある。農業振興により綿や絹などの貿易取引も盛んになっていた。とはいえやはり財務規律への考慮は薄く、経済理論も通貨理論も未発達な時代であるからには現在からみれば現状追認型の場当たり的な通貨政策であったことはいなめまい。

　1375 年、紙幣の宝鈔「大明通行宝鈔」を発行した。銅銭不足、遠隔地取引のためである。しかし民間の銀の使用は引き続き禁止された。そして軍への報償、納税の一部として使われた。宝鈔一貫が銅銭 1,000 文（一両）の固定レートとし、これは米一石に相当した。銅銭の供給量の少なさとは対照的に宝鈔発行量は大きく、その価値の維持はあまり重視されていなかったようである。洪武 8 年（1375 年）の発行時は宝鈔一貫が銅銭一両すなわち米一石とする公定価格が定められ、これ以降も維持されたが、実際に使用された記録からは、洪武 19 年から 24 年には 0.2 両、30 年が 0.1 両であり、宝鈔は銀に対して 10 分の 1 に減価したことになる（宮澤、2002、p.109）。

　しかし、明政府は宝鈔の価値維持のために印造額、発行額、流通額を抑えようとしなかった。税収に紙幣の使用を拡大するなどの有効な回収策も講じられなかった。洪武 27 年（1394 年）には銅銭の使用を禁じたが、減価はとまらなかった。この状態で財政が破綻しなかったのは、実物財政があったからである。紙幣の信用が低く十分に流通せず私鋳銭も横行し、民間取引では銀の使用が徐々に拡大していった。そして実際の使用で等価関係がくずれ物価高騰を招いたことから「鈔法不行」といわるようになっ

た。

　ただ、新しく発行された通貨価値の低下が、すぐに王朝の統制力の低下につながったという訳でもなかった。第三代皇帝の永楽帝の時代、1405年から1433年にかけて7回にわたって鄭和の艦隊による大航海が行われたが、その際、マラッカ海峡の海賊行為をやめさせることに成功し、マラッカ海峡での商船の自由な往来が可能になった。

　とはいうものの、「外交や異文化交流における功績がいかに大きくても、鄭和が手にした経済的見返りは微々たるものだった」という指摘もあり（バーンスタイン、2008 / 2010 鬼澤訳、p.136）、300隻、3万人の乗組員という大船団による数年にわたる大航海は、国としての貿易規模を拡大することを目的としておらず、しぜん財政的負担の方が大きかったようである。

　1424年に永楽帝が没すると明の政治は急速に内向きに転換した。1433年に最後の艦隊が帰着した後は次回の大船団の派遣は長らく中断されることとなった。なお1500年に成立した弘治『問刑条例』（明律の兵律・関津の私出外境及違禁下海条への附例）ではマスト2本を持つ大型船の建造を行ったものは死罪に処せられることと規定されている。

　通貨の動向に話を戻すと、銅銭鋳造が不足する一方で、宝鈔の発行は過大で価値の低下が続く中、補完するものとして銀の流通量が徐々に増えていった。明朝の国内の銀の産出はきわめて限られたので、銀の流通増加は密貿易による輸入によって支えられた。結果として、15世紀末には済し崩し的に銀の流通を公的に認めることになる。

　現代の目から見れば、明代を通じて通貨政策は一貫しないどころか場当たり的で、交鈔は発行当初から減価が続いた。その影響もあり貿易政策も一貫しなかった。あくまで専門外の西洋経済史からの視点であり、往時の国内総生産（GDP）の算出も実に困難なものではあるが、明石によれば、実質GDPは北宋から明にかけて大きく下落したあと明代に回復したものの、明代を通じた成長率は0.26%に過ぎなかった。そして明末の1620年の1人当たり実質GDP（1840年価格）は、980年とほぼ同水準だったと

いう（明石、2021、p.37）。また、栞田によれば、里甲制度のもとに記録された人口は、明代後半の寒冷化に伴う農産物産出の減少もあって、1393年から1578年の約200年間に6,054万人から6,609万人に9％増加したに過ぎなかった（栞田、1986、p.3）。

明朝の統制はもとよりの「小さな政府」志向、経済の活性化、農本主義路線などが複雑にからみあって周辺まで行き届かない状態が長く、また日本では鎌倉時代以来の武断的傾向が南北朝そして室町にかけて進行しそのまま中央政権不在の戦国時代となるなど、各地で海賊行為が広がる環境がもたらされたと考えられる。

第4項　帝国を維持するコストと通貨・金融政策の重要性

第3項では、中国王朝の通貨政策とその有効範囲を振り返ることで、王朝の統制力の低下するにつれて倭寇の活動が活発化した背景に通貨価値の暴落が大きな要素の一つとなっていたことが確認できた。これは逆に地域を支配する政権が安定し、海賊を討伐する動きが強まることによって倭寇の活動が低下するともいえる。明軍による討伐、九州の大名による統制強化、1588年の豊臣秀吉による海賊禁止令がそれにあたる。

これと表裏一体の環境として、技術変化による軍事力の格差の拡大も大きな要因となったと考えられる。戦国大名が火器・重火器を備え、それまでより規模が大きい軍事力が権力の必須条件となっていく中で、私兵であり大規模軍事力を持てなかった海賊・海商の活躍余地はさらに低下したと考えられるのではないか。第8節第1項や次節で触れたように、15世紀から19世紀の北アフリカの海賊が衰退した要因として、欧州で国民国家が定着し植民地体制の強化が進むにつれて、欧州国家を中心とした国際関係が成立し、各国の個別外交が国際社会へ昇華し異文化へ統一見解を押しつける力が強くなったのと共通するようにもみえる。

重装備の常備軍を支えるにはある一定規模で安定的な財政収入と、それを支える通貨政策が必要である。裏を返せば、中世の中国では、広大な帝国を維持する財政規模こそあったものの、管理体制にはやや難があったと

もいえる。

　現代では、国家と通貨は一体であり、単独通貨であれ、欧州のような多国間共通通貨であれ、通貨は基本的に特定権威にもとづくものが国の隅々まで行き渡っている。また、通貨・金融政策は専門的教育を受けた専門家によって常に吟味、検証されている。一部の国では政治家による無理な金融政策への介入によって急激なインフレや通貨価値の低下が発生し、経済の混乱が社会の不安定化を招き、山賊や海賊といった犯罪集団や反政府勢力の活発化を招いている。経済理論と金融政策、そして財務規律が安定した国家運営を支え、ひいては社会的な安定をもたらすということを改めて意識させられた。

第9節　海賊とは何か

第1項　海賊の起源

　海賊は、海上で船を襲い人々を連行・殺害し、沿岸の町では財産を強奪・破壊する存在である。しかし、小説、漫画や映画などで英雄として描かれている場合も少なくない。今回テーマにしている倭寇についても、略奪や人々を襲う側面もあったものの、貿易商人として活動していた一面もある。過去の世界の海賊にも様々な側面があり、歴史に与えた影響は大きいのではないか。では、そもそも海賊はいつの時代に生まれたのであろうか。

　海賊の歴史は古く、たとえば紀元前13世紀以降に古代エジプトを襲った海の民と呼ばれる人々は現代で言う海賊行為も行っていたようである。名のある海賊としては、歴史の父と呼ばれるヘロドトスが綴った逸話のひとつである、サモス島の支配者であるポリュクラテスの物語がある。このポリュクラテスこそ、古代ギリシアの海賊王とも言える人物である。ヘロドトス自身がポリュクラテスを海賊と呼んでいたわけではないものの、海上において見境なく船を襲い、沿岸の町を略奪するような行為は現代から

見れば海賊にほかならない。

　ポリュクラテスが活動していた地域は、エーゲ海南東部のサモス島である。紀元前6世紀のサモス島は、交易の拠点として経済的に発展するとともに、最高神ゼウスの妃であるヘラの誕生の地として宗教的にも文化的にも栄えた地域であった。紀元前538年には、ポリュクラテスはサモア島で反乱を起こし、権力を握って支配者となった。さらに、勢力の拡大を目指し、ガレー船団を編成してエーゲ海に進出していった。ガレー船100隻、弓兵1,000人を擁したガレー船団は、周辺海域を支配・征服して略奪行為に及んだ。このような海賊行為に対して、敵対心を持つ者が現れる。ペルシア帝国の影響下にあった都市サルディスの総督オロイテスがそのうちの一人であった。オロイテスは、ポリュクラテスに対して、支配下に入りたいと巧みに近づき、自らの町に誘い込んだ。ポリュクラテスの警戒心を解いたところでオロイテスはポリュクラテスを殺害したのであった。ポリュクラテスの死体は、サルディスの町で磔にされ続けた（桃井、2017、p.4-6）。

　このように、略奪行為など傍若無人な振る舞いをしていたポリュクラテスであったが、ヘロドトスはこれを非難するのではなく、「海上制覇を企てた最初のギリシア人」として「高邁な志」を持ち、「ギリシアの独裁者中、その気宇の壮大なる点においてポリュクラテスに比肩しうるものは一人だにない」と賞賛している。

　このように、力によって相手を圧倒して略奪行為を行うことについて、残虐性を持つ無法者とみる者もいれば、力を持つ者のみが行える行為としてむしろ誇らしいとみる者もおり、海賊の古い事例からみても海賊が絶対悪と受け取られていたわけではないと思われる。

第2項　「海賊行為」と「私掠行為」

　現代における「海賊」および「海賊行為」とは何か。逸見によれば、「私有の船舶の乗組員、または旅客」によるものであること、「私的目的のために行う」行為であること、自船内での暴力行為が含まれない「他の船

舶」に対する行為であり、併せて「公海上」及び「いずれの国の管轄権にも服さない場所」での行為である（逸見、2009）。

　我々現代人は「海賊行為」はただちに犯罪と認識するが、歴史をたどればその定義は様々であった。例えば、16世紀のヨーロッパにおける「海賊行為」の定義は、「公的権力の認可を受けない、あるいは公的権力が許した範囲を逸脱して行われる非合法な海上での、あるいは海からおこなわれる掠奪行為」（薩摩、2013、p.202）であり、犯罪行為として処罰の対象だった。

　一方、「私掠行為」として「拿捕許可状により公的権力の許可を受けた民間人（私掠者）による合法的な掠奪行為」（薩摩、2013、p.202）もあった。その対象が敵国や一部の国の船舶に限定されること、原則として戦時にのみ有効であるといった諸条件付きではあったものの、私掠は法律に違反してはいない行為とされた。これは民間人が船舶を利用して掠奪行為を行うという点で海賊行為と共通するが、当時は公的権力によって認められた合法行為だったのである。「私掠行為」は、フランス、オランダ、スペイン、イギリス、スウェーデンといったヨーロッパ地域で行われた。

第3項　【フィールドワーク】16世紀から19世紀初頭の北アフリカ海賊 —— 近代国際秩序の形成

　インターゼミ・アジアダイナミズム班では、フィールドワークとして、2021年10月9日に清泉女子大学の桃井治郎准教授をお招きし、寺島文庫にて講演をいただいた。

　桃井准教授の専門は北アフリカ海賊であり「16世紀から19世紀初頭の北アフリカ海賊」をテーマに近代国際秩序の形成まで幅広いお話を伺うことができた。

　16世紀頃の地中海では、大きく分けるとスペイン帝国とオスマン帝国という2つの帝国が向かい合っていた。1492年にスペインがグラナダを支配し、レコンキスタ（再征服）を完成させると、それに伴い、イベリア半島を追われたイスラーム教徒やユダヤ教徒などが北アフリカに移住をし

ていった。スペインを追い出されたことによる復讐心から略奪を行う者も
おり、それが北アフリカ海賊の始まりとなった。

　倭寇は貿易商人という面を持っていたが、北アフリカの海賊は単純な略
奪者である。スペインは海賊の鎮圧のために艦隊を派遣し、北アフリカの
港であるオラン、ベジャイア、アルジェなどを攻撃し、砦を建設すること
で海賊を封じ込めた。その後、オスマン帝国から新たに海賊がやってく
る。特に有名なのがエーゲ海レスボス島生まれの兄弟、ウルージ
（Arrudye）とハイルッディーン（Hayreddin）である。1516年、彼らは
アルジェを征服し、ウルージはアルジェの支配者になった。ウルージは、
対立する近隣のアラブ人首長を破り、周辺地域を支配アルジェリア西部に
あるザイヤーン朝の首都トレムセンに遠征した。しかしながら、スペイン
も対抗し、1518年にスペイン新王カルロス1世（在位1516年-1556年、
なお1519年には神聖ローマ帝国の皇帝に即位しカール5世としても知ら
れる）はトレムセンに軍を派遣し、ウルージはスペイン軍に敗れて死去し
た。ウルージの死後、弟ハイルッディーンはアルジェの首長を継承したも
のの、スペインからの脅威に直面することとなった。そこで、ハイルッ
ディーンは、オスマン帝国のスルタン、セリム1世（在位1512年-20
年）に使者を送り、援軍を要請した。セリム1世はアルジェに援軍を派
遣、アルジェはオスマン帝国の属領となり、ハイルッディーンはオスマン
帝国アルジェ領総督となった。

　1534年、オスマン帝国第10代皇帝であるスレイマン1世（在位1520
年-66年）はハイルッディーンを北アフリカ総督に任命し、彼はガレー
船40隻を率い、ハフス朝チュニスを攻略した。しかし、西地中海までオ
スマン帝国が進出してくることに懸念を持ったスペインは、1535年にカー
ル5世（前述、スペイン新王カルロス1世）自ら出陣してチュニスに遠
征し、チュニスを奪い返した。

　このように、オスマン帝国とスペインの覇権争いが北アフリカをめぐっ
て展開される時代がやってきた。ハイルッディーンは援軍要請のため、再
びイスタンブールに赴いた。スレイマン1世は、ハイルッディーンをオ

スマン帝国の海軍大提督に任命し、ハイルッディーンに対して、チュニス奪回ではなく、南イタリア襲撃を指示した。これに対して、1538年、スペイン、ヴェネツィア、ローマ教皇領は神聖同盟を結成し、同年にギリシア西岸のプレヴェザでオスマン帝国軍と交戦したものの、全面対決を前に神聖同盟側の艦隊司令官であるスペインの海軍提督でジェノヴァ人のドーリアが撤退し、戦闘は終結した。そのためそれ以降もアルジェを拠点とする海賊が横行した。1541年、カール5世は大軍を率いてアルジェに遠征したものの、アルジェ沖で嵐に会い敗北した。その後の1571年、レパントの海戦でオスマン帝国艦隊と神聖同盟艦隊が戦ったものの、ここでも最終的な決着はつかなかった。

　大航海時代を経て、17世紀から18世紀には、ヨーロッパ諸国の関心が、地中海から大西洋やカリブ海、インド洋などに移っていった。オスマン帝国は、スペインと対立しているフランス、イングランド、オランダとカピチュレーションを結んだ。カピチュレーションとは、オスマン帝国のスルタンが恩恵的にヨーロッパの国々に特権を与えるというものであった。これは、オスマン帝国にとって不利な内容であったものの、ヨーロッパの国々と比較してオスマン帝国は絶対的な優位にあったため、恩恵を与えるような形となったのである。その上で北アフリカ諸領とヨーロッパ諸国の間で和平条約が締結されたが、その見返りに北アフリカ諸領はヨーロッパ諸国へ貢納を要求し、大砲や木材などを受領していた。これにより、貢納の代価としてそのヨーロッパ諸国の船舶は襲わなくなり、結果的に、北アフリカ海賊の活動は沈静化していった。

　さて、18世紀後半にアメリカ合衆国がイギリスから独立した。イギリス領であったころには、和平条約の範囲にあったので襲撃対象外であったが、独立した後には条約未締結国となり、北アフリカ海賊の攻撃対象になった。1785年、地中海を航行するアメリカ商船2隻がアルジェ領のガレー船に拿捕されたため、1795年9月、アメリカは2万1,600ドル分の銃器や船舶資材を毎年アルジェ領に貢納するという条件で、アルジェ領と和平条約を締結し、続いて1797年にはトリポリ領と和平条約を締結し

た。しかしながら、アメリカ国内でこのような関係は不適切であるという意見が増加していった。1801年5月、アメリカは条約内容を不服として、トリポリ領に対して条約を破棄して宣戦布告し艦隊を派遣した。1805年、アメリカ艦隊はトリポリ港を砲撃し、同年6月には新たな和平条約を締結した。その後、米英戦争の期間、アルジェ領はアメリカとの和平条約を破棄し、アメリカ船を拿捕した。1815年、アメリカ艦隊がアルジェに遠征し、アメリカ人の解放、和平条約の締結、貢納の廃止、アルジェ領による賠償金の支払いを勝ち取った。この影響がヨーロッパにも及び、19世紀初頭にはイギリス退役軍人シドニー・スミスが北アフリカ海賊廃絶に向けて各国へ呼びかけをおこなっていった。

　ナポレオン戦争後の1814年から1815年、ウィーン会議が開催され、これ以後の国際秩序はウィーン体制と呼ばれるようになる。ウィーン体制は、正統性主義・力の均衡・協調外交が特徴であり、その後、列強間で国際問題に関する協議が行われ、北アフリカ海賊の廃絶の決議がなされる。それまでの国際関係とは各国個別の外交関係であったが、これを機にヨーロッパ諸国が一丸となってヨーロッパの価値観を異文化の国へと問うことができるようになったのである。また、産業革命のもとでヨーロッパの周縁地域はヨーロッパ経済圏に飲み込まれ、アルジェでもそれまで生産していなかったワインのためにブドウ畑を開発するようになった。このような状況下で、1830年にフランスはアルジェを植民地支配、チュニスと条約を締結した。アルジェとチュニスは、海賊の廃絶を明言しなかったものの、実質的には消滅したのである。

第10節　規制と実体経済の狭間で発生した倭寇

　倭寇の発生は、前期倭寇においては高麗国と日本の進奉貿易の後退が背景にあり、後期倭寇においては明朝の海禁政策により貿易が限定され商人たちが密貿易に走ったことが背景にあった。特に16世紀の後期倭寇にお

いて、明朝からの視点で見ると、朝貢貿易という管理・規制の下での貿易体制を構築する一方で、銀の需要に対応した銀の流入が経済の回復・安定に果たした影響を考えると、倭寇という民間貿易は必要悪であったともいえる。つまり、明朝という国家そのものに、規制と実体経済の狭間でジレンマが存在したのである。

　1567 年に海禁が解除されて貿易が公に認められ明の治安は安定するが、寇に代表される需要と供給の変化に対応した経済が先行し、国家としての対応は経済に遅れて判断・整備されていったと言えるのではないか。

　明代は、13 世紀のモンゴル帝国・大元ウルスによる、東西ユーラシア陸路と東南アジア・インド洋までの海路による交易が開かれた時代と、17 世紀以降のモンゴル帝国の継承とも言われる大清帝国による民間自由貿易・互市の時代の間に存在し、政経分離・政冷経熱の時代といえる。それが、倭寇という海賊でもあり貿易商人でもある存在を生んだと考えられる。

第6章

華人華僑とモンゴル帝国史

本章の執筆者　光永 和弘
当時の担当者　吉中 晋吾・渡辺 光輝 など
　　　　　　　　　　（主編者をのぞく）

この章の問題意識

● モンゴル帝国が築いた東西交流は、現代の華人華僑ネットワークに至る何かしらの繋がりはあるのか
● 元・明・清それぞれの時代における漢族の海外移住の背景・特徴はいかなるものか
● 造船技術・航海術の進歩が海外移住に与えた影響はどのようなものか

世に華僑と呼び慣らわされる人々がいる。世界各地に散る中国系の人々を指す言葉であり、正確には長期滞在中の一世を華僑（overseas Chinese）、また現地に定着したものを華人（ethnic Chinese）、その子孫を華裔などと言う。前章では日系の武装貿易商人である倭寇を扱ったが、彼らは時代の推移により退潮し、江戸幕府第3代将軍徳川家光の海外渡航の禁止を度々に命令すると衰退は決定的となった。その渦中にあって存在感を示したのが華人華僑である。

世界各地で形成される華僑コミュニティのルーツとなる移住は、明朝による海禁解除後の16世紀と清代の東南アジアへの労働者移住が盛んとなった18世紀が大規模なものであった。しかしながら2つの大きな波以前の移住の歴史を辿るとルーツは8世紀唐代まで遡る。

本章では、現代華僑のルーツという位置づけで、海の交易が盛んとなった13世紀モンゴル帝国から清代に至る漢族の海外移住について考察していく。

第1節　モンゴル帝国における漢族の海外移住

アジアダイナミズム班にて2021年8月8日に実施したフィールドワークにおいて、信州大学の豊岡康史准教授はおおよそ以下のように示された。

　　元朝の最後の頃に海外の現地に行って居を構える動きがあったことから、本格的に移住者があらわれるのは元末であったと考える。それを統制したかったのが明朝の鄭和の大遠征、永楽帝時代である。その時

152

代にはすでに現地に華人が居た。統制とは、王朝による貿易の独占志向である。明代前期の鄭和の大航海の目的は貿易の統制という意図である。海外現地で民間人が勝手に貿易することは可としない。元末に移住者が存在し、明代はそれを統制し貿易を独占する動きとなった。その後の経済発展による旺盛な銀需要により民間の密貿易が活性化し、後期倭寇が発生したという流れになるのである。

　また、上田は「元代以前にも中国出身者は海を渡って定住してはいた。しかし、移民先となった現地社会を変化させるほどの規模は持っていなかった」（上田、2005、p.52）と述べている。そこで本節ではモンゴル帝国支配の元代における移住について、その背景を見ていく。

　13世紀、元朝のクビライ・カーンの時代、海の交易の発展は目覚ましいものであった。江南地域（現在の江蘇省や浙江省さらには福建省）沿岸部ではムスリム商人と連携した貿易が活性化していた。そして東南アジア・インド洋に至る貿易を通じて、福建や広東の沿岸部の漢族が海を渡り、1航海10年といわれる長い期間を、港から港へ滞在しながら貿易を営んでいたのである。港に滞在する間には、現地妻ができて子供が生まれ、現地に漢民族2世・3世としてコミュニティが形成されていったようである。

　13世紀はじめに南宋で泉州の市舶司提挙（貿易監督官）を勤めた趙汝适の記した『諸蕃志』によるものとして、斯波は「現地の港に逗留することを「住冬」とか「住蛮」という。長旅に備えてコックや大工や手工業者や芸人や俳優や知識人もついて行くし、現地女性と結婚して「土生（二世）唐人」が生まれるケースもある。ここに現代華僑のルーツがある」（斯波、1995、p.35）と述べている。また、「もっとも早い外地定住の確たる記録は、ブルネイにある蒲という姓の人の漢字の墓銘である。13世紀末のカンボジアについての風土記には、中国の水夫でこの地を気に入って34年もいつづけた人さえいると書いてある」（斯波、1995、p.35）としている。

　華南地域からの海を渡る移住について述べた一方、華北地域の漢族の海

外移住については、下記のウェザーフォードによる記述もある。

　　モンゴル政府は臣下の民、とりわけ華北の人びとに、外国の港に移住して交易拠点をつくるよう奨励した。モンゴル王朝の時代を通じ、何千人もの中国人が故郷を離れて船出し、ベトナム・カンボジア・マレー半島・ボルネオ・ジャワ・スマトラなどの臨海地域に定住する。彼らのほとんどは海運業と交易を営み、あるいは港に通じる河川を上り下りする商人として働いたが、しだいにほかの職業にも広がった（ウェザーフォード、2004 / 2019 横堀訳、p.352）。

　ここからは華南地域に限らず漢族に対して広く海外移住を奨励することで、海の交易ルートを活性化し世界海上システムへと発展させていこうという、モンゴル帝国の広い視野が背景にあることは想像できるのである。

　なお、寺島は華僑・華人という人たちが生まれたルーツについて以下のように述べている。

　　歴史的なルーツは深く、古くから中原と呼ばれる黄河中下流域で動乱が起こるたびに、そこに住んでいた漢民族は南方に逃れることを繰り返してきた。13世紀になって、異民族のモンゴル人が中原に攻め込み、中国南部に及ぶ広大な版図を得たとき、漢民族を中心にした人たちがベトナムなどの東南アジアの国々に押し出されるようにして、徐々に海外に展開していった。元はベトナムまで攻め込んだのである（寺島、2012、p.48）。

　モンゴル帝国・元代以前から華南地域の海商やその関係者を中心とした東南アジアや日本との交易や移住は存在しており、移住のルーツは8世紀の唐代にまで遡ることができることは文献研究からも明らかである。一方で、中国がモンゴル帝国支配となった時代は、華南地域の沿岸部にムスリム商人がコミュニティを形成し、中央アジアを拠点とするウイグル商人も出入りし海の交易が活性化した。その時代に、漢族も開かれた海の交易を介して東南アジアや日本への移住・定住が加速したことは、モンゴル帝国の世界視野と海と陸の交流による経済政策が影響を及ぼしていた側面があると考えるのである。

第2節　明代の海禁下における漢族の海外移住

　明の時代は、それまでのモンゴル帝国の陸と海による活発な東西交流の拓かれた時代とは反対に、内向きの閉ざされた時代と比較がなされる。その象徴といえる政策が初代皇帝の洪武帝による洪武4年（1371年）開始の海禁政策である。この間、第13代皇帝の隆慶帝による隆慶元年（1567年）に海禁が一部解除されるまでの約200年という長い海禁の時代が続いた。一方で、海禁によって海外との貿易・交流が閉ざされた訳ではない。貿易は朝貢という形で行われ、永楽帝の時代には鄭和の大航海により朝貢国の拡大が図られ、海禁が故に密貿易を担う海商である倭寇が台頭し交易はなお活発に行われていたのである。

　本節では明初から1567年の海禁解除までの、海禁下における漢族の海外移住について、5つの切り口で考察していく。

　1つ目は、前節にて述べた元代の盛んな海外交易の環境下において海外移住し、明代海禁によって戻ることが出来なくなった人々の存在である。ウェザーフォードが「大型船を燃やして中国人の外国旅行を禁止した。そして国民総生産のなかの膨大な部分を、外国人を拒んで中国人を閉じ込めておく堅固な壁（万里の長城）を築くのに費やした。こうして、できたばかりの中国政府は、東南アジアの港町に住む何千人もの同胞を置き去りにしたのだった」（ウェザーフォード、2004 / 2019 横堀訳、p.352）と述べていることからも、元代に貿易を営む目的で移住していた人々が戻ることが出来ずに定住に至ったということが分かる。

　2つ目は、朝貢貿易下における移住である。民間貿易が禁じられていた中で、朝貢貿易に携わる人々が海外へ滞在・移住していった。川崎有三によると、1405年から1433年に7回実施された鄭和の大航海の頃に、東南アジア各地に中国式の廟が建築されている（川崎、1996）。朝貢貿易を通じてそれに関わる人々の往来は多く、その中には海外の貿易拠点へ移住していた人々も存在したのだろう。だからこそ、東南アジアの各地に中国式廟が残されたと考えられる。

また1350年から1767年にかけて存続したタイのアユタヤを首都とするタイ族によるアユタヤ朝は、政府が漢人移住者即ち華僑を保護したことで知られている。斯波は以下のように述べている。

　　15世紀のはじめに鄭和に随行した馬歓・洪保・費信は、アユタヤ王城を訪れ、タイ女性のコンパニオンの接待を受けたと書いている。黄衷の『海語』にも、「（アユタヤに）ナイ街という華僑の居住区がある。…この国では姓氏をもつことがなく、（同化した）中国人ははじめは旧姓を使っているが、一、二代たつと中国姓をすてる」と、中華街の存在や混血児（タイ語のルクジン）のようすについて伝えている。十七世紀の宣教師の記述を参照した和田久徳氏は、アユタヤ郊外にあった外国人居留地のなかでも、華人街がもっとも大きく、ナイと外国人ごとの首長であり、タイ王が任じたタイの役人と協力して行政をつかさどる人物だと述べている（斯波、1995、p.49）。

　同様に上田も「アユタヤは南シナ海とベンガル湾を結ぶ要衝として発達を遂げた。さらに中国から海を渡ってきた人々が住み着き、交易をおこなっていた」（上田、2005、p.104）と述べている。

　また、永楽帝期にジャワやスマトラに華人や混血華人が居住する華人商業地区がつくられたという状況からも、朝貢貿易拡大の下における海外移住、東南アジア地域への華僑コミュニティが形成されていたことが分かるのである。

　3つ目は、陸を通じた移住である。モンゴル帝国は南宋攻略の重要拠点として雲南を攻略していた。この雲南は明朝にとっても東南アジア・チベット・インドへの接続であり、確保は地政学の面で重要な戦略であった。そして明朝の雲南攻略により、多くの漢族が雲南に住むようになり、雲南からビルマなどの海外移住に繋がっていた。

　　雲南の西部に、騰衝と呼ばれる区域がある。そこは、東アジアと南アジアを結ぶ西南シルクロードの要衝に位置していたために、明代に王朝の重点的な支配を受けることになった。明代に、南京から移住してきたとされる漢族が代々に渡って居住し、西南シルクロードに沿っ

て、ビルマなどに華僑を送り出したため、「僑郷」（華僑の故郷）と呼ばれている（上田、2005、p.129）。

　明代の14から15世紀には、朝貢貿易に連動した海を渡った移住のみならず、陸を通じた移住もあったのである。

　4つ目は、明朝の政策である里甲制からの逃亡である。明朝は元朝のような商業税を基軸とした財政ではなく、戸を単位として民を管理し徭役（労働力）と税糧（土地課税・穀物などの現物徴収）による財政を基盤とした。しかし15世紀半ばから、この里甲制による民の負担が増大していくと、負担に耐え切れずに逃亡する民が出てきたのである。逃亡する民が増えると残された民の負担はさらに増大し、極めて苛酷な構造に陥っていたのである。上田は、「次々と逃げ出した人々が向かった先は三つあり、1つは都市の雑業であり、2つ目は山地で鉱山労働者や山地開墾者として、3つ目が海に向かった」としている（上田、2005、p.181）。

　里甲制に耐え切れずに逃亡し、海へ向かった人たちが直接に海外に移住したわけではないだろう。とはいえ海商のもとで働き口を見つけたことは、次に述べる後期倭寇と繋がる可能性も考えられるのではないか。

　5つ目に、後期倭寇である。16世紀の後期倭寇は、明の海禁が生んだ武装商人による密貿易である。その背景には明の国内における旺盛な銀需要があり、中華にとっては辺境の銀産地から国内をめざすルートに多種多様な人々がむらがることになった。彼ら倭寇が東南アジアや日本との貿易を営む中で、各地に居住地・コミュニティを形成していたことは明らかである。

　　　広東・福建の漢人も交易の利益をもとめて東南アジアに発展していく。パレンバン、ボルネオ、ルソンなどに根拠をおいて倭寇の一味として活躍している海賊もその一連のもので、その目的とするところは密貿易であり、商業活動であった。これが華僑の先駆である。したがって東南アジアの各地には華僑の居留地が出現した（松村、2006、p.76）。

以上、5つの切口で明代の海禁下における移住或いは移住につながる事

実を紐解いてきたが、海禁下においても公的な朝貢、或いは非公式な交流・交易を通じた漢族の移住と漢人コミュニティの形成の足跡を確かめることができよう。

第3節　16世紀海禁解除後における明代の漢族海外移住

16世紀の明朝は、海禁政策下における密貿易である後期倭寇への対応と、大都（北京）陥落後に草原へと北帰したモンゴルとの北辺での争いとに悩まされる、いわゆる北虜南倭の時代であった。南方での民間貿易の許可による倭寇の終息と、北方でのモンゴルとの貿易による安全向上のきっかけとなったのが、1567年の海禁の一部解除である。ここで明朝はベトナム・マラッカへの西洋航路と台湾・フィリピンを経てブルネイに向かう東洋航路を対外交易路として認めた。福建の海澄県で税を納めることで、南海各地との貿易が密貿易ではなく公式な貿易となったのである。また、北方においても1570年にモンゴルと明との間での和議が成立し、場所と期間を定めての交易が開かれた。田中は「明における政策転換は、中国人の海外貿易とフィリピンをはじめとする南方諸地域への移住を容易にし、その傾向を促進した」（田中、2012、p.168）と述べており、海禁解除後に海外移住が促進されたことが分かる。

海禁が解除されたものの、日本への渡航や貿易は禁止されたままであった。そこで日本との直接の貿易ではなく、東南アジアの港において明と日本の商船が出会い取引をする形式が生まれた。このような迂回貿易による東南アジアへの移住のケースも確認することができる。上田は以下のように述べている。

> 表面上は日本との交易は禁止されていたが、東南アジアの諸港において日本の商船と中国の商船が出会い、取引を展開することまでも取り締まることはできない。これ以降日本と中国の海洋商人は、いわゆる出会い交易を組織し、ヴェトナムのホイアン、タイのアユタヤなどに

いわゆる日本人町・唐人（中国人）町が形成されるようになる。海域
社会は新たな段階にはいったのである（上田、2005、p.252）。

　また神田も「日本への渡航はなおゆるされなかったが、それは表面上だ
けであって、これから漢人の海外出航と貿易は飛躍的に発展していった」
（神田、2006、p.138）としている。日本を地盤とする海商が直接貿易が出
来ないことから、出会い貿易という迂回取引を行うこととなり、そこで日
本人や漢人がそれぞれ東南アジアにコミュニティを形成したのであった。

　海禁解除後の16世紀後半から17世紀はじめの移住について、西洋の
動きとの関連からも確認してみる。スペインは1565年にフィリピン諸島
のセブ島に拠点をつくり、以降フィリピンはアメリカとアジアを結ぶ拠点
としての植民地化が進んでいった。そして1571年にはスペイン領フィリ
ピンの拠点としてルソン島マニラに根拠地がつくられたのである。なお明
の漢人にとってもマニラは重要な拠点であった。彼らはマニラから銀を積
んで福建省の月港（現在の福建省漳州市竜海区）に向かい、帰りには明か
ら絹や陶磁器を積んでマニラに戻る貿易を営んでいた。その当時につい
て、上田は「マニラ―福建間の交易を担ったのは中国人の商人である。マ
ニラは海域世界のなかで急速に重要性を増し、多くの中国人が定住するよ
うになった」（上田、2005、p.255）と述べている。

　漢人の移住・定住はこのマニラに限らない。ポルトガルがマラッカ王国
に侵攻した際にはすでに漢人のコミュニティが存在しており、オランダが
ジャワ島を植民地支配するとやはり漢人コミュニティが形成され、さらに
はペナン、シンガポール、サイゴン、プノンペンなどにも一気に拡大して
いったのである。ヨーロッパ諸国による東南アジア地域の植民地化の動き
と漢人の移住・定住の動きについて、川崎は以下の通り述べている。

　　16世紀からはじまった植民地化の初期においては、植民都市の建設
　　とその都市における中国人コミュニティの形成がおこった。現地社会
　　をヨーロッパ勢力が支配し、中国人たちがおもに都市に居住しなが
　　ら、植民地勢力と現地社会あるいは中国との媒介者的な役割を果たし
　　ていた。（中略）この時期の特徴は中国人の媒介者的な性格が顕著に

なることである。ヨーロッパ勢力と現地住民のあいだに立って両者を媒介することが、中国人たちの役割になっていく。買弁的な性格は、現地にあって現地人ではないという中国人の曖昧な社会的性格をそのままあらわしている（川崎、1996、p.23）。

　以上のように、ヨーロッパ諸国による植民地化と連動した形で漢人の移住が加速していった。ただし加速の一方で負の側面も存在した。彼らは異邦人であって現地住民ではなく、かといって西洋から来た支配者でもない。そのような立場は甚だ不安定でもあった。そして1603年にはマニラで漢人商人約2万人が虐殺される事件が発生している。ヨーロッパ諸国からの視点では、植民地の中における華人の存在が媒介役として必要でもあり、増大し過ぎることへの懸念もあったといえるのではないだろうか。

　ここまで述べた通り、明代の海禁解除後の時代は、自らの貿易に連動した移住と、ヨーロッパ諸国による植民地化と連動した移住が加速・拡大した時期であったのである。

第4節　17世紀から19世紀における清代の漢族大量移住

　1616年に女真族のヌルハチが後金国を建国し、後を継いだ息子のホンタイジが1636年に国名を大清とし、1644年の明の滅亡を受けて、大清帝国が中国を支配するに至った。

　清代における漢族の海外移住は、1567年の海禁解除以降の貿易を目的とした移住とヨーロッパ諸国による東南アジアの植民地化と連動した移住という明代後半からの商業ベースでの移住の他に、以下に述べる3つの特徴が見られる。

　1つ目は、鄭氏による海域支配に影響された移住、2つ目は大清帝国の満洲族、即ち異民族支配を嫌った移住、3つ目は主に18世紀以降に多く見られる労働力としての移住である。

　まず1つ目の鄭氏海域支配による影響から生じた移住について考察す

る。明代後半の 1567 年に解除された海禁令は、清代に入った 1656 年に
再び発せられた。その背景には、当時の海上を支配していた鄭芝龍・鄭成
功親子の存在がある。鄭芝龍は、広東と日本を往来する貿易を行っていた
叔父の黄程のもとで働いていた。そして同じ海商である李旦と知り合う。
李旦は長崎の平戸に拠点をもち海域で勢力を誇っていた。そして鄭芝龍が
平戸の日本人・田川マツを妻とし、そこに生まれた子が後の鄭成功である。
る。李旦の死後、鄭芝龍がその船団や財産を継承した。そしてアモイを
ベースとして東シナ海は鄭芝龍の旗を立てなければ航海することができな
い程の状態となり、鄭氏は海上権を支配し莫大な利益を挙げるまでになっ
ていったのである。清朝が北から迫り沿岸諸港が陥落すると鄭芝龍は清朝
に降った。しかし子の鄭成功は抵抗を続ける。

　鄭芝龍の死後、清朝と対立していた鄭成功を封じ込める目的で発せられ
たのが 1656 年の海禁令であった。沿岸部から全ての船舶が出航できない
ようにすることで鄭氏の商売を封じ込めようとしたのである。さらに
1661 年には遷界令を発し、広東省から山東省に至る沿岸部住民を 15km
ほど内陸に移住させて沿岸部を無人化した。海上に孤立した鄭氏は、オラ
ンダ人が占領していた台湾を攻撃し、1662 年にはオランダ人を退去させ
て台湾に政権を樹立したのである。

　清朝によって封じ込められた鄭氏の勢力は清から物資を調達することが
出来なくなったことから、一部はベトナム南部へと移住して現地を統治す
る勢力となった。また、鄭氏が台湾へと拠点を移して以降に漢族による台
湾への移住が加速した。その背景として神田は「遷界令は爾来鄭氏の滅ぶ
まで二十数年のあいだ実施されたが、生活をうばわれて困窮したのは沿岸
の住民で、かえって鄭氏につくものもあり、完全な実施はむずかしく、予
期した効果はとうていえられなかった」（神田、2006、p.209）と述べてい
る。鄭氏につくとは、即ち台湾への移住であり、上田も以下の通り述べて
いる。

　　台湾に二万五〇〇〇の将兵を率いて移った鄭成功は、康熙元年（一六
　　六二）にオランダ人が築いていたプロヴィンシア砦（赤嵌城）を攻略

し、ゼーランディア城（台湾城）を包囲し、オランダ人勢力を台湾から撤退させた。台湾を勢力下に置いた鄭は、官僚機構を整え、開発を進めるために福建や広東から移民を募った。遷界令で行き場を失っていた人々の多くが、この募集に応じて台湾に渡っている（上田、2005、p.302）。

　鄭氏が清朝によって完全に鎮圧され、台湾を清朝が統治する 1683 年には台湾の移住者は 10 万にまで至った。なお遷界令は 1681 年に解除され、1684 年には再び民間貿易を認める展開令が発せられるのである。

　2 つ目の異民族である満洲族支配を嫌た移住について見ていく。このような人々が存在したことは、寺島が「より決定的に華僑・華人が増えた理由は、一七世紀に漢民族が支配する明が倒れ、満洲族が中国本土を制圧して清が生まれ、それを嫌った漢民族たちが大量に海外に渡らざるをえなくなったからである」（寺島、2012、p.49）「異民族によって、中国の中核を占めていたはずの漢民族の人たちが圧迫されたことが、海外に出る契機となっていて、結果として華僑・華人には圧倒的に漢民族が多いという現実につながっている」（寺島、2012、p.50）と述べていることからも理解できる。

　清代の 18 世紀半ばは好景気であり、東南アジアから大量に物産を輸入していた。そして清における物産需要を充足する為に東南アジア現地の労働力に不足が生じると、追加の労働力として漢族が東南アジア各地に移住する動きとなったのである。その移住者のはじまりが満洲族支配を嫌って海外に渡った漢族であることについて、上田も以下の通り述べている。

　　東南アジアの中国系労働者というと、アヘン戦争後に西洋人が経営するプランテーションで働くクーリ（苦力）が有名である。しかし、一八世紀にはすでに労働者としての移民が渡り、地歩を築いていたのである。その先駆者としては、明朝から清朝への王朝交代期に、満州族の支配をきらって海外に逃れた人々がいる。彼らは明の遺民などとも呼ばれるが、労働者として移住先で定住するものも少なくなかった。現在のヴェトナム南部、コーチシナと呼ばれるメコン川のデルタ地域

　には、多くの広東人が入植し、開拓に努めた（上田、2005、p.358）。
　満洲族支配に不満をもつ人々はベトナム南部の他にも、インドシナ半島やカンボジア南部にも移住した。漢族の大きな勢力がこの時期に形成されたといわれている。異民族である満洲族による支配への不満に、好景気による労働力需要が重なり、沿岸部の人々を海外へと後押しする力が働いたといえるのではないだろうか。

　3つ目の労働力としての移住は、アヘン戦争前と戦後に区分される。アヘン戦争前の労働力としての移住は主として前述の清国内の好景気による東南アジアの物資需要そして物資生産の労働力不足による漢族の移住者増加に求められる。この移住者たちは東南アジア各地の支配者と結びつきながら清に向けた物産の生産にあたっていたのである。

　1840年発生のアヘン戦争より後は、安価な労働力と位置付けられた移住であることが特徴である。斯波1995によると、1820年代から1920年代の100年間で中国から東南アジアへの移民は約1,000万人、そのうち定住した人は300万人程度である。19世紀はまさに大量移住の時代であり、ヨーロッパ諸国による東南アジアでの経済開発の加速による労働者需要の増大、清朝の弱体化、福建・広東の人口増加と土地不足にともなう貧困、船舶の大型化による大規模移動などが重なり合った結果といえるのではないだろうか。

　移住した人々は労働者として、ヨーロッパ人が経営する東南アジア各地のプランテーション、マレー半島の錫鉱山、タイでの鉄道建設などに従事した。ヨーロッパ諸国による植民地経営におけるアフリカからの奴隷貿易は1870年までに廃止されていったが、契約移民や契約労働者という形で苦力と呼ばれる華僑労働力を取り込んでいったのである。労働者たちは、過酷な労働や伝染病により命を落とす者もいた一方で、資金を蓄えて労働者から抜け出し、現地に店や農園を構え商売を発展させた定住者もいた。彼らが現地の人と結婚し、子孫を残した。その3世・4世が日本でイメージされる現代の華人華僑である。これらのことは、川崎、斯波、上田の記述から理解できるものである。

以上のように、清代における海外移住は明代までの商業的な移住に留まらず、世界の動きと近代化に至る過程において背景や目的が変化していったといえる。また、中世以降の漢族のコミュニティの初期形成の時期から、大量移住とコミュニティの大型化により現代の華人・華僑へと直接的に繋がる変化の時期であったことが明確に分かるのである。

第5節　元代から清代にかけての造船技術・航海術が海外移住に与えた影響

　本節では、現代華人華僑のルーツとなる元代から清代の漢族の海外移住に与えた造船技術・航海術の影響について考察する。

　斯波は華僑史を4期に分け、その第1期を8世紀から16世紀としている。海上における活動は8世紀、唐の時代に始まる。海上活動が始まったことで8世紀に中国の造船技術は高まり、それまでの主流であったアラビアのダウ船を上回る規模の船舶を作りあげた。モンゴル帝国以前、北宋の時代に造船技術は大きく発達し、ここでジャンク船が登場するのである。

　斯波によると「北宋の末に高麗にかよった「南洋」ジャンクは、官船は500トン、商船は300トンであるが、このころの中国船は羅針盤や海図や、測深器、巨大な舵、2〜3本のマスト、隔壁版を備え」（斯波、1995、p.28）たといい、当時におけるジャンク船の規模や羅針盤や海図の使用が分かる。

　モンゴル帝国の13世紀になると、海の交易が一層盛んになると共に、日本攻略の元寇とジャワ遠征に失敗したことから造船技術がむしろ進化していった。杉山は「中国からインドまでの海域はこの時代、急速に大元ウルス艦隊の海となった。中国沿岸からのジャンクが洋上を航行した。インドから西はイラン・アラブのダウ船（インド洋を航海した小型船。一本マストに三角帆を特徴とする。側板は使わず、ヤシの繊維で縫い固めた）が往来し、フレグ・ウルスの権威がこれを覆った」（杉山、1996、p.143）と

し、中国沿岸部から南シナ海、インド洋に及ぶ海域はモンゴル帝国が交易の覇権を握りジャンク船が往来していたことが分かるのである。また田村は、以下の通り述べている。

　　南宋から元代にかけて、インド洋、ペルシア湾方面に航行した中国の大型船は、幅広くほとんど四角形をなし、五、六十から百くらいの船室があって、乗組員は四百人から七百人、なかには一千人におよぶものもあった。（中略）マルコ・ポーロがイタリアへ帰国するとき乗船した船は、四本マストのりっぱな帆船で、甲板は一層であるが船室は六十室をそなえ（中略）当時のヨーロッパの商船よりも、はるかに大きく頑丈であったことがわかる（田村、2000、p.225）。

　元代においてジャンク船が大型化したことで貿易における輸送量が増大し、域内の経済的な繁栄が貿易に携わる人々の東南アジアの港町への長期滞在・移住につながっていったことが見えるのである。

　ジャンク船進歩の背景については、ウェザーフォードの記述から理解することができる。

　　モンゴル人は日本とジャワの侵攻に失敗したことにより、造船について多く学んだ。軍事的に失態を演じると、彼らはその知識を平和的な交易に転じた。（中略）中国からの帰路、ペルシアまで船を利用したマルコ・ポーロは、モンゴルの船を描写して、大きな四本マストのジャンクで、乗組員は三百人、さまざまな商品を運ぶ商人のために六十もの船室があると記している。クビライ・ハンは、重い船荷を運ぶさらに大型の遠洋航海ジャンクや、それらの船が停泊できる港の建造を推進した。モンゴル人は航海用羅針盤の使い方を改良し、従来のより正確な海図を作製した（ウェザーフォード、2004 / 2019 横堀訳、p.351）。

　さらにアブー＝ルゴドも「宋代と元代を通して、中国の船舶は他のどの国のものよりも大きく、航海に適していた」（アブー＝ルゴド、1989 / 2001 佐藤ほか訳、p.138）と言う。これらの記述からも、ジャンク船の大型化という造船技術の進歩と、羅針盤・海図といった航海術の普及が元代

の貿易の拡大、移住の加速にも連動していったことが分かるのである。

　明代に入ると、海禁により民間貿易は停止し、朝貢貿易となることでモンゴル帝国時代の盛んな海の交易から、ある種閉ざされた時代になっていく。しかしながら、明代における造船技術・航海術は、鄭和の大航海の期間に進歩したといえる。鄭和の大航海は皇帝・永楽帝の時代、1405年・1407年・1409年・1413年・1417年・1421年・1430年の計7回の大航海が東南アジアの朝貢国を増やす目的で実施された。この大規模な航海を敢行するにあたり、荷見は「永楽帝は即位後、すぐに造船を大規模に進め、南京での宝船廠においては大船の建造を始めた。これが宝船であり鄭和の艦隊の母船となるもので、一九七五年五月、宝船廠から長さ約十一メートルの舵軸が発見されたことでかなりの大型船が建造されたことが分かる」（荷見、2016、p.90）としている。ジャンク船のさらなる大型化が為されたのである。

　また上田2005は、鄭和が乗る宝船の造形に関して、史書は長さ125.6メートル、幅50.9メートル、最大排水量は14,800トン、積載量700トン前後で、3本の主マストと3本の補助マストとしており、1世紀後のコロンブスのサンタマリア号の5倍の規模であり、15世紀においては最大規模であったと述べている。明朝は永楽帝の時代に多額な投資をして、大型化を図ったのである。大型化により輸送規模が増大したことが民間にも記憶され、明代後半の海禁解除後の漢族の海外移住者増加に影響を及ぼしたのかもしれない。

　しかしながら、西洋との比較においては、かつてモンゴル帝国時代には先行していた造船技術が、明代の鄭和の大航海以降は大型船の禁止により造船技術・知識は停滞し落後していくのである。杉山が「モンゴル時代には、すでに五〇〇トン級の船までも建造していたにもかかわらず、大型船はすべて禁止され、海洋に関する知識・技術・伝統・視野、さらには意欲までもが、急速に失われた。そうしている間に、西欧は、モンゴル時代に東方から学んだり摂取した航海術と火器を、一気に進歩させた。一五世紀はじめから一六世紀初めの、わずか一世紀のことである」（杉山、1996、

p.234）と述べている通り、この時代に起きた西洋との差が、後の大航海時代から産業革命にいたる造船技術・航海術のさらなる差が生まれることにも影響があったのではないだろうか。

　清代には、それまでの貿易を目的とした商業的移住に比し、1830年以降は労働力としての移住が一気に増大し、大量出国の時代を迎える。この大量出国を造船技術の面から加速させたのが、1850年代からの蒸気船の登場である。蒸気船により、さらなる船舶の大型化と高速化が実現し移動が容易になったのである。斯波によると、1820年代から1920年代の100年間における中国から東南アジアへの移住は1,000万人、うち定住者は300万人であり、1870年頃からの華僑出国の加速度的な増加は、蒸気船の定期就航と条約港の開港と関わっているという。また、斯波は、以下のように述べている。

　　一八五〇年に欧米の二本のマストの快速帆船が登場すると、ジャンクは衰えはじめた。民間蒸気船としては四五年にイギリスの郵船が香港に達し、海運国のタイは五〇年から早くもタイ製の汽船をつくりはじめた。（中略）欧米汽船の定期就航と頻度の増加（週一便）は一八六〇～七〇年代に進んで、移民の九五パーセントは帆船でなく汽船で渡った。当然に移民サイズはふえ、運賃も競争のため八ドル→一ドル→五〇セントと下った（斯波、1995、p.140）。

　ヨーロッパ人が東南アジアで経営するプランテーションをはじめとする労働力需要と、蒸気船の登場による輸送量と輸送頻度の大幅な増大が相まって、大量移住を加速させたのであった。

　元代13世紀から清代19世紀に至るまでの造船技術と航海術の進歩が、人や物資の輸送を増大させ、そのことが漢族の海外移住、華僑ネットワークの拡がりを加速させた一側面となったのである。

第6節　現代の華人華僑ネットワークにつながる歴史的背景

　本章にて、モンゴル帝国から清代に至る漢族の海外移住について時代ごとの特徴を考察してきた。モンゴル帝国による東西交流が陸路に留まることなく、海路を拓きグローバルな交流を果たしたことが、14世紀に東南アジア各国に漢族のコミュニティが形成されたことの要因であり、華人華僑ネットワークの初期的形成に寄与したのであった。

　そして明代の海禁下においても漢族の移住は継続性を保ち、海禁解除後には移住は増加していき各地のコミュニティは拡大した。さらに清代には西欧諸国による東南アジアの植民地化と連動する形で大量移住を生んだ。なお元代から清代に至る移住者増加の背景には船舶技術や航海術の進歩が連動していた。

　本章のまとめとして、歴史的背景が現代の華人華僑ネットワークにどのようにつながっているのか筆者の見解を3点述べる。

　1点目は海域民としての意識である。中国華南地域の沿岸部の漢族の人々は、中世から近現代に至るまで、内陸部ではなく、シナ海からインド洋に至る、広く海を見た海域民としての意識・行動から海外に出ていくことに繋がっていたといえる。

　2点目はコミュニティ形成である。海外へと出て行った漢族は、元代から清代に至る歴史の変遷において、各地域でコミュニティを形成し、世界のネットワークへと必然的に発展・拡大していったのである。

　3点目は世界システムである。モンゴル帝国による交通網の整備および海と陸の東西交流に、漢族の海外移住と現代の華人華僑ネットワークに繋がるルーツがあると考えるのである。

第 7 章

モンゴル帝国のユーラシア興隆史

本章の執筆者　越田 辰宏

●従来の世界史とグローバル・ヒストリーの違いは何か
●東西の異なる世界観の中で現代を生きる時代認識とは何か
●なぜ、漢民族ではないモンゴル族が中華王朝を受け継ぐことができたのか

第1節　モンゴル帝国史の視点からみた新しい世界史

第1項　ヨーロッパ主導の世界史の限界

　山川出版社の世界史教科書では、世界の一体化に関して、かつて次のように教えていた。すなわち「ヨーロッパ人による地理上の発見は、アジア・アフリカ・アメリカをヨーロッパと緊密にむすびつけ、ヨーロッパ主導による“世界の一体化”の糸口となった」（村川他、1992、p165）である。15世紀から16世紀にかけてのヨーロッパ人による植民地主義的な海外進出「大航海時代」についての記述にあたる。

　古代の「帝国」が崩壊した後、中世における東西世界は、それぞれ独特の特徴を持つ地域・国家が孤立して存在していたわけではない。東西の各地域は、軍事力や商業ネットワークなどを通じて結びついて交流を広げていた。大航海時代より先駆けの13世紀から14世紀の中世の世界史は、どのような地域的・宗教的なつながりが展開されていたのだろうか。

　13世紀から14世紀の世界は、モンゴル帝国が東西世界に勢力を拡大し、世界を凌駕していた時代であった。東側の世界において、モンゴル帝国は、半島の高麗を服属（1259年）させ、その後、中国王朝南宋を滅亡（1279年）させた。日本の鎌倉幕府に対しては、2度の「蒙古襲来」（1274年文永の役、1281年弘安の役）で大打撃を与えて幕府を震撼させた。一方、西側の世界において、モンゴル帝国は、モスクワを占領（1237年）し、ワールシュタットの戦い（1241年）では、ドイツ・ポーランド連合軍を撃破した。中東地域では、バグダッドを占領してアッバース朝を滅ぼし、イランに支配権を確立した。このようにモンゴル帝国は、世界的規模

の領土拡張によって、西洋と東洋を繋ぐ世界の一体化に向けた道標を拓いた。

さきに紹介した世界史教科書にある「世界の一体化の糸口」という意味を改めて考えてみると、ヨーロッパ主導の大航海時代よりも約200年早い時期に、陸の帝国モンゴルによる東西世界との交流（アジア・ユーラシア・ダイナミズム）の事実を目の当たりにすることができる。一方、これまでの日本の世界史教科書をみると、モンゴル帝国についての歴史的記述は、ヨーロッパと同じような積極的な歴史評価というよりは、比較的日陰の歴史的評価を呈している。このような評価の背景には、どのような歴史的事情が存在するのだろうか。

世界史教科書から教え込まれた史実は誰がどのような意識で作成したのか、深く意識を傾け批判的思考をもって背景を読み解こうとする姿勢が必要であろう。モンゴル帝国はかつて世界の中心的存在であった時代が存在した。一方で、現在のモンゴル国はロシアと中国に挟まれ難しい立場にある。モンゴルは、歴史を通した立ち位置から見れば、世界史の中で興隆と衰退の両方の立場を経験する希有な存在であり、歴史を相対評価できる触媒のような役割を担うことができる国家であると思われる。しかも、古くから日本との歴史的つながりも少なくなく、地政学的な視点からも、歴史的視点からも、現在と将来のアジアと日本のあり方を考える研究意義は大きい。

モンゴルの歴史的経験は、グローバル時代という現在の経済社会において「経営組織」、「人的資源管理（人材育成）」、「キャリア教育」などを研究対象にする中で、組織のダイバーシティ、リーダーシップ、キャリア教育推進の「社会人基礎力」、「基礎的・汎用的能力」などにおいても有用な教育教材となるだろう。モンゴルが持つ歴史研究の重要性について、寺島（2018、p.102）は、「なぜ少数民族のモンゴルがユーラシアを支配できたのか、なぜユーラシアを席巻する勢いで台頭した栄光のモンゴル帝国は衰亡し、世界にその残滓さえ残していないのかを考えたい」と述べている。この問題提起は、単に帝国興亡史の歴史検証を示唆するものではない。か

つてユーラシア世界の歴史を突き動かし、栄光を誇示したモンゴル帝国が、現代史において埋没されなければならない理由や背景を明らかにするためには、中華帝国などの多様な世界との相対評価の視点の中から、実像を浮き彫りにし、歴史の中で埋もれていた痕跡を分析・研究していく必要があろう。このようなモンゴル帝国の光と影を多方面から分析し明らかにしていくことは、複雑で不条理な現代社会を生き抜くための「生き方」、「働き方」の示唆となる。過去の「進んだヨーロッパ」と「後れたアジア」というイメージは、これまで公然の歴史の見方として、高度経済成長期までの日本人の潜在意識の中に擦り込まれ、歪められてきたものではなかろうか。一方で、18世紀半ばまでの世界経済は、ヨーロッパよりもアジアが経済的に発展しているという見方がある。現在の世界経済の勢いは、再びアジアの側に傾斜しており、逆転の様相を呈しているようにも思われる。

　現代の世界は、近代と現代における時代の勝者・強国を中心とした世界観で出来上がっている。このように世界の歴史の現実を捉えていくと、誰のための世界史として作られてきたかということに気付く。また、同時に、国民国家とグローバル化が並存・競争し合う不確実性が高い現在の社会を読み解くためには、果たして世界の強国・覇権国を中心とする世界の視界だけで社会の本質を捉えることは十分ではないように思われる。大きな世界的社会変動の下、経済のグローバル化・ボーダレス化（経済活動の一体化）、IT化、価値観の多様化によって、経済環境・社会環境・組織環境・雇用環境の変化が加速化・高度化している現在の状況下では、大国・大企業中心の思考だけでは十分に機能しない。様々な異なる発想や意見の健全なぶつかり合いを互いに尊重し、受容する多様性を受け容れることでイノベーションが起こりやすくなることを踏まえると、広く人材を活用することで生産性を高めようとするマネジメントに取り組む組織・企業が増加しているのもその現れである。

　かつて、中世の時代に、モンゴル帝国は多様性とその受容（Diversity & Inclusion）をもって、平和共存と経済・経営重視の時代へシフトして

きた。それが、モンゴル帝国の興隆を展開の原動力であった。中国の歴史について、平野（2018、p.27）は、「中国 5000 年」という表現が文明の歴史としてであって、国家の歴史をめぐる認識とはいえず個別の帝国の興亡史のすべてをつなげるのも、日本の「東洋史」を参考にした歴史観であったと述べている。モンゴル帝国史を触媒にして中華帝国の統治を捉えると、どのような側面が見えるのか考察してゆく。

第２項　歴史を学ぶことの意味

　歴史を学ぶことの意味とその社会的意義について考えてみたい。英国の歴史家・外交官の E.H カー（1962 p.184）は、「歴史は、未来と現代と過去との対話である」と述べている。また、「将来の出来事をあらかじめ知ろうと思えば、過去に目を向けよ」と力説したのは、政治思想家マキャベリである。あるいは歴史は我々の未来を照らす鏡であり、歴史は繰り返されるといわれるものでもあろう。そう考えると、歴史の使命は、古書記録の堆積物ではなく、時代を生き抜く叡智であり武器になると考えられる。そもそも歴史は、自国の立場を正当化する「武器」として威力を発揮してきた。例えば、中国文明の歴史は、「統治」の正統性をいかにして獲得するかの歴史でもあった。どの時代の天下でも天命を受けた天子（皇帝）が必ず一人いて、その天子だけが天下を統治する権限を持つとイメージされてきた。天変地異が起こるのは、皇帝の「徳」の下降と連動しており、天が皇帝に不満であることを示したと解釈される。「徳」というのは、道徳や倫理であるとともに、ある意味で能力やエネルギーでもある。複数の異なる地域世界の実情や歴史観を捉える意識が整って初めて、歴史を学ぶことの本当の意味や意義を理解することができるだろう。

　現代社会は、グローバリズムと宗教・民族・国家の意思が複雑に交錯する時代といわれている。その一方で、米国中心に世界が一元化されたグローバル資本主義の時代ともいわれている。人間が必要とする歴史は、時代と共に変化する。為政者の都合による歴史の書替や抹消は、歴史の常である。それでも、歴史の不合理・不条理を呑込み、史実の真実を捉えるた

めには、複数世界の史実を立体的につないで思考を深める時代認識の研鑽が必要になる。複数世界が並存していた「近代史以前」の時代と、世界が一元化されていった「近現代」の時代との間には、歴史に対する、ものの捉え方、歴史認識、編集方法が異なったものでなければならない。時間軸の幅を広げて歴史を捉えると、僅か150年（19世紀後半から現在までの近現代）という欧米中心の視座のみでは、地球規模又は東アジア世界の本質的問題の所在や課題発見・解決に導く手掛かりとして十分とはいえないと思われる。近現代時代の覇権「欧米世界」と、近現代以前のアジア地域の覇権「中華帝国」の双方の歴史を踏まえた分析は、未来の営みを考える上で、重要な素材提供になるものと思われる。

　また、現代社会は「国民国家」の時代でもある。「国家」や「国民」は19世紀から始まった新しい観念である。国民国家は、18世紀末のアメリカ独立やフランス革命を契機に発生し、19世紀の帝国主義時代に世界中に広まった。国民国家は、「領土」という観念を持ち、領土に住む人は、全て自国民であるということが前提にある。辛亥革命後の1912年誕生の中華民国は、欧米列強の帝国主義の政体を模倣した。中国は、かつて外国君主が中国皇帝に朝貢し敬意を表した際、中国皇帝が外国君主に地位承認を与えた関係（「朝貢と冊封」に基づく外交関係）を、西洋の「宗主国と保護領」との関係に読み替えた。しかし、中華帝国の「朝貢と冊封」関係は、帝国主義時代の西洋植民地政策としての「宗主国と保護国」関係とは、歴史的背景や内容が異なる。こうした歴史の解釈は、歴史の見方や見せ方次第で、過去に中国皇帝と外交関係があった近隣の国家を、自国領とも読める論理につながるとの見方もできると思われる。

　人間の集団には、本来、実体というものがない。どのような帰属意識も流動的であり、いずれも不変的な実態を持たないことを歴史は物語っている。国民・民族・部族・氏族・家族それぞれの構成員である個人は流動的な存在である。人間の集団とは、いずれも観念上のもので、何かに属していると思っているにすぎない。どの時代のアイデンティティか、どの状況下でのアイデンティティかということに留意しなければならない。国民国

家は、こうした流動的性質を持つ集団の集合体であり、自国の国史を持ち出し、自国の立場の方に正統性や理があると主張する。そのような状況において、共有可能な歴史を持つことができるとすれば、対立は「お互い様」といった選択肢を模索することも可能となる。文化の違いを超え、多数の人を説得できる共有性や親和性の道も開くことができる。このような過程においては、共通利益である「和して同ぜず」（『論語』「子路第十三」）の姿勢を保つことが可能になる。その上で、アジア共通の世界史観の議論をできる数多くの土壌を地道に作り合えることが、現在に求められる歴史と交流の新しいあり方の一つであると考える。

　国家において、「国史」というものは、権力の正当化を使命とするものであろう。仮に「公正公平」に歴史を記述しようとすると、各国の「国史」と"折り合い"をつける程度では済まされまい。それでもなお歴史記述から国民国家の国境というものを取り払う努力が必要である。寺島は、国家の垣根を越えた共通の歴史認識を持つという難しい試みに成功した事例として、戦後におけるドイツとフランスの協力について定められた1963年独仏協力条約（エリゼ条約）による「独仏青少年交流」政策を紹介している（寺島2012a）。そこでは隣国同士にあるドイツとフランスが、積年の恨みを乗り越えてある程度の共通の歴史認識を築くことに成功し、両国の青少年800万人が、約50年間に参加・協力したのであった。こうした交流事業の価値観共有の成果は、東アジア世界の日本・中国・韓国の未来のために適用させることは可能であろうか。

　現代のネットワーク型時代への処方箋として、寺島は「覇権型世界観では、世界を捉える時代は終わったのである。全員参加型の時代となり、（中略）自分だけ自己主張を通して、他人の主張を無視できる時代でもない」、「アジアのダイナミズムを吸収し、それとの相関の中で活力を維持する構想を再構築すべき局面にある」（寺島2012b、p.208-209、p.218）と述べている。それでは、これからアジア・ユーラシアのダイナミズムといかに向き合っていくべきであろうか。田口・金（2016）は、「東アジアの『共通善』(個人の幸福と全体の幸福の同時追求）をベースに、東アジア経

済の現状を相互に認識し、その上に立って、いかなる相互関係を構築していく必要があるかを考える」という。また、ここではアリストテレスを引き、政治とは、より高邁な理想を追求し、市民にコモングッズ（共通善）を考える機会を与え、意義ある生活を提供することにあると述べている。そしてそこでは西洋文明の「民主」とアジア文明の「共生」という理念・社会的価値観の重要性を指摘する。西洋の視点からは、自由に行動ができ、経済活動も自由にできるため、社会がダイナミックに発展して豊かさを享受できる。一方、アジアの視点では、共同利用するシステムに長けていることから、共に村で生き抜いていく、共生していく、自然と人間が共生すると同時に人間が村を超え、民族を超えて共生する理念を持っている。アジアには、全員参加型の「共通善」構想を構築できるかもしれない。ここで我々は「全体をつかむ力」を身につけることによって、自分が今、どの位置にいて、全体像はどうなっているのかを考え、そして日本が世界からどう見られているのかを常に観察認識し、その上でどのように行動すべきかについて考えることが求められる。

　歴史を学ぶ意味について、山内（2014、p.312）は、具体的な形をとって現れる個々の現象や人間の行為を精細に観察することに留まらず、むしろそれらを批判的に類別し、人々の経験を客観的に生き生きと跡づけることで歴史のたどった「道」を求めることにあると述べている。成功や失敗を含めたチャレンジの「歴史」と様々なニーズを満たすサービスの「包容力」、「多様性のシナジー効果」は、歴史の世界だけでなく、ビジネスを含む現代社会においても、通じる多くのものがあるのではないか。

第３項　グローバル・ヒストリーによる視界の広がりと深まり

　新しい世界史と言われる「グローバル・ヒストリー」とは、どのような定義を持ち、従来の世界史とどのような違いがあるのかについて考えてみたい。水島（2010、p.204, p.80）によると、グローバル・ヒストリーといわれる動きが最初に登場したのは、歴史の浅い国アメリカであった。すなわち自国以外の地域の歴史に関心をもって世界史教育を行ってこなかっ

た国、アメリカにおいて生まれたのである。アメリカでは歴史を各国や各地方といった空間に分断すると異文化接触や文化衝突が可視化し難いと考え、1970年代までに大学で研究が始まった。主な内容は、①対象期間について、数世紀に及ぶ長期的歴史動向を巨視的に捉えること、②対象テーマについて、各国に限定された分析に止まらず広域に位置づけること、③ヨーロッパの歴史的役割や先進性の意味を再検討し従来重視されなかった非ヨーロッパ世界の歴史発展を俯瞰すること、④異なる地域間の相互影響を重視することなどがあるという。

　ここで留意しなければならないのは、グローバリゼーションの進行のなかでなお存在する国民国家システムである。歴史学は、国民国家システムから出発している。文化相対主義が叫ばれる中、比較する側の国家の論理だけではなく、比較する側と比較される側の双方に思いをめぐらす必要がある。自国に対する礼賛は、時に他国に対する侮辱につながることがあることに注意しなければならない。

　第2次世界大戦前の日本の歴史教育について、羽田（2011、p.23,p.29）は、①国民国家を確立させるための「国史」（日本史）、②日本が見習い追いつくべきモデルとしての「西洋史」、③西洋に対抗するために日本が先頭に立って指導すべき「東洋史」の3つに分割されていたと述べている。「世界史」という科目が、文部科学省の学習指導要領に現れるのは、戦後1951年の占領軍の民間情報教育局（CIE）の指示によるものであった。このとき戦後日本の世界史を叙述する基本的な捉え方は、①遅れた東洋と進んだ西洋という「二項対立」的な歴史空間、②前近代の複数の文化圏と近代ヨーロッパ文化圏主導による世界の一体化、③世界の諸地域を変容・再編しながらのヨーロッパ世界主導の世界一体化、といった3段階の構成内容であった。歴史教育に関して、これまで日本の高校世界史教科書は、誰を対象に作成されてきたのだろうか。教科書の内容は、世界諸地域の歴史動向を万遍なく網羅されている。日本の高校生は、世界における各時代の王朝系図・人物、遺跡・文化作品について学び、記憶することが求められている。しかし、国境を越え地球として捉えるグローバル・ネット

ワーク型社会が急速に進行しているなかで、これまでの世界史と日本史の枠組だけでは、現在の世界におけるアジアや日本の歴史的立ち位置を大局的なつながりもって理解するには不十分であったようにおもえるのである。

　近代から現代に関する日本の世界史は、明治期の近代から現在まで続く欧州中心史観 150 年の歴史である。これに対して、近代以前の東西さらには南北の諸文化が並列する世界史は 2000 年を超える。日本として東アジア世界の伝統を踏まえた行動原理や思考を読み解くためには、アジア域内の文化圏と政治圏に関する生成要因や発展要因を考察対象に入れて、現代社会の諸問題との相関の中で思考を深めていく必要がある。

　西嶋・李（2000、p.118）によると、西洋世界が世界を包摂するのは、15、16 世紀以降であり、地球上に並存していた複数世界が単一世界になるのは 19 世紀以降であると述べている。こうした歴史認識を踏まえ、羽田（2011、p.76-80）は、世界全体のデザインの基本は、「中心」としての西洋と「周辺」としての非西洋という世界観にあるとする。少なくとも近代の西洋は、世界を「ヨーロッパ」と「非ヨーロッパ」に分けて、西洋が他とは違う世界であると捉える。こうした時代において、西洋人は、唯一歴史を作り動かすことのできる特別な主体となった。その直中で誕生したウォーラーステインによる「世界システム論」の議論においても、「中核」と「周縁」という捉え方をし、世界は各地域の商品生産分業に成り立つ経済構造であると位置づけられている。そして 17 世紀においてはオランダ、18・19 世紀においては英国、20 世紀においては米国といった中核国家が、他の地域へ経済的な覇権の行使をしてきたと述べている。羽田（2011、p.67-70）は、中心と周辺の意識がナショナリズムを高揚させ、受け入れた人間集団に求心力の威力を発揮させる一方で、「自」と「他」を区別する欧州の世界観が互いの違いを強調することによって紛争の種を生み出す要因や結果に繋がっていることを指摘している。西洋の勝者の論理・価値観は、現代社会のグローバル・スタンダードとして、世界を席巻しているように見える。一方で、勝ち負けで区別された過度の勝者中心の社会は、世界の連帯意識を脆弱にし、貧困者や少数民族などの弱者切り捨

ての思考・行動を顕在化・加速化させる一面もあるように思われる。その結果として、勝者中心の西洋の論理や見方だけでは解決困難な問題が発生しているようにみえる。

　次に、東アジア世界の思想・価値観について考えてみたい。李（2016）によると、東アジア世界の理論的体系化を試みた3人は、以下のように東アジア世界を論じている。まず第一は上原専禄『日本国民の歴史』（1960）である。ここでは世界史像の基軸として、地球上の諸世界が結びついたのは大航海時代と19世紀以降とする。近代化以前の世界は、ヨーロッパ文明圏と三つの東洋文明圏（東アジア、インド、西アジア）の複数が並存していた。そして独自の歴史が並行的に展開されており、日本の歴史は、中国を中心とした東アジア世界の歴史のなかで形成されてきた。これまでの世界史はヨーロッパ人の構想した世界史であって、日本の世界史教科書もまた基本的にヨーロッパ人の思い描く世界史であった。そのため、アジアに生きる日本人のための世界史が追求されなければならないと述べている。

　また第二には西嶋・李（2000、p.266-267）として纏められた西嶋定生の「東アジア世界論」の理論である。これは1970年代に提唱された歴史理論であり、前述の上原の世界史観を踏まえて形成されている。そして現在の中国や半島、日本、ベトナムといった地域では東アジア世界の共通指標となる文化的要素が中国王朝の政治権力・権威を媒介して文化的現象を拡延しているとする。その上で文化圏と政治圏の異なる原理一体となった自己完結的な世界を「東アジア世界」（東アジア冊封体制）と呼んでいる。ここでは東アジア世界における「文化圏」とは、文化を伝播させた政治的な構造があって初めて形成されたと見るところに特徴があるという。

　そして第三の壇上（2016、p.130）は、前述の西嶋の冊封論を含む多重の「華夷秩序」を包含した天下統治の根拠として「天朝体制」（天命を受けて天下を統治する天子そして朝廷による体制）理論を展開する。ここで広義の華夷秩序として、君臣関係の朝貢（冊封）、盟約（宗法秩序、父子・兄弟等の擬制的家族関係）、互市（黙認下での国際交易）の三種類の

関係と整理する。この天朝体制では、中国国内では絶対権力者たる「皇帝」を、周辺諸国との間では有徳者たる「天子」を天下の主として正当化してきた。こうした体制下で求められた儒学の論理は、「家族愛」を順次拡大し、天下を一つの家族として争いを無くし、天下が安定するという。いわば「家族秩序」が天下秩序に拡大する家族国家を描いている。大天下と小天下による天下概念を媒介に、有機的にゆるやか（ファジー）に連結した構造が、東アジアの国際政治システムの特徴であるとする指摘は示唆的である。さらに、岡本（2016、p.207）によれば、20世紀の中国のイデオロギー体制における思考・論理・行動は、転変の繰り返しであったものの、中国の言動や根底で生き続ける社会構造の本質は変わっていないという。中国の論理を辿るためには、知の源泉となる思考法や体系を把握することが必要になると思われる。

　次の表4「東西世界の文化文明的特徴」は、西洋世界（キリスト教）と東アジア世界（儒教）について、東西世界の基本的特徴を示したものである。大きな傾向としては、神と悪魔の二元論を説くキリスト教に対して、儒教は「中庸」を徳目としていることがあげられる。

表4　東西世界の文化文明的特徴

	西洋世界（キリスト教）	東アジア世界（儒教）
文明観	■「中心」と「未開」	■「中華」と「夷狄」（「礼」の違いで判断）
世界観	■非対称で二項対立 （中心は西洋、周辺は非西洋）	■漢字文化圏と政治圏（冊封体制）という異なる原理の一体化
性格	■自と他との区分（違いを強調） 　勝ち負けで区別 ■民主	■有機的にゆるやか（ファジー）に連結 ■共生
宗教・規範	■神と悪魔の「二元論」 （キリスト教）	■「中庸」を徳目（儒教）
問題解決	■論理とパワー	■儒教論理の家族秩序

本章筆者作成

　東アジア世界の日中・日韓の相互不信は、近代以降の欧米中心の世界史・歴史観、価値観等だけでは解決が困難な要因を多く含んでいるように思われる。ここでは近代以前の東アジア世界の価値観・行動様式の重層的視界の獲得、特に東アジア世界の文化圏と政治圏との一体性を踏まえた行動原理の分析が必要と思われる。世界の中の日本の歴史を考えてみると、日本史は日本列島の中だけで集約・包含されるものではなく、古代から大陸の歴史と関係して形成・展開してきたことが理解できる。こうした文脈の中で、問題解決のために学ぶべき対象は、東アジア世界の歴史観及び世界観のなかにあるようにも思われる。

　中国や韓国と共通の文脈の中で東アジア世界を語り現代にふさわしい歴史認識を見据えるためには、現在に立ち位置を置き、現在における矛盾の本質となるものを追い求めていく作業が必要と感じる。こうした歴史空間の中で、古代から近世までの長い期間は、日本を包含する東アジア世界における行動原理や論理との相関関係の中で多くの示唆を提供しているように思われる。

　こうした中で、日本の歴史教育は、さらに考慮する必要性があるように思われる。高校で歴史の学習を終えた者にとって、歴史教科書は、常に正しい存在であって、試験のために覚えるものという意識をもっているのではないだろうか。複数の学説を比較検討し、疑問を持つ学習方法は必要ないのだろうか。現実社会は、混沌として複雑で理解しにくいにも関わらず、あらゆる場面ですぐわかる図式を求める傾向にある。正解か間違いかといったデジタル思考や善悪二元論のものの見方では、解決可能な範囲があまり広まらないのではないか。企業やビジネスパーソンが、アジア地域においてビジネスで成功するには、どのような素養や能力が必要であろうか。田口、金（2018、p.35,p.61）は、次のように述べている。

　　まずは、アジア企業情報の収集・分析・発信力、アジア消費者ニーズの把握、アジア戦略やアジアビジネスモデルの策定力、アジア政治・経済・文化の理解力、アジア近現代史などの歴史観である。次にこれらの情報・知識・スキル・観点を繋ぎ合わせて体系化し、「アジア・

マインド」や「アジア・センス」を磨くべきである。そして最後は、アジアの企業やビジネスパーソンが持っている「日本の知恵」を引き出し、これを日本の企業やビジネスパーソンが持っている「日本の知恵」と結びつける、もしくは融合させる地政学的知恵が求められる。アジア・ユーラシアダイナミズムのトレンドや世界潮流を捉え、北東アジア経済圏の地政学的優位性を見極めるには、時代と並走する意思、世界を見る目、歴史に関する見識、文化に対する造詣などが求められる。また、アジア・ユーラシアダイナミズム時代を創造するという視点から俯瞰力・構想力・戦略力が求められる。

　次の図2「グローバル・ヒストリーの歴史認識の視界」は、欧米中心の世界史と東アジアにおいて、日本史が持つ価値観とを対比させたものである。歴史の捉え方に対する新たな視界の模索が生まれた背景は、歴史の個別化から距離を置き全体的なあり方について大きな見通しを得たいとする現れである。しかし、日本の歴史研究は、基礎研究としての一国史若しくは一国の中の一地域に関する研究が多いように思われる。

新しい歴史観 →

	中世・近世	近世（江戸期）	近代（明治~昭和戦前）	現代（戦後）	展望
日本史（東洋史観） 価値観：共生、多神教、中庸、プロジェクトリーダー、循環経済	●拡大社会 ー競争、勝敗 ●銀経済 ー世界の3割 ー国家統一	●縮小（縮み）社会 ー産業育成（内需拡大） ー鎖国政策：自立と自覚の過程 ー漢意から大和心 ●銀の枯渇（国際競争敗退） ー自国生産へ転換→「自立」へ ー農業・手工業発達、交通整備	●拡大社会 ー西洋の価値観：一神教（善悪、精神と物、勝敗） ー帝国主義と国家主義 ●アジア蔑視（日清戦争） ー劣等感から優越感	●米国崇拝 ー科学根拠 ー数量評価 ●歴史認識 ー日中、日韓の構造変化	展望 ■東アジアで生きる日本人のための世界史 ●東洋的な見方（足元からの国際交流）
世界史（西洋史観） 価値観：民主、一神教、善悪二択、勝ち負け、リーダーシップ、競争経済	●中国冊封（華夷秩序）　→　周辺地域（朝鮮、琉球、南越等） ー欧州に蔑視意識　→　中国文化の威信（孔子哲学、装飾） ー平和産業の比較優位（絹、陶磁器、茶）			●中国の夢・中華民族復興 ●グローバル化（カネと宗教）	
			●儒教文明の完敗		
	16世紀 ●大航海時代 ●第1次グローバリゼーション ー布教と植民地	●17c:オランダの時代 ー近代合理主義、自由裁量 ー米国DNA（連邦、寛容性） ープロテスタンティズム（資本主義の精神的支柱） ●18c:第2次グローバリゼーション ー産業革命、市民革命	帝国主義・植民地化 ー近代化 ー西洋のアジア進出		

新しい世界観 ↓

本章筆者作成

図2　グローバル・ヒストリーの歴史認識の視界

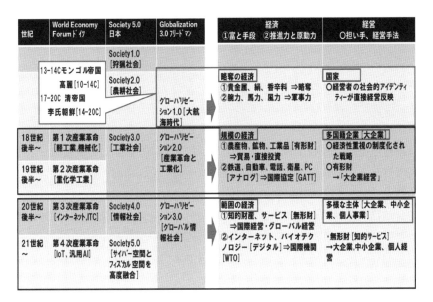

本章筆者作成

図3　グローバル・ヒストリーからみた経済と経営

　現代世界を眺めるときにグローバル・ヒストリーの目で変化する人間模様と現代の国際関係をみることは、今後の日本に益々求められる資質であろう。歴史を知覚し確認するためには、疑問意識やこだわりを持ち、物事の事象を相対化する眼を養う必要性がある。自ら直接に歴史資料を追試する姿勢と意欲の力を持つことが求められる。

第2節　中華帝国とモンゴル帝国 ── 民族と政治 ──

　ここでの問題意識として、なぜ少数民族のモンゴルがアジア・ヨーロッパを支配することができたのか、なぜ漢族以外の遊牧民が中国王朝の地位を受け継ぐことができたのか、現在の中国が「中華民族の偉大な復興」を中心概念に掲げる背景にはどのような事情があるのか、などについて分

析・検討を行うこととする。

第1項　中国王朝の統治システム

　東アジアの地域概念について、後述の論説では「漢字文化圏」とそれを形成させた中国皇帝を中心とする「政治圏」とが一体となった自己完結的な世界としている。漢字文化圏とは、漢字を媒介にして儒教（儒教国教化は漢代以降）、漢訳仏教、律令といった中国に起源する文化を受容した地域である。その基本型は、隋・唐以前の前漢の時代に揃っていた。また政治圏とは、中国皇帝を中心として形成された国際秩序が及んだ地域である。漢代以降、周辺諸国や民族の首長に中国の爵位や官職を与えて形成された秩序構造は「冊封体制」と呼ばれている。中国皇帝と周辺国首長との君臣関係・政治構造という政治秩序（冊封体制）が、文化圏形成の原動力となり、近代にいたるまで維持されていた。古代の朝鮮と日本とベトナムにおいては、東アジアの他の地域に比べて中国文明の積極的な受容が見られ、域内の有機的な関係が見出される。

　李（2011）によると、中国では辛亥革命によって皇帝制度が消滅したものの、その皇帝制度の起源と構造は日本の天皇制に大きく影響を与えた。日本の天皇制にみられる「朕、元号、権力」などの用語も中国の皇帝制度から出ている。壇上（2016、p.26,p.129-130）も、現代中国を理解するためには、伝統的な中華帝国の行動原理を追求することが必要であると述べている。ここで用いる「天朝」とは、天命を受けて天下を統治する天子の朝廷のことを指している。中華帝国は、儒教が国教化された漢代以降に、全時代を通じて現王朝のことを「天朝」と呼んでいる。儒家思想の有徳の天子を演じることで、中華帝国は、天下統治の根拠を獲得してきた。中華帝国の価値観と行動は、統一と分裂を繰り返す中において、天朝論理の正統化の中ではぐくまれたものであるといえる。「皇帝」とは、法の統治で民衆を統治したのではなく、天命を受けた有徳の天子であればこそ人々の支持を獲得し、徳治と礼治を掲げることでその身分を保障し得たのであった。漢族以外の人々が政権を獲得するためには、有徳の天子とし

てその正統性を常に世に示す必要があった。「狭義の天下」すなわち「華」（中国国内）に対しては、絶対権力者の「皇帝」として、「広義の天下」での「夷」（外縁地域）に対しては、有徳者たる「天子」として統治を行っていたのである。

　古代中国に生まれた「中華」という観念は、「夷狄」（夷）と対比されることで発展してきた。「華」と「夷」の区別は、中華王朝の対外政策の基幹として知られている。華夷の違いは、①血統の違い（元来は拠点の統治者が王族や近臣か否か、続き漢族か否かに変化）、②地域の違い（中心か外縁か）、③文化の違い（礼・義の有無）の要素を持つ。この３つの観点が中華の統治に際して時代と状況に応じて使い分けられてきた。上記①血統の違いと②地域の違いについては、家族や地域などの実体に即して形成された実体概念である。上記③文化の違いについては、礼・義の有無で華夷が定まる機能概念と位置づけられる。「易姓革命」は、天子が徳を失って天命が革まり、他姓の有徳者が天子になることである。漢族以外の人々による政権奪取は、華から夷への王朝交代となる。

　モンゴル高原に発した遊牧民の王朝は、中国支配にあたり、上記②地域の違いと③文化の違いを、巧みに論理操作することによって、夷（外縁地域）による中国支配の正統化を企図してきた。華（中国国内）の漢族が中華を統治するときには３つの基準の齟齬が起こらない。しかし、モンゴル族など中華にとって周縁の民族が中華を統治する場合は、これらの基準どおりにはいかない。彼らは上記③文化の違いを強調して中国支配を正統化する必要があったのである。多民族複合国家の宿命とは、束ねる中心理念に苦しみながら、新たな統合理念を構築することにある。多民族国家を束ねる新たな力学とは民族や地域を超えた普遍的な価値観、徳治主義と礼治主義の方針を前面に打ち出すことであった。中華帝国では有徳で礼儀を知る人物であれば漢でなくても華となり天子として中華王朝として君臨することができるのである。

　次の表５「中国王朝の天下統治システム」は、漢族以外の少数民族が中国で政権を獲得するために必要な正統性について取りまとめたものである。

表5　中国王朝の天下統治システム

	中国国内（「華」）出身者	周辺（「夷」）出身者
統治者	■絶対権力者としての「皇帝」	■有徳者たる「天子」
民族性	■漢族	■漢族以外
地域性	■中心	■外縁、周辺
文化性	■礼・義の有無 ■有徳で礼儀を知る人物であれば漢族でなくても天子となれる＝天朝論理	

本章筆者作成

　東アジアの国際政治システムは、一極・一元的な冊封体制でとらえるには無理がある。冊封（朝貢）関係を包含する「大天下」の世界観と、中国の周縁にある複数の「小天下」世界観とが、天下概念を媒介に、有機的にゆるやかに連結した政治システムであったと考えることはできまいか。

　壇上（2016、p.235,272）によると、現代の「中華民族の大家庭」とは、清代の「中外一家」の焼き直しであるという。中国本土（中）と満洲・藩部（外）を一家とするのが中外一家である。中国本土（中）の漢族と周縁（外）の満・蒙・回・蔵を合わせた五族が家族のように繋がりを持つ関係になることが中外一家であり、そしてそれが中華民族という言説の端緒でもあった。文化的にも宗教的にも言語的にも異なる諸民族を「中華民族」として大家族の中に収めるためには、中華民族の実体を証明し得る理論的根拠が必要となる。こうした背景の中で、1988年に費孝通による「中華民族多元一体構造」論が登場した。毛里（1998、p.76）によると、費の考える中華民族は、その概念が提示される20世紀初頭よりも古い時代に起源を持つとされる。中華民族は、近代国家形成時に意図的に作りだされた虚構ではなく、中国の歴史の中で民族が接触・融合して、自然発生的に形成された民族実体である。ここからみれば半島の朝鮮・韓国、外モンゴルの人々も中華民族の一部ともいえる可能性がある。そして現在の中国政府もやはり中華民族をもって多民族国家中国の正統化を目指しているのである。

　中華民族とは、しかし現実として清代の中国本土と満洲・藩部の民をイ

メージしたものである。両者を合わせた中外一家が、今日の中華民族の大家庭（狭義の天下）なのである。近年、中国政府が「中華」を強調している背景には、こうした天下構想と無縁ではあるまい。漢族ではなく、モンゴル族ではなく、これらサブカテゴリーの上位となる中華民族であることに意味がある。中華民族の大家庭とは、国内向けの民族融和を願う訴えでもある。これと並んで、2012年以来、「中華民族の偉大な復興」「中国の夢」という言葉が用いられるようになった。中国の行動原理については、中国の伝統的な行動原理を理解・認識しながら対峙する必要性を感じる。近代時代以前の東アジア世界において機能してきた「天下システム」は、現在存在していない。しかし、完全に東アジア諸国から天下概念が消滅したともいえまい。趙汀陽（2005）によると、「近代を特徴づける主権国家システムでは、戦争と紛争とを解決することができない。これを克服するためには、国家の上位にある天下を前提とした天下システムに頼らざるを得ない。天下システムという世界制度を通してのみ、民族・宗教等を超越した世界の公共心や公利を実現することができる」という。中国伝統の天下一家の観念はなお現代の国際政治に適用しようとされているようなのである。

　ここで改めて天下システムについて振り返ってみる。壇上の「天下システム」とは、大天下と小天下、又は小天下相互の関係調和を媒介する機能概念であり、中国を相対化したところから生まれた概念である。これに対して、趙の「天下システム」とは、大天下の理念によって新世界秩序を構築しようとする方法概念であり、中国主導の視点が示されている。こうした発想が近年登場してきた背景には、国際社会における中国の政治・経済的な台頭、それに伴う国家的自信や威信があろう、そこで中国独自の世界観として戦略的に提起されているものと思われる。壇上（2016、p.273）によれば、現代の中国では、中華民族の実体を証明する理論的根拠として、前述の費孝通の「多元一体構造論」と趙汀陽の「天下システム論」があり、中国中心の新たな天下観が構築される可能性もあるという。また、橋爪（2013）によれば、「中国は多民族国家・多民族社会であり、漢族以

外にも様々な民族・多様な文化を含んでいる。中国という呼び方そのもの
が新しい。中国の意味するところは、「中華」、すなわち「世界の真ん中」
という意味である。道徳・価値の規準国という意味である」という。「東
アジア」と一口に述べても日本と中国では捉え方が異なる可能性がある。
また、韓国が「東アジア地域」という概念を積極的に語り始めたのは、
1990年代であった。冷戦後の国際環境激変の中、自らの位置づけを考え
る現実・思想課題として浮上したといわれる。日本と韓国にあっても、
「東アジア」という同じ言葉を語る一方で、背景や問題意識を異にしてい
る。

　中華帝国の天下観については、古来より中国の歴代王朝は、有徳の天子
の朝廷「天朝」を演じることで、中華と夷狄とを秩序づけて、領域を天下
として統治してきた。中華帝国の行動原理の原点・本質を考えると、歴史
の時代・空間を超えて、現代、そして未来においても、その思考法が残る
可能性がある。その上で、東アジア世界の構成員としての我々は、世界観
と歴史観を踏まえた視界で「大人の関係」を築いていかなければならな
い。

　次の図4「中華帝国の統治システム」は、中華帝国を中心とした中国統
治システムについてまとめたものである。中国の伝統理念は、「漢族でな
く、モンゴル族でなく、中華民族である」ことに集約されている。こうし
た原理は、中国の政体が変化しても現代中国になお影響していることに気
付く。

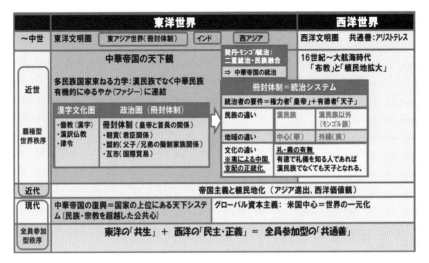

本章筆者作成

図4　中華帝国の統治システム

第2項　モンゴル帝国の統治原理

　モンゴル帝国（元）が、モンゴル高原を統一して、巨大な世界帝国を築きあげた背景には、どのような民族における社会文化の原型があったのか。916年に遼（契丹）を建国したモンゴル系の遊牧狩猟民キタイ（契丹）の耶律阿保機の歴史記録を通して考察してみたい。葉（2010）によると、「遼の太祖・耶律阿保機は、諸部族を併合し、権力を確立する過程において、略取又は帰順してきた漢人を自らの手元に置いて傘下とし、農耕その他の生産や工芸に従事させて、経済力を蓄えながら勢力拡大を図っていた。その後、漢民族の地への進出を強めると、北面と南面とを分ける二重統治体制を編成し、契丹社会には部族制、漢人社会には州県制を設け、異民族間の社会文化融和策を講じて内からの地盤の安定・強化を図った」という。契丹文字は、漢人を登用し、漢人から学ぶ中で作成された。大字と小字から成るこの契丹文字は、ウイグル文字の字母を借りて漢字化した形態をとったという。耶律阿保機は、こうした漢族の得意とする技

能・知恵を取り込み、活用し、時には二重統治制度を認め、大義名分より
も実利を追求した統治を行っていった。

　こうした契丹の思考・行動は、後のモンゴル帝国及び清王朝においても
見られる。その後、中国を支配したモンゴル族は、中国国内を自らの文化
に塗り替えていくのではなく、漢民族の優れた社会文化を吸収・融合しな
がら、必要とあれば自らも変わっていった。こうした変容の経緯や行動規
範を見ると、モンゴル帝国や清王朝の統治原理の源流には、契丹の民族統
治や融合・変容の歴史に通じる流れを推測することができる。

　モンゴル帝国のユーラシア展開の軌跡は、東西世界を結びつける「移動
と交流」基点としての役割に見出すことができる。こうしたモンゴル帝国
の強みを踏まえて捉えてみると、次の3点があげられる。第1には、民
族の多様性を温存する統治にあった。モンゴル帝国は、実務能力重視によ
る多民族を登用し、多民族から多様な文化を積極的に吸収した。第2に
は、宗教な寛容にあった。モンゴル帝国は、チベット仏教、イスラム教、
ネストリウス系のキリスト教やカトリックなど多くの宗教を認めていた。
第3には、「世界はモンゴルの末裔」といわれるように、チンギスの血脈
を受け継ぐ子孫を戦略的に同族・親戚化し、モンゴルの血の権威を東西世
界の各地に広めることへの成功にあった。モンゴルの軍事戦略は、優れた
騎馬力と巧みな調略工作によって、13世紀から14世紀のキリスト教世界、
イスラム教世界、中華帝国の世界を次々と服従させていった。また、杉山
（2016、p.124）は、モンゴル帝国の強みについて「組織力と結束力」を
上げている。そして、周到すぎるほどの計画性が印象深い。外征に先立
ち、自軍に対しては、徹底した準備と意思統一、敵方に対しては、徹底し
た調査と調略工作や根回しを行った。戦う前に敵が崩れるか、自然のうち
になびくように仕向け、モンゴル遠征軍が示威のみで進出できるようにし
たのである。モンゴルは、チンギス・カーンの時代から戦闘を避ける軍隊
であった。世に言う大量虐殺や恐怖の無敵軍団のイメージは、モンゴル自
身が演出し、煽り立てた戦略であった。また、モンゴル人のウルス（国、
人々）から成るモンゴル帝国を統合できたのは、チンギス・カーンの人格

に対する尊敬と天から受けた世界征服の使命に対する信仰であったという。それ以降、モンゴル以前からの遊牧民の部族名・氏族名はおよそ消滅し、モンゴルの氏族名がこれらに代わった。モンゴルの社会組織に組み込まれ、モンゴルになったというのである。また、杉山（2003、P346-351）によると、モンゴルの長所は「共同体意識」にある。チンギス・カーンの大モンゴル国樹立後の21年間の治世は、モンゴル戦士のほとんどを引き連れた対外遠征に明け暮れた歳月であった。故郷を離れた集団生活によって、かつての寄せ集めの集団は、「モンゴル」という共通意識を育成した。300年以上にわたり攻伐を繰り返してきた遊牧民は一枚岩の組織体になったのである。チンギス治世の21年間に、モンゴルは、組織化された強大な戦力と強固な共同体意識に裏打ちされた国家へと成長した。モンゴル拡大の核心は、仲間づくりの上手さにある。モンゴルは戦わない軍隊であった。敵をなるべく作らず仲間を増やすことがモンゴル世界帝国の戦略であった。その結果、モンゴルに対する所属意識共通項として広がる人間の渦は、同心円状をなして、ユーラシア・サイズに広がっていったという。そして、モンゴル帝国は、大都・北京を明軍に占領され、後継者から天命を失い1368年に滅亡したと宣言されたわけだが、モンゴルにとってみれば、中国の地域を失っただけであった。北方への移動したモンゴル族は、なおモンゴル帝国（史上でいう「北元」）として万里の長城を境に、進軍する明朝に抵抗し防戦したため、明朝は征圧できず、明朝と北元の南北朝時代が続いたという事実がある。

　マルコ・ポーロの『東方見聞録』などから復元されたところによれば、モンゴル帝国のクビライは、大都（北京）を冬の都、上都（現在の内モンゴル自治区）を夏の都として両京制をとり、これら二つの都をつなぐ長楕円形の移動エリアの中に軍事・政治・経済の諸機能を集中させ、そこを首都圏とも呼ぶべき中核地域としていた。そしてそこが世界の東西の商人や旅行者が集まる一大商業空間として発展を遂げている。このほか運河や海路の整備などからは草原の帝国モンゴルが陸と海の巨大帝国へと脱皮していく推移を理解することができる。また、『元史』（1369年）巻7世祖本

紀の言説などから、中国の国号は、唐代までは前王朝から封ぜられた爵号に基づくのが普通であったものを、宋の太祖が任じられていた宋州の地名を国号としたのを最後として爵号を国号とすることはなくなり、様々な由来を持つ国号が制定されるようになった。モンゴルの国号は、チンギス・カーン以来、「大モンゴル国」と称していたが、クビライは1271年、中国向けの国号「大元」を発布し、正式には「大元大モンゴル国」と称した。「元」の由来には『易経』の「大いなる哉乾元、万物の資始、乃ち天を統ぶ」という一節が挙げられている。

　その後、大清帝国（清朝、1636年‐1912年）は、モンゴル帝国の正統な継承国家と称した。1206年チンギス・カーンによるモンゴル統一から1912年清朝滅亡までのモンゴルの700年ほどの歴史は、モンゴル帝国そして中華帝国として続いた。そしてその後は、帝国の冠は無くなるものの、1911年のモンゴル独立宣言から今日のモンゴル国までは、中国とソ連（ロシア）の影響を受けながら100年の歴史が継続している。なお、清朝統治の論理については、清朝による中国支配の正統性を編纂した書物として『大義覚迷録』（1729年）がある。ここでは、清朝は、明を直接滅ぼしたのではなく、明がいわば自壊して流賊（李自成）に奪われ、その後、混乱を清朝が鎮めたこと、また、外夷といえども徳が高ければ中華の天子として君臨できることを述べ、天朝論理を用い、中国統治の正統性を強調している。

表 6　中華帝国の政権正統性：漢民族と少数民族

農業地帯		遊牧地帯	島嶼
漢族政権	少数民族政権	草原	日本
漢 BC202-AD220/ 三国時代 西晋 265-316		匈奴 BC3C-AD2C	邪馬台国
東晋 317-420 南朝（宋、南齊、梁、陳）	五胡十六国 304-439 北朝（魏、北齊、周） 439-589	柔然 402-555	倭の五王の ころ
隋 581-618		突蕨 552-745	聖徳太子
唐 618-907		回鶻 744-840	奈良、平安
宋 960-1279	遼（契丹）916-1125/ 金 1115-1234		平安、鎌倉、室町
モンゴル帝国（元）1206-1368			
明 1368-1644		北元 1368-1634	室町、江戸、明治
清 1616-1912			
中華明国 1912-/ 台湾 1949-/ 中華人民共和国 1949-		モンゴル国	大正～令和

本章筆者作成

　20 世紀のモンゴル民族の自治・独立運動について考えてみたい。南モンゴルにおけるモンゴル統一独立運動指導者であり、チンギス・カーンの 30 代目の子孫として、「デムチュクドンロブ（徳王）」（1902-1966）の存在がある。1911 年、北モンゴルが独立、曲折を経てモンゴル人民共和国そして現在のモンゴル国に至っている。一方、南モンゴルは清朝に早く帰服し内モンゴルとも称されており、清朝から交替した中華民国の統治下にあった。チンギス・カーン第 30 代目の子孫として生まれた徳王は、居住地の内モンゴルで、北モンゴル、ロシア領ブリヤートを統一するモンゴル再興の夢を抱いた。徳王は、内モンゴル自治権獲得運動を主導し、蒋介石率いる中華民国国民政府に高度自治を要求し、国民政府は一定の譲歩をしている。満洲事変の後、1932 年「満洲国」を成立させ、満洲を勢力圏に納めた日本に注目した徳王は、日本の支援を背景に国民政府からの独立を企図した。ソヴィエト連邦（ソ連）進出防止と日本の生命線「満蒙問題」

解決に向けた勢力拡大の利益に適う好機として、日本は徳王に協力した。その結果、徳王は 1936 年日本の支援により蒙古軍政府が樹立されると司令および総裁に就任している。その後、1941 年には外交面において非公式ながら「蒙古自治邦」と改称し、独立したウルス（国家）であると標榜もしている。1945 年日本が敗戦し続々と自治政府が設立されたが、1947 年には中国が内モンゴル自治政府を設置した（後の自治区）。内モンゴル独立運動指導者の徳王は、当初、モンゴルの大統一を企図していたモンゴル人民共和国に歓迎されたものの、時勢の変化にともない逮捕され中華人民共和国に引き渡され、戦犯として収容所に収監されることとなった。その後、1963 年に釈放され、1966 年内モンゴル自治区フフホト市で逝去した。

　民族が南北に分断されているのは、朝鮮半島に限ったことではない。現在、世界のモンゴル人は、大別して、北のモンゴル国、南の中国内蒙古自治区、ロシア連邦構成国ブリヤート共和国に居住している。この 3 地のモンゴルを統合して 1 つの「大モンゴル国」を建設しようとする運動は、汎モンゴル主義（三蒙統一構想、泛蒙古主義）と呼ばれている。近現代、幾度か統合独立の動きはあったものの、実に多くの政治や外交ファクターにより、その夢は達成されていない。しかし、少なくとも文化的には連帯をしようとしている動きは見られる。現在、世界のモンゴル人の人口は約1,000 万人（モンゴル国家統計局によれば 2021 年時点で 337 万人）といわれ、その半数が中国領内モンゴル自治区に居住する。中国政府は、内モンゴル自治区（漢族とモンゴル族の人口比は 5 対 1）においても、漢族以外の少数民族に対して優遇政策を行いながら連帯を図っている。

　1945 年ヤルタ会談後のソ連と中国について、佐々木（2013 P.134-142）は、「スターリンは、1945 年ヤルタ会談で、対日参戦の代価の一つとして北モンゴル独立の承認を取り付けていた。同年 8 月中ソ友好同盟条約締結され、国民党政府は、北モンゴルの独立を承認、満洲国での利権供与などの譲歩を余儀なくされた。スターリン亡き後の 1954 年、フルシチョフが北京訪問の際、毛沢東は、"中華人民共和国の管轄権のもとで、外モン

ゴルと内モンゴルを合併できないか"と持ちかけた」と述べている。

　民族が自治や独立を達成するためには、時に他国からの戦略的な支援・協力を必要とする。北のモンゴルは、ソビエト軍の支援・協力によって解放独立戦争に勝利した。しかし、南のモンゴルは、頼りにしていた日本の敗北によって自治独立運動に幕を閉じた。現在、モンゴル国の経済は、中国の影響下にあるといわれる。他方、ロシアにも気を遣わなければならない。かつて「ソ連の16番目の共和国」と呼ばれ、旧ソ連の衛星国のような立場にあったモンゴルが、社会主義陣営に別れを告げて民主化したのは1990年であった。とはいえその後もソ連そしてロシアとの緊密な関係があり、生活習慣においても大きな影響を受けてきた。極東での合同軍事演習への参加協力、また輸出入の主要貿易国としての配慮を今後も傾け続けなければならない。このように大国に南北を挟まれて気を遣わなければならない状況の中で、日本の位置は南北の力学とは異なる潜在性を有している。これまで良好なモンゴルと日本の関係には、大相撲の世界、歴史学での相互協力のほか、エネルギー問題、人的交流など多くの分野で友好協力を養う土壌が多く存在する。モンゴル民主化の翌年の1991年、当時の海部俊樹首相は、西側の首脳として初めてモンゴルに足を運んだ。日本側から見れば、モンゴルは「親日」であり、モンゴル政府や国民の日常に親日は染みこんでいるように見える。しかし、中国とロシアに囲まれたモンゴルの難しい立ち位置の中で、日本ができることは、多面的に現状分析し、長期的な関係の中、モンゴルとの絆を静かに発展へと繋げることであるのかもしれない。

第3項　従属国の共通的特性

　ここでは、モンゴル帝国は、支配の過程で吸収・合併した国・地域がある一方、なぜ高麗は圧倒的な影響下にありつつもなお長期にわたり政体を維持することができたのか、その要因について分析・検討を行ってみたい。

　安全保障システムの庇護や貿易による経済的恩恵などを受けることがで

きるため、大陸との関係維持は半島国家の政体維持に不可欠な面があった。高麗王朝前後の半島は、近隣国の大国・強国から領域を侵入・侵略を受ける歴史が常態化していた。そのため半島の王朝は大陸の中華王朝による人質、貢物（奴隷・馬・毛皮等）の要求を受け入れざるをえない一方、数々の従属国の中でも、中華王朝の中心に近い位置を占めること目指し、恭順な姿勢で積極的に支配システムを受け入れる一面もあった。こうした政治的思考や行動からは事大主義や小中華思想もあらわれている。

　さて、高麗が長期にわたり王朝を存続し得た背景の中には、1. 大国のパワーポリティックスの対応のあり方、2. 仏教から儒教へと比重を移し王朝存続に持続可能な論理としたことが明らかになった。

表7　朝鮮王朝（高麗、李氏朝鮮）時代の政治制度

朝鮮王朝、年	宗主国	特徴
高麗 918-1380	中華・モンゴル帝国［元］	・事大主義
李氏朝鮮 1392-1910	中華・清王朝	・小中華思想

本章筆者作成

　以上の結果を踏まえた反思を描こう。モンゴルの目線から世界史を観ること、これまでの西欧優位の固定概念を相対化することによって、見えてくるものの質と量は格段に広まり深まることを体感できよう。世界的に結びつく後代の資本主義経済は、モンゴル帝国の遺産であるといわれる。モンゴルによるユーラシア大陸征服の結果、遠近の諸地域を結ぶ経済活動が活発になる中で、クビライ・カーン（在位1260年-94年）は、遠距離貿易による決済便宜のための信用取引として、1260年に広域国家としては世界最初の国家保証による不換紙幣を発行した。北宋発祥のこうした信用取引と資本主義経済の原理は、領域を接する域外の西欧諸国にも強い影響を与えた。ここで改めて考えれば、モンゴルの着眼点とは「モンゴルの騎馬軍事力」と「中華の経済力」を合体させるとともに、比較的近い関係にあった「ムスリムの商業力」を利活用したことにあった。杉山（2003、

p.367）は言う。クビライ時代のモンゴル帝国は、「軍事拡大時代から経済・経営時代へと大きくシフトしていった。ユーラシア世界もまた、多極化・安定化したモンゴル帝国を軸に、ゆっくり平和共存と経済重視の時代へと向かった」と。

おわりに

　私たちは或る意味で最前線に居る。じつに僭越な表現ながら、この6年間を走り抜けた正直な感想である。愚見の縁由は後に触れるものとして、まずは本書の成り立ちを紹介しよう。

　すでに「はじめに」でも触れたとおり、本書は多摩大学社会工学研究会の参加者が作りあげた成果である。会名となる社会工学 social engineering の語は古く、1911年にはキリスト者が「the work of the social engineer in every phase of social organization for the elevation of humanity」（人類の向上のための社会組織のあらゆる段階での活動）と発言し[1]、本書総監修の学長寺島も本学着任以前から度々その有効性を指摘している[2]。くだって本研究会は学長直率のもと2009年4月に発足、初年度は多摩学やサービスエンターテインメント、地域、そしてアジアダイナミズムといったテーマに分かれ調査研究が行われた。以降、班構成は時々に変更されたものの、研究会は中断することなく学期中の毎週土曜日に連綿と開催され現在に至っている。

　なお、ここで特筆すべきは異名インターゼミ inter seminar に繋がる研究会参加者の構成である。このインターの語は学部ゼミの横断だけを意味せず、学部の垣根を越え、大学院経営情報学研究科も含め3区のキャンパス（品川・湘南・多摩）から3所の組織（大学院・グローバルスタディーズ学部・経営情報学部）の教員と学生が集合する。このうち学部は一般理

1　Edwin Lee EARP, *The Social Engineer*, New York: Eaton & Mains, 1911. p.ix. なお現代的意義としても1974年には人類社会のため理論「kinetic theory or sociophysics」（群衆運動原理や社会物理学）とともに発展が期待される実践として「social engineering」が登場する（Arthur Saul IBERALL, *Bridges in Science: from Physics to Social Science*, Upper Darby, Pennsylvania: General Technical Services, 1974. p.278.）。

2　たとえば「知識創造時代の経済・社会・政治」（富士通システム総研経済研究所『FRI Review』第4巻第3号、2000年7月）では「社会工学というのは、日本人の思考とか勉強で欠けている分野」であり、「社会工学的な発想で仕組みを再設計しない限り、ある種の雇用不安の中で社会的な荒廃が進行していくのではないか」（p.82）と指摘する。

解同様およそ弱冠前後の年齢構成であるが、大学院は平日夜間（午後 6 時 30 分から 9 時 40 分）および土曜日曜（午前 9 時から午後 7 時 30 分）開講であり、MBA 取得を目指す社会人が主体となる。本書で執筆編集を担当した光永和弘と杉由紀もそのような企業人の一人であった。こうしてインターゼミには学長を筆頭とする老練な実務家教員、青年の学部学生に加えて壮年の社会人大学院学生が参与するのである。おそらく日本ひろしといえども青壮老が一体に集う少人数制の演習式研究会は他に有るまい。

　この研究会にわたし水盛が参加したのは 2017 年 4 月であった。アジアダイナミズム班では最初期こそ現代を取り扱っていたものの、2013 年度以降は歴史に軸足を定めている。本研究会でも多摩学班やサービス班は今なお現代を対象としており、歴史探究を主方針としてはいない。専門にあらざる参加者からすれば、学習対象としての「歴史」は基本的に高校までのものであって、専攻として歴史を学んだわけではない。それならば参加者はせめて自身が生きて直感的理解の及ぶ近接時代を対象とする —— 昨今学界でも精力が注がれる —— 現在史 history of the present に寄りかかろうものだろうが、その調査対象は不思議と大過去であった。おりしも学長寺島は岩波『世界』で「17 世紀オランダからの視界」連載を開始[3]、オランダに留まらずロシア帝国や人類史など一般的な世界理解に留まらない新たな視点からの多角的認識を読者へ広く訴えた。私たちには小中高の各課程で学習した抜きがたい西洋主体の通史理解があり、また常識の破壊には困難を伴うものである。そこで現在の複雑な世界情勢を読み解く複眼思考獲得の材料として選ばれたのが、2014 年からの「鎖国」下の四口、2017 年からのユーラシア東方という視点からのモンゴルそして中華、半島、日

3　岩波書店『世界』誌での連載は 2002 年に「脳力のレッスン」として始まり（第 1 回は『世界』第 700 号（2002 年 4 月号、岩波書店、2002 年 3 月）掲載の「エンロン問題の深い闇」）、その連載内企画として 2010 年より断続的に「17 世紀オランダからの視界」が描かれている（第 1 回は『世界』第 810 号（2010 年 11 月号）、岩波書店、2010 年 10 月）掲載の「ピョートル大帝のオランダでの船大工体験」、その副題は「脳力のレッスン 103 —— 17 世紀オランダからの視界その 1」であった）。

本の再定置であったのではないか。

　なお、社会工学研究会では各班が学年末に成果を報告、その内容は全文が大学公式サイトに掲載されている。このうち 2017 年の成果の抜粋が本書の第 1 章にあたる。以降、2018 年が第 2 章、2019 年が第 3 章、2020年が第 4 章、2021 年が第 5 章、2022 年が第 6 章となる。ただし 2021 年の第 5 章のみは抜粋ではなくほぼ全文を収録することとし、往事の形態を残した。また第 7 章は 2018 年および 2019 年の総論部分を再構成したものである。そのため、各章扉部には書籍化にあたって内容の再編集をおこなった「本章の主編者」のほか、往事に成果報告に携わった「当時の執筆者」を配した。本書は本質的に彼ら学生のものであって、総監修・監修のものではないのである。

　さきには「私たちは或る意味で最前線に居る」と述べた。その謂は学問分野としての歴史の最前線である。本来の最前線イメージとは歴史研究の先端切先、鉱山開発でいう削孔部であろうが、ここでは上流生産地 upstream sector の最深部ではなく下流販売地 downstream sector の末端を想定いただきたい。歴史とは何か、歴史学とは何か、その必要性はどこにあるのか。昨今は多方面で短期間での実利実益の成果が求められるが、歴史を含む人文学は一般的にこのような社会的要請へ中々応えることができないように思う。その中で、人文科学を専攻分野としない経営情報学部の学生（言わずもがな経営学は社会科学に属する）、また社会人として第一線に勤務する経営情報学研究科の学生とともに歴史なかでも世界史分野で共同作業が出来たことはまことに得難い経験であった。彼らは共通理解が無い分野ゆえにこそ新鮮な疑問を持ち、それぞれの専門分野に応じて現代にも通じる直感を記したのである。

　とはいえ、この経験には悔いも残る。その過程は歴史学から些か外れたものであった。思えば大恩ある我が導師熊本崇先生からは「プロフェッショナルたるもの本土の研究者以上に史料を正確に読み込まねばならない」、（歴史資料や先行研究との個人的格闘となるため共同執筆の体制をと

らず）「歴史だからこそ宋代というフィールドで一人たのしむことができる」、「先行研究には必ず時代性が伴うものだ」と垂訓いただくことがあった。僭越にも大恩、導師と申し上げたれば御不興を買うのは必定であるが、まことに悲しむべきことに先生は 2022 年 12 月 19 日に不意に世を旅立たれた。かくいう私は 2016 年 1 月に外務省と縁を得てより現代中国に現を抜かして史料の精読から遠く隔たり、社会工学研究会では後述のように研究史に依拠するのみで原典を参照せず、しかも集団での歴史探究に参加し、歴史家の同時代性に伴う研究"偏向"の可能性についても真摯に伝えることは叶わなかった [4]。不肖の受業生として忸怩たる思いに駆られるばかりである。

　改めて述べれば、研究会参加学生は基本的に人文科学を専攻とせず、学習対象としての「歴史」は凡そ高校までにとどまる。もちろん近年の小中高での歴史教育は長足の進歩を遂げているとはいえ [5]、私立大学を中心に「正答」を問う空欄補充形式の作題が盛行し [6]、少なくとも一般社会には抜

4　増淵龍夫『歴史家の同時代史的考察について』（岩波書店、1983 年 12 月）。また近年の重要な業績として小野寺史郎『戦後日本の中国観 —— アジアと近代をめぐる葛藤』（中央公論新社、2021 年 11 月）が存在する。研究者個人の著作ごとの克明な回顧としては樽本照雄編著『樽本照雄著作目録』（清末小説研究会、2003 年 1 月）を紹介したい。

5　たとえば池田良「中学校歴史学習における批判的思考力の育成 —— 歴史的政策評価批判学習としての単元「人々から見た明治維新」の開発と実践」（『社会認識教育学研究』第 30 号、2015 年 3 月）、梅津正美「歴史教育研究の動向と展望 —— 研究方法論を視点とする 2008 年度～ 2017 年度の研究成果の検討から」（『社会系教科教育学研究』第 30 号、2018 年 12 月）、岩田彦太郎「中学校歴史学習で何を学ぶか —— 未来を志向する歴史学習を探る」（『歴史地理教育』第 893 号、2019 年 4 月）、吉川修史「科学技術社会論の成果を踏まえた社会的論争問題学習の開発研究 —— トランス・サイエンスな問題を取り上げる小学校歴史学習の教育的意義」（『社会科教育研究』第 142 号、2021 年 3 月）、勝山元照「新しい世界史教育として「歴史総合」を創る ——「自分の頭で考え、自分の言葉で表現する」歴史学習への転換」（小川幸司編『岩波講座世界歴史』第 1 巻『世界史とは何か』岩波書店、2021 年 10 月）。

6　稲田義智『絶対に解けない受験世界史 —— 悪問・難問・奇問・出題ミス集』第 2 巻（パブリブ、2017 年 9 月）コラム 2「高校世界史の歴史」では世界史教育のほか試験内容の変化に言及している。また「終章」では「論述問題中心の科目になったらさらに嫌われるのは目に見えている。結局のところ、受験生にとっても論述のための深い歴史的理解をするより、超細かい用語の丸暗記のほうが費用対効果として楽なのだ。これにまた私大型入試がクイズ大会になる理由がある。……さらにこれは教える側にも言える。教科書や参考書をじっくり読み込んで、事件や用語の内

きがたい「正しい史実に基づく暗記科目」という認識があるのではない
か。しかも未来予測の必要な経済学などと異なり、静的な過去世界の分析
なれば歴史学に過誤は少なく思えよう。その前提に立てば、所謂「欠如モ
デル（deficit model）」となる上流に佇む無謬の専門家による一方的な知
識放流が有り得ることとなる。しかも学部学生ら若年層を中心にネット情
報への高い信頼感があり[7]、欠如モデルを補強する。また壮年の大学院学生
は日中の勤務、夕刻の大学院講義、夜半の課題作成に追われ、その上でな
お研究会に踏みとどまり、専門ならざる文献調査や研究者への意見聴取を
行った。それだからこそ実にやむを得ないことながら、本書の典拠は基本
的に日本語の情報であり、また必ずしも網羅的なものではなく、時には古
い研究に基づいて、「正答」であるところの「史実」を断定してしまって
いる。今次の調査では日本の研究がいかに高水準であるのか実感を深めた
ものの、やはり執筆にあたっては禁欲を尊ぶとともに更に広い調査を行う
べきであった。

　たとえば本書ではペストにつきマクニールの雲南起源説を主に紹介した
が、昨今では文献研究やDNA解析により中央アジア起源説が主流となり
つつあるようである[8]。また吸血蚤の箱船として野鼠がペストを運搬したと

容を生徒に理解させる授業よりも、「大学入試にはこれとこれとこれが頻出だから、絶対に覚え
てね。語呂は××だよ」とやっていくほうが圧倒的に楽である」と指摘する。試験があるからこ
そ学習する、そのような傾向が存在するのもやむを得まい。たとえば中国について拙稿「考を以
て学を促す──現代中国の大学入学試験制度と社会科教育に関する一考察」（『経営情報研究』第
25号、2021年2月）、「追思と洞察──近現代中国の変容事例からみる実践知の試み」（『経営情報
研究』第26号、2022年2月）を参照。
7　たとえば稲田豊史『映画を早送りで観る人たち』（光文社新書1192、光文社、2022年4月）第4
　章「好きなものを貶されたくない人たち──「快適主義」という怪物」第18節「評論なんてSNS
　にいくらでも落ちている？」では「彼らはインターネットには"答え"が書かれていると思い、検
　索で出てこないものは「存在しない」と断定する」という。研究会参加者でも、国立情報学研究
　所学術情報ナビゲータ（Citation Information by National Institute of Informatics）でキーワー
　ド検索を行い、ヒットした少数のみが関係論文の全てであると結論づける傾向があった。
8　山本太郎『感染症と文明──共生への道』（岩波新書新赤版1314、岩波書店、2011年6月）第2章
　「歴史の中の感染症」第2節「ユーラシア大陸における疾病交換」、またMonica H.GREEN, "The
　Four Black Deaths", *The American Historical Review*, Volume 125, Issue 5, December 2020.

されてきたが、蚤はヒトとヒトを直接往来し感染爆発に至ったとする研究もあらわれた[9]。同様に、モンゴル大元ウルスは完全なる自由貿易を採用し明朝は保護貿易を選択したように叙述したが、こと金銀交易について実効性は不明ながらモンゴルでも禁止措置を布いている[10]。また本書で扱った華人華僑の進出は、広西や四川あるいは東三省といった国内フロンティアのほかモンゴルや中央アジア方面にも起こりえた[11]。とはいえ必ずしも多数とはいえない参加者の配置や希望により、叙述対象は東南アジアを主とせざるを得なかった。しかも前述のように本書では基本的に原典史料への遡及を行っていない。古典漢文はもとより読解困難で知られ[12]、歴史学を専門としない研究会参加者にとり余儀ない事であった。ただし、このような点があってなお、参加者が共同執筆した成果には荒削りながら現代理解に至る新鮮な努力を見て取ることができた。

9　Katharine R. DEAN, Fabienne KRAUER, Lars WALLØE, Ole Christian LINGÆRDE, Barbara BRAMANTI, Nils Chr. STENSETH, and Boris V. SCHMID, "Human ectoparasites and the spread of plague in Europe during the Second Pandemic", *PNAS – Proceedings of the National Academy of Sciences of the United States of America*, volume 115, number 6. January 16, 2018.

10　高栄盛『元代海外貿易研究』（四川人民出版社、1998年12月）第5章「元代市舶管理制度（一）」第3節「関於禁止出口貨物」第2項「金銀銅銭」。また国内民間の私的売買について宮澤知之「元朝の財政と鈔」（『佛教大学歴史学部論集』第2号、2012年3月）。

11　広西については菊池秀明、四川については山田賢が数々の研究を世に問うている。ほかJames A. MILLWARD, *Beyond the pass: economy, ethnicity, and empire in Qing Central Asia, 1759-1864*, Stanford University Press, 1998.（賈建飛訳『嘉峪関外 ── 1759-1864年新疆的経済・民族和清帝国』香港中文大学出版社、2017年）また蔡偉傑「居国中以避国 ── 大沙畢与清代移民外蒙之漢人及其後裔的蒙古化（1768-1830）」（黄克武主編『隠蔵的人群 ── 近代中国的族群与辺疆』秀威資訊科技、2021年4月）など。

12　読法について山本英史「史料読解入門」（同著『現代中国の履歴書』慶應義塾大学出版会、2003年5月、第3部）、や岡本隆司「史料を読む」（飯島渉・田中比呂志編『21世紀的中国近現代史研究を求めて』研文出版、2006年11月。改題増補して『大国化する中国の歴史と向き合う』2020年9月、コラム2）が参考になろう。なお岡本隆司「研究の前提と現実」（岡本隆司・吉澤誠一郎編『近代中国研究入門』東京大学出版会、2012年8月、序章）第2節「「研究」の現状」では、James Louis HEVIA, Cherishing men from afar: Qing guest ritual and the Macartney Embassy of 1793, Duke University Press, 1995. に引用される『大清通礼』巻43「賓礼」の「四夷属国」に対する誤読「the foreign peoples of the four directions (siyi) are classified as domains (guo)」（四方の異人は国と分類する）を例に精読の重要性を論じる。

　学部以降に歴史学を専攻した場合、おそらく入門課程で『歴史とは何か』に始まる一連の著作に接したのち[13]、言語論的転回 linguistic turn を受けて歴史学がいかに変容したのか、欠如モデルを越えた場所でパブリックヒストリーが人々をどのように歴史へ誘うのか[14]、歴史学の関係し得る対象はいずれに及ぶのか[15]、実に様々な課題に触れていくことであろう。ただし、それだからといって歴史学を専攻した者のみが歴史を語ることができるというわけでもあるまい[16]。長期的な視野に立つ歴史叙述を再興して広く一般へ亀鑑を提供するべきと主張する者もいる[17]。『歴史を歴史家から取り戻せ』という刺激的な表題を持つ書籍も登場した[18]。2022年度から「歴史総合」が高校で必修となった今、歴史をめぐる日本の社会体制は大

13　歴史総合開始にあたって、ここ数年は歴史学そのものを問う著作が数多くあらわれた。今年度だけでも新訳が登場した Edward Hallett CARR, *What is history? : The George Macauley Trevelyan Lectures delivered in the University of Cambridge, January-March 1961*, Macmillan, 1961.（近藤和彦訳『歴史とは何か 新版』岩波書店、2022年5月）、また興味深い論説として小田中直樹『歴史学のトリセツ —— 歴史の見方が変わるとき』（ちくまプリマー新書2005、筑摩書房、2022年9月）、池上俊一『歴史学の作法』（東京大学出版会、2022年12月）などが登場している。桃木至朗『市民のための歴史学 —— テーマ・考え方・歴史像』（大阪大学出版会、2022年3月）、澤実・佐藤雄基編『史学科の比較史 —— 歴史学の制度化と近代日本』（勉誠出版、2022年5月）、佐藤真一『ランケと近代歴史学の成立』（知泉書館、2022年10月）、歴史学研究会編『「人文知の危機」と歴史学』（績文堂出版、2022年12月）なども参照。

14　たとえば菅豊・北條勝貴編『パブリック・ヒストリー入門 —— 開かれた歴史学への挑戦』（勉誠出版、2019年10月）。

15　たとえば歴史学研究会編『歴史を社会に活かす —— 楽しむ・学ぶ・伝える・観る』（東京大学出版会、2017年5月）。

16　前注書籍で藤川隆男が担当した第4章「アニメで読み、絵画で見る歴史」に登場するパブリックヒストリーに関するメタファー「歴史の家」は興味深い。Paul ASHTON and Paula HAMILTON, History at the crossroads : Australians and the past, Ultimo, New South Wales: Halstead Press, 2010. p.8. に見える、「history in the broadest sense might be thought of as a house with many rooms」（最も広い意味での歴史は、多くの部屋がある家に喩えることができよう）、その家に歴史家を含む多くの集団が住むというものである。

17　Joanna GULDI and David ARMITAGE, *The history manifesto*, Cambridge University Press, 2014.（平田雅博・細川道久訳『これが歴史だ！—21世紀の歴史学宣言』刀水歴史全書92、刀水書房、2017年9月）

18　上田信『歴史を歴史家から取り戻せ！—— 史的な思考法』（「歴史総合パートナーズ」第1巻、清水書院、2018年8月）。

きく変わりつつある。本書はまさにその年度に発刊を迎えることとなった。この6年のあいだ、社会人が、非専門の学部学生が、どのように歴史と向き合ったのか。来年度以降にどのような模索を続けていくのか。私たちは或る意味で最前線に居るのである。

水盛　涼一

参考文献

【書籍】

1. ABU-LUGHOD, Janet Lila *Before European hegemony: the world system A.D. 1250-1350*, Oxford University Press, 1989.（佐藤次高・斯波義信・高山博・三浦徹訳『ヨーロッパ覇権以前』上下、岩波書店、2001 年 11 月）

2. ACEMOGLU, Daron and ROBINSON, James Alan *Why Nations Fail: The Origins of Power, Prosperity and Poverty*, New York: Crown Business, 2012.（鬼澤忍訳『国家はなぜ衰退するのか —— 権力・繁栄・貧困の起源』上下、早川書房、2013 年 6 月。ハヤカワ文庫、2016 年 5 月）

3. BERNSTEIN, William J. *A splendid exchange: how trade shaped the world*, Atlantic Monthly Press, 2008.（鬼澤忍訳『華麗なる交易 —— 貿易は世界をどう変えたか』日本経済新聞出版社、2010 年 4 月。改題して『交易の世界史 —— シュメールから現代まで』筑摩書房、2019 年 8 月）

4. BOYER, Régis *La vie quotidienne des Vikings (800-1050)*, Hachette, 1992.（持田智子訳『ヴァイキングの暮らしと文化』白水社、2001 年 11 月、新装版、2019 年 11 月）

5. BREWER, John *The Sinews of Power: War, Money and the English State 1688-1783*, LONDON: Unwin Hyman, 1989.（大久保桂子訳『財政＝軍事国家の衝撃 —— 戦争・カネ・イギリス国家 1688-1783』名古屋大学出版会、2003 年 7 月）

6. BURKE, Peter *A Social History of Knowledge: From Gutenberg to Diderot*, UK Cambridge: Polity Press, 2000.（井山弘幸・城戸淳訳『知識の社会史 —— 知と情報はいかにして商品化したか』新曜社、2004 年 8 月）

7. CAIN, Peter and HOPKINS, Anthony Gerald *British Imperialism: crisis and deconstruction 1914-1990*, LONDON: Longman, 1993.（竹内幸雄・秋田茂訳『ジェントルマン資本主義の帝国』第 2 巻『危機と解体 —— 1914-1990』名古屋大学出版会、1997 年 4 月）

8. CAMUS, Albert *La peste*. Gallimard, 1947.（宮崎嶺雄訳『ペスト』創元社、1950 年 8 月）

9. CANTOR, Norman F. *In the wake of the plague : the Black Death and the world it made*, Harper/Perennial 2002, c2001.（久保儀明・楢崎靖人訳『黒死病 —— 疫病の社会史』青土社、2002 年 10 月）

10. CARR, Edward Hallett *What Is History?*, LONDON: Cambridge University Press, 1961.（清水幾太郎訳『歴史とは何か』岩波書店、岩波新書、1962 年 3 月）

11. DEFOR, Daniel *A journal of the plague year*, 1722.（武田将明訳『ペストの記憶』研究社、2017 年 9 月）

12. DIAMOND, Jared *Guns, germs, and steel: the fates of human societies*, W.W. Norton & Co. 1997.（倉骨彰訳『銃・病原菌・鉄 —— 1 万 3000 年にわたる人類史の謎』草思社、2000 年 10 月）

13. EINSTEIN, Albert and FREUD, Sigmund *Warum Krieg?*, Paris: Internationales

Institut für geistige Zusammenarbeit. 1933.（浅見昇吾訳『ヒトはなぜ戦争をするの
か？――アインシュタインとフロイトの往復書簡』花風社、2000 年 12 月。講談社学
術文庫、2016 年 8 月)

14. GARCÍA MÁRQUEZ, Gabriel *El amor en los tiempos del cólera*, Editorial diana 1985.
   （木村榮一訳『コレラの時代の愛』新潮社、2006 年 10 月)

15. HANSEN, Willy and FRENEY, Jean *Des bactéries et des hommes : histoire des grandes
   maladies infectieuses et de leur diagnostic*, Toulouse: Privat, 2002.（渡辺格訳『細菌
   と人類――終わりなき攻防の歴史』中央公論新社、2004 年 1 月)

16. HARARI, Yuval Noah *Sapiens: a brief history of humankind*, Vintage Books 2014,
   c2011.（柴田裕之訳『サピエンス全史――文明の構造と人類の幸福』河出書房新社、
   2016 年 9 月)

17. HARDOON, Deborah *Wealth: Having It All and Wanting More* in Oxfam Issue
   Briefing, Jan 2015. UK Oxford: Oxfam, 2015.

18. HEISSIG, Walther *Ein Volk sucht seine Geschichte : die Mongolen und die verlorenen
   Dokumente ihrer großen Zeit*, Düsseldorf: Econ Verlag, 1964.（田中克彦訳『モンゴ
   ルの歴史と文化』岩波書店、1967 年 7 月。岩波文庫、2000 年 12 月)

19. HEMPEL, Sandra *The Atlas of Disease: Mapping deadly epidemics and contagion from
   the plague to the zika virus*, White Lion Publishing, 2018.（竹田誠・竹田美文監修『ビ
   ジュアル パンデミック・マップ――伝染病の起源・拡大・根絶の歴史』日経ナショナ
   ル ジオグラフィック社、2020 年 2 月)

20. WEATHERFORD, Jack McIver *Genghis Khan and the making of the modern world*,
   Crown, 2004.（『パックス・モンゴリカ――チンギス・ハンがつくった新世界』日本
   放送出版協会、2006 年 9 月。改題して『チンギス・ハンとモンゴル帝国の歩み――
   ユーラシア大陸の革新』パンローリング、2019 年 11 月)

21. KELLY, John *The great mortality : an intimate history of the Black Death, the most
   devastating plague of all time*, HarperCollins Publishers, 2005.（野中邦子訳『黒死病
   ――ペストの中世史』、中央公論新社、2008 年 11 月)

22. LALOUX, Frederic *Reinventing Organizations*, US Massachusetts Millis: Nelson
   Parker, 2014.（鈴木立哉訳『ティール組織――マネジメントの常識を覆す次世代型組
   織の出現』英治出版、2018 年 1 月)

23. LE CLÉZIO, Jean-Marie Gustave *La quarantaine*, Gallimard, 1995.（中地義和訳『隔
   離の島』筑摩書房、2013 年 12 月)

24. LEESON, Peter T. *The invisible Hook: the hidden economics of pirates*, Princeton
   University Press, 2009.（山形浩生訳『海賊の経済学――見えざるフックの秘密』
   NTT 出版、2011 年 3 月)

25. LIi Ogg(李玉)*Histoire de la Corée*, Presses universitaires de France 1969.(金容権訳『朝
   鮮史』白水社、1983 年 10 月。増補新版、白水社、2008 年 3 月)

26. MADDISON, Angus *The world economy: a millennial perspective*, PARIS:

Development Centre of the Organisation for Economic Co-operation and Development, 2001.（金森久雄・政治経済研究所訳『経済統計で見る世界経済 2000 年史』柏書房、2004 年 11 月）

27. MARSHALL, Robert *Storm from the East: From Genghis Khan to Khubilai Khan*, US Oakland: University of California Press, 1993.（遠藤利国訳『図説 モンゴル帝国の戦い――騎馬民族の世界制覇』東洋書林、2001 年 6 月）

28. MAY, Timothy *The Mongol Conquests in World History*, LONDON: Reaktion Books, 2012.（馬暁林・求芝蓉訳『世界歴史上的蒙古征服』民主与建設出版社、2017 年 9 月）

29. McNEIL, William Hardy *A world history*, UK Oxford: Oxford University Press, 1967.（増田義郎・佐々木昭夫・柴田稔彦訳『世界史』新潮社、1971 年 3 月。中央公論新社、2008 年 1 月）

30. McNEIL, William Hardy *Plagues and Peoples*, Anchor Press, 1976.（佐々木昭夫訳『疫病と世界史』新潮社、1985 年 5 月）

31. MILWARD, Peter 松本たま訳『ザビエルの見た日本』（講談社、1998 年 11 月）

32. MORGAN, David O. *The Mongols* Blackwell, 1986.（杉山正明・大島淳子訳『モンゴル帝国の歴史』角川書店、1993 年 2 月）

33. PAXTON, Robert O. *Vichy France: old guard and new order, 1940-1944*, Random House, 1972.（渡辺和行、剣持久木『ヴィシー時代のフランス――対独協力と国民革命 1940-1944』柏書房、2004 年 7 月）

34. POLO, Marco and Rustichello da Pisa. *Le Livre des merveilles*（月村辰雄・久保田勝一・小林典子・駒田亜紀子・黒岩三恵訳『全訳マルコ・ポーロ東方見聞録――『驚異の書』fr.2810 写本』岩波書店、2002 年 3 月。普及版、岩波書店、2012 年 5 月）

35. RICHARD, Guy *Ailleurs, L'herbe est plus verte: histoire des migrations dans le monde*, Panoramiques-Corlet, 1996.（藤野邦夫『移民の一万年史――人口移動・遥かなる民族の旅年』新評論、2002 年 7 月）

36. ROGERS, Everett M. and Steinfatt, Thomas M. *Intercultural Communication*, ILLINOIS Long Grove: Waveland Press, 1999.

37. ROSLING, Hans and ROSLING, Ola and ROSLING RÖNNLUND, Anna *Factfulness : ten reasons we're wrong about the world--and why things are better than you think*, Flatiron, 2018.（上杉周作・関美和訳『Factfulness――10 の思い込みを乗り越え、データを基に世界を正しく見る習慣』日経 BP 社、2019 年 1 月）

38. ROUX, Jean‐Paul *Gengis Khan etl'Empire mongol*, PARIS:Gallimard, 2002.（杉山正明監修、田辺希久子訳『チンギス・カンとモンゴル帝国』創元社、2003 年 10 月）

39. SARAMAGO, José *Ensaio sobre a cegueira*, Companhia das Letras, 1995.（雨沢泰訳『白の闇』日本放送出版協会、2001 年 2 月）

40. SCHEIDEL, Walter *The great leveler: violence and the history of inequality from the stone age to the twenty-first century*, Princeton University Press, 2017.（鬼澤忍・塩原通緒訳『暴力と不平等の人類史――戦争・革命・崩壊・疫病』東洋経済新報社、

2019 年 6 月）

1. SEELY, John Robert *The expansion of England: two courses of lectures*, Macmillan, 1883.（加藤政司郎訳『英国膨張史論』平凡社、1930 年 11 月）

2. TOBY, Ronald P. *State and Diplomacy in Early Modern Japan: Asia in the Development of the Tokugawa Bakufu*, PRINCETON: Princeton University Press, 1983.（速水融・永積洋子・川勝平太訳『近世日本の国家形成と外交』創文社、1990 年 9 月）

3. TOBY, Ronald P.『「鎖国」という外交』（『日本の歴史』第 9 巻、小学館、2008 年 8 月）

4. TOYNBEE, Arnold Joseph 講演・松本重治編訳『歴史の教訓』岩波書店、1957 年 5 月

5. WILLEY, Basil *The seventeenth century background; studies in the thought of the age in relation to poetry and religion*, LONDON: Chatto & Windus, 1934.（深瀬基寛訳『十七世紀の思想的風土』創文社、1958 年 5 月）

6. WILLIS, Connie *Doomsday book*, Bantam Books, 1993.（大森望訳『ドゥームズデイ・ブック』早川書房、1995 年 10 月）

7. Валентин Александрович Рязановский（Valentin Aleksandrovich Riazanovskiĭ、リャザノフスキィ）. *Customary law of the Mongol tribes (Mongols, Buriats, Kalmucks)*, CHINA Harbin: Artistic printinghouse, 1929.（東亜経済調査局訳『蒙古慣習法の研究』（『経済資料』第 192 巻）東亜経済調査局、1935 年 4 月）

8. 동북아역사재단편（東北亜歴史財団）編『고구려의 정치와 사회』（동북아역사재단、2007 年 3 月）（田中俊明監訳、篠原啓方訳『高句麗の政治と社会』明石書店、2012 年 1 月）

9. 21 世紀研究会編『新・民族の世界地図』（文春新書 530、文藝春秋、2006 年 10 月）

0. KLM オランダ航空ウインドミル編集部編『日蘭交流の歴史を歩く』（NTT 出版、1994 年 7 月）

1. 麻生川静男『本当に悲惨な朝鮮史 ――「高麗史節要」を読み解く』（角川新書 K-135、KADOKAWA、2017 年 4 月）

2. 秋田茂編『パクス・ブリタニカとイギリス帝国』（『イギリス帝国と 20 世紀』第 1 巻、ミネルヴァ書房、2004 年 5 月）

3. 秋田茂『イギリス帝国の歴史 ―― アジアから考える』（中公新書 2167、中央公論新社、2012 年 6 月）

4. 朝日新聞出版『石見銀山』（『週刊日本の世界遺産＆暫定リスト』第 20 号、朝日新聞出版、2012 年 8 月）

5. 安仁屋政昭・高嶋伸欣『「沖縄魂（うちなーぬまぶい）」が語る日本 ――「四十七番めの日本」から見た祖国の危機』（黙出版、2000 年 7 月）

6. 雨森芳洲『交隣提醒』（鈔本、1728 年。田代和生校注、東洋文庫 852、平凡社、2014 年 8 月）

7. 荒野泰典・石井正敏・村井章介編『倭寇と「日本国王」』（『日本の対外関係』第 4 巻、吉川弘文館、2010 年 7 月）

8. 伊仙町教育委員会編『国指定史跡徳之島カムィヤキ陶器窯跡 ―― 琉球列島グスク時代の焼き物センター』（伊仙町教育委員会、2016 年 3 月）

210

59. 伊藤潔『台湾 —— 四百年の歴史と展望』(中公新書 1144、中央公論社、1993 年 8 月)

60. 伊波普猷『古琉球』(沖縄公論社、1911 年 12 月。外間守善校訂、岩波文庫青 N38-102-1、岩波書店、2000 年 12 月)

61. 飯島渉『ペストと近代中国』(研文出版、2000 年 12 月)

62. 飯島渉『感染症の中国史 —— 公衆衛生と東アジア』(中公新書 2034、中央公論新社、2009 年 12 月)

63. 飯島渉『感染症と私たちの歴史・これから』(『歴史総合パートナーズ』第 4 巻、清水書院、2018 年 8 月)

64. 池端雪浦編『島嶼部』(『新版世界各国史』第 6 巻、『東南アジア史』第 2 巻、山川出版社、1999 年 5 月)

65. 石井米雄・桜井由躬雄編『大陸部』(『新版世界各国史』第 5 巻、『東南アジア史』第 1 巻、山川出版社、1999 年 12 月)

66. 石川幸子『世界のどこでも、誰とでもうまくいく！ —— 「共感」コミュニケーション』(同文舘出版、2017 年 5 月)

67. 石坂尚武『どうしてルターの宗教改革は起こったか —— ペストと社会史から見る』(ナカニシヤ出版、2017 年 10 月)

68. 石坂尚武『イタリアの黒死病関係史料集』(刀水書房、2017 年 12 月)

69. 石坂尚武『苦難と心性 —— イタリア・ルネサンス期の黒死病』(刀水書房、2018 年 3 月)

70. 井上智洋『人工知能と経済の未来 —— 2030 年雇用大崩壊』(文春新書 1091、文藝春秋、2016 年 7 月)

71. 井上秀雄『古代朝鮮』(NHK ブックス 172、日本放送出版協会、1972 年 11 月)

72. 井上秀雄監修『絵で解る琉球王国 —— 歴史と人物』(JCC 出版、2011 年 8 月)

73. 市村佑一・大石慎三郎『鎖国＝ゆるやかな情報革命』(『新書・江戸時代』第 4 巻、講談社現代新書 1260、講談社、1995 年 9 月)

74. 入間田宣夫・豊見山和行『北の平泉、南の琉球』(『日本の中世』第 5 巻、中央公論新社、2002 年 8 月)

75. 岩井茂樹『中国近世財政史の研究』(京都大学学術出版会、2004 年 2 月)

76. 岩井茂樹『朝貢・海禁・互市 —— 近世東アジアの貿易と秩序』(名古屋大学出版会、2020 年 2 月)

77. 岩村忍『中央アジアの遊牧民族』(『世界の歴史』第 12 巻、講談社、1977 年 10 月。改題して『文明の十字路＝中央アジアの歴史』講談社学術文庫 1803、講談社、2007 年 2 月)

78. 上里隆史『海の王国・琉球 —— 「海域アジア」屈指の交易国家の実像』(歴史新書 y026、洋泉社、2012 年 2 月。改題して『海の王国・琉球 —— 「海域アジア」大交易時代の実像』ボーダーインク、2018 年 3 月)

79. 上田信『海と帝国 —— 明清時代』(『中国の歴史』第 9 巻、講談社、2005 年 8 月。講談社学術文庫 2659、講談社、2021 年 3 月)

80. 上原専禄編『日本国民の世界史』(岩波書店、1960 年 10 月)

81. 上原善広『コリアン部落 ── 幻の韓国被差別民・白丁を探して』(ミリオン出版・大洋図書、2006年5月。改題して『幻の韓国被差別民 ──「白丁(ペクチョン)」を探して』河出文庫う15-2、河出書房新社、2019年1月)

82. 上間篤『中世の今帰仁とその勢力の風貌 ── 元朝に仕えたアラン人と攀安知』(ボーダーインク、2018年5月)

83. 氏家幹人『江戸の病』(講談社選書メチエ437、講談社、2009年4月)

84. 梅木哲人『新琉球国の歴史』(法政大学出版局、2013年3月)

85. 楳澤和夫『これならわかる沖縄の歴史Q&A』(大月書店、2003年1月。第2版、2020年5月)

86. 榎本渉『僧侶と海商たちの東シナ海』(講談社選書メチエ469、講談社、2010年10月。講談社学術文庫2632、講談社、2020年10月)

87. 海老沢有道『日本キリシタン史』(塙選書52、塙書房、1966年2月。同社オンデマンド版、2004年9月)

88. 尾形勇・岸本美緒編『中国史』(『新版世界各国史』第3巻、山川出版社、1998年6月)

89. 大石学『江戸の外交戦略』(角川選書446、角川学芸出版、2009年6月)

90. 大久保潤・篠原章『沖縄の不都合な真実』(新潮新書601、新潮社、2015年1月)

91. 大田昌秀・佐藤優『徹底討論沖縄の未来』(沖縄大学地域研究所編『沖縄大学地域研究所叢書』芙蓉書房出版、2010年1月)

92. 大東和重『台湾の歴史と文化 ── 六つの時代が織りなす「美麗島」』(中公新書2581、中央公論新社、2020年2月)

93. 太田弘毅『倭寇 ── 日本あふれ活動史』(文芸社、2004年10月)

94. 大和久重雄『鋼のおはなし』(おはなし科学・技術シリーズ、日本規格協会、1984年2月)

95. 岡洋樹『清代モンゴル盟旗制度の研究』(東洋書店、2007年2月)

96. 岡洋樹・境田清隆・佐々木史郎編『東北アジア』(『朝倉世界地理講座 ── 大地と人間の物語』第2巻、朝倉書店、2009年11月)

97. 岡田英弘『世界史の誕生』(筑摩書房、1992年5月。改題して『世界史の誕生 ── モンゴルの発展と伝統』ちくま文庫お30-1、1999年8月)

98. 岡田英弘『モンゴル帝国の興亡』(筑摩書房、ちくま書房、2001年10月)

99. 岡田英弘『モンゴル帝国から大清帝国へ』(藤原書店、2010年11月)

100. 岡田英弘『読む年表 ── 中国の歴史』(ワック、2012年3月。ワック文庫B-214、2015年3月)

101. 岡田英弘編『清朝とは何か』(別冊『環』第16巻、藤原書店、2009年5月)

102. 岡田英弘・神田信夫・松村潤『紫禁城の栄光』(『大世界史』第11巻、文藝春秋、1968年4月。講談社学術文庫、2006年10月)

103. 岡本顕實『元寇 ── 世界帝国が攻めてきた ── 国難。神風は吹いたか?』(郷土歴史シリーズ4、さわらび社、2013年)

104. 岡本隆司『世界のなかの日清韓関係史 ── 交隣と属国、自主と独立』(講談社選書メチエ420、講談社、2008年8月)

105. 岡本隆司『日中関係史 ── 「政冷経熱」の千五百年』(PHP 新書 1001、PHP 研究所、2015 年 9 月)

106. 岡本隆司『中国の論理 ── 歴史から解き明かす』(中公新書 2392、中央公論新社、2016 年 8 月)

107. 小川雄『水軍と海賊の戦国史』(平凡社、2020 年 4 月)

108. 沖大幹・小野田真二・黒田かをり・笹谷秀光・佐藤真久・吉田哲郎『SDGs の基礎』(事業構想大学出版部、2018 年 9 月)

109. 沖浦和光『天皇の国・賤民の国 ── 両極のタブー』(弘文堂、1990 年 9 月。改題して『天皇と賤民の国』河出文庫お 15-4、河出書房新社、2019 年 2 月)

110. 荻上チキ『検証 東日本大震災の流言・デマ』(光文社新書 518、光文社、2011 年 5 月)

111. 翁長雄志・寺島実郎・佐藤優・山口昇『沖縄と本土 ── いま、立ち止まって考える辺野古移設・日米安保・民主主義』(朝日新聞出版、2015 年 10 月)

112. 愛宕松男・寺田隆信『元・明』(『中国の歴史』第 6 巻、講談社、1974 年 11 月。改題して『モンゴルと大明帝国』講談社学術文庫 1317、1998 年 2 月)

113. 小和田泰経『朝鮮王朝史』(新紀元社、2013 年 7 月)

114. 海音寺潮五郎『蒙古の襲来』(『現代人の日本史』第 9 巻、1959 年 1 月。河出文庫、河出書房新社、2008 年 2 月)

115. 学習研究社特別編集『チンギス・ハーン ── 大モンゴル "蒼き狼" の覇業』(歴史群像シリーズ、学習研究社、2007 年 3 月)

116. 梶田昭『医学の歴史』(講談社学術文庫 1614、講談社、2003 年 9 月)

117. 風戸真理『現代モンゴル遊牧民の民族誌 ── ポスト社会主義を生きる』(世界思想社、2009 年 2 月)

118. 金井俊行『長崎年表』(以文会社、1888 年 9 月)

119. 金岡秀郎『モンゴルを知るための 60 章』(エリアスタディーズ 4、明石書店、2000 年 4 月)

120. 金住則行『李藝 ── 最初の朝鮮通信使』(河出書房新社、2011 年 12 月)

121. 上垣外憲一『雨森芳洲 ── 元禄享保の国際人』(中公新書 945、中央公論社、1989 年 10 月)

122. 上垣外憲一『「鎖国」の比較文明論 ── 東アジアからの視点』(講談社選書メチエ 9、講談社、1994 年 3 月)

123. 上垣外憲一『日本文化交流小史 ── 東アジア伝統文化のなかで』(中公新書 1530、中央公論新社、2000 年 4 月)

124. 紙屋敦之『琉球と日本・中国』(日本史リブレット 43、山川出版社、2003 年 8 月)

125. 河上麻由子『古代日中関係史 ── 倭の五王から遣唐使以降まで』(中公新書 2533、中央公論新社、2019 年 3 月)

126. 川北稔『イギリス繁栄のあとさき』(ダイヤモンド社、1995 年 11 月。講談社学術文庫 2224、2014 年 3 月)

127. 川崎有三『東南アジアの中国人社会』(世界史リブレット 39、山川出版社、1996 年 8 月)

128. 川島高峰『銃後 —— 流言・投書の太平洋戦争』(読売新聞社、1997 年 8 月。講談社学術文庫 1688、講談社、2004 年 12 月)

129. 川本正知『モンゴル帝国の軍隊と戦争』(山川出版社、2013 年 11 月)

130. 姜在彦（カン・ジェオン）『歴史物語 —— 朝鮮半島』(朝日選書 806、朝日新聞出版、2006 年 9 月)

131. 木村和男編『世紀転換期のイギリス帝国』(『イギリス帝国と 20 世紀』第 2 巻、ミネルヴァ書房、2004 年 12 月)

132. 木村直樹『長崎奉行の歴史 —— 苦悩する官僚エリート』(角川選書 574、KADOKAWA、2016 年 7 月)

133. 北川誠一・杉山正明『大モンゴルの時代』(『世界の歴史』第 9 巻、中央公論社、1997 年 8 月。中公文庫、2008 年 8 月)

134. 金美徳・田口雅弘編著『東アジアの経済協力と共通利益』(『キャンパス・アジア共通教科書』ふくろう出版、2016 年 2 月)

135. 金美徳・田口雅弘編著『これからの日中韓経済学』(『キャンパス・アジア共通教科書』えにし書房、2018 年 3 月)

136. 久世浩司『「レジリエンス」の鍛え方 —— 世界のエリートが IQ・学歴よりも重視！』(実業之日本社、2014 年 3 月)

137. 久芳崇『東アジアの兵器革命 —— 十六世紀中国に渡った日本の鉄砲』(吉川弘文館、2010 年 12 月)

138. 日下部公昭・木村靖二・岸本美緒・小松久男・澤野理・杉浦理花・鈴木孝・廣瀬和義・山川志保編著『山川詳説世界史図録』(山川出版社、2014 年 3 月)

139. 来間泰男『琉球王国の成立と展開 —— よくわかる沖縄の歴史』(日本経済評論社、2021 年 7 月)

140. 蔵持不三也『ペストの文化誌 —— ヨーロッパの民衆文化と疫病』(朝日選書 533、朝日新聞社、1995 年 8 月)

141. 黒川知文『ユダヤ人迫害史 —— 繁栄と迫害とメシア運動』(教文館、1997 年 9 月)

142. 黒川知文『ユダヤ人の歴史と思想』(ヨベル、2018 年 10 月)

143. 黒田俊雄『蒙古襲来』(『日本の歴史』第 8 巻、中央公論社、1965 年 9 月。中公文庫、中央公論社、1974 年 1 月)

144. 高秉雲・鄭晋和共編『朝鮮史年表 —— 前 60 万年 - 1991 年 12 月まで』(雄山閣出版、1979 年 3 月。第 3 版、1992 年 4 月)

145. 国際時事アナリスツ編『日本人のための朝鮮半島の歴史』(KAWADE 夢文庫 K1084、河出書房新社、2018 年 2 月)

146. 国立社会保障・人口問題研究所人口動向研究部『日本の将来推計人口（平成 29 年推計）報告書』(国立社会保障・人口問題研究所、2017 年 7 月)

147. 国立歴史民俗博物館編『海の帝国琉球 —— 八重山・宮古・奄美からみた中世』(国立歴史民俗博物館振興会、2021 年 3 月)

148. 越村勲『16 世紀・17 世紀の海商・海賊 —— アドリア海のウスコクと東シナ海の倭寇』

（彩流社、2016 年 3 月）

149. 越村勲『アドリア海の海賊ウスコク ── 難民・略奪者・英雄』（彩流社、2020 年 10 月）

150. 小長谷有紀『モンゴル草原の生活世界』（朝日選書 551、朝日新聞社、1996 年 4 月）

151. 小長谷有紀『モンゴル』（『暮らしがわかるアジア読本』、河出書房新社、1997 年 12 月）

152. 小松左京『復活の日』（早川書房、1964 年 8 月）

153. 五味文彦・鳥海靖編著『新もういちど読む山川日本史』（山川出版社、2017 年 8 月。旧版は 2009 年 8 月）

154. 斉藤忠『倭国と日本古代史の謎』（学研 M 文庫、学習研究社、2015 年 6 月）

155. 酒井シヅ『日本の医療史』（東京書籍、1982 年 9 月）

156. 酒井シヅ『病が語る日本史』（講談社、2002 年 5 月。講談社学術文庫 1886、講談社、2008 年 8 月）

157. 堺屋太一『堺屋太一が解くチンギス・ハンの世界』（講談社、2006 年 2 月）

158. 佐久田繁編著『琉球王国の歴史 ── 大貿易時代から首里城明け渡しまで』（月刊沖縄社、1999 年 9 月）

159. 佐々木健悦『徳王の見果てぬ夢 ── 南北モンゴル統一独立運動』（社会評論社、2013 年 11 月）

160. 佐藤健二『流言蜚語 ── うわさ話を読みとく作法』（有信堂高文社、1995 年 3 月）

161. 笹山晴生・佐藤信・五味文彦・高埜利彦『詳説日本史』（改訂版 B309、山川出版社、2017 年 3 月）

162. 司馬遼太郎『韓のくに紀行』（『街道をゆく』第 2 巻、朝日新聞社、朝日文庫、1978 年 10 月）

163. 司馬遼太郎『沖縄・先島への道』（『街道をゆく』第 6 巻、朝日新聞社、朝日文庫、1978 年 12 月）

164. 斯波義信『華僑』（岩波新書新赤版 382、岩波書店、1995 年 3 月）

165. 斯波義信『中国都市史』（東京大学出版会、2002 年 6 月）

166. 清水克行『大飢饉、室町社会を襲う！』（歴史文化ライブラリー 258、吉川弘文館、2008 年 7 月）

167. 清水克之『戦国大名と分国法』（岩波新書新赤版 1729、岩波書店、2018 年 7 月）

168. 清水克之『室町は今日もハードボイルド ── 日本中世のアナーキーな世界』（新潮社、2021 年 6 月）

169. 志水速雄『日本人のロシア・コンプレックス ── その源流を探る』（中公新書 745、中央公論社、1984 年 11 月）

170. 芝山豊・岡田和行編『モンゴル文学への誘い』（明石書店、2003 年 10 月）

171. 島崎晋『人類は「パンデミック」をどう生き延びたか』（青春文庫し -18、青春出版社、2020 年 5 月）

172. 嶋村初吉『朝鮮通信使の光と影』（梓書院、2009 年 4 月）

173. 嶋村初吉編著・訳『玄界灘を越えた朝鮮外交官李芸 ── 室町時代の朝鮮通信使』（明石書店、2010 年 9 月）

174. 下斗米伸夫『宗教・地政学から読むロシア ── 「第三のローマ」をめざすプーチン』(日本経済新聞出版社、2016 年 9 月)

175. 白石典之『チンギス・カン ── “蒼き狼”の実像』(中公新書 1828、中央公論新社、2006 年 1 月)

176. 白石典之編著『チンギス・カンとその時代』(勉誠出版、2015 年 9 月)

177. 白石典之『モンゴル帝国誕生 ── チンギス・カンの都を掘る』(講談社選書メチエ 652、講談社、2017 年 6 月)

178. 新村拓『日本医療社会史の研究 ── 古代中世の民衆生活と医療』(法政大学出版局、1985 年 2 月)

179. 新村拓『死と病と看護の社会史』(法政大学出版局、1989 年 8 月)

180. 新村拓『日本仏教の医療史』(法政大学出版局、2013 年 10 月)

181. 新村拓編『日本医療史』(吉川弘文館、2006 年 8 月)

182. 杉山正明『クビライの挑戦 ── モンゴル海上帝国への道』(朝日選書 525、朝日新聞社、1995 年 4 月。改題して『クビライの挑戦 ── モンゴルによる世界史の大転回』講談社学術文庫 2009、講談社、2010 年 8 月)

183. 杉山正明『モンゴル帝国の興亡〈上〉軍事拡大の時代』(講談社現代新書 1306、講談社、1996 年 5 月)

184. 杉山正明『モンゴル帝国の興亡〈下〉世界経営の時代』(講談社現代新書 1307、講談社、1996 年 6 月)

185. 杉山正明『耶律楚材とその時代』(『中国歴史人物選』第 8 巻、白帝社、1996 年 7 月)

186. 杉山正明・北川誠一『大モンゴルの時代』(『世界の歴史』第 9 巻、中央公論社、1997 年 8 月)

187. 杉山正明『遊牧民から見た世界史 ── 民族も国境もこえて』(日本経済新聞社、1997 年 10 月。日経ビジネス人文庫 599、2003 年 1 月)

188. 杉山正明『ユーラシアの東西 ── 中東・アフガニスタン・中国・ロシアそして日本』(日本経済新聞出版社、2010 年 12 月)

189. 杉山正明『大モンゴルの世界 ── 陸と海の巨大帝国』(角川選書 227、角川書店、1992 年 6 月。角川文庫 18935、2014 年 12 月)

190. 杉山正明『モンゴル帝国と長いその後』(『興亡の世界史』第 9 巻、講談社、2008 年 2 月。講談社学術文庫 2352、2016 年 4 月)

191. 杉山正明・弓場紀知・宮紀子・宇野伸浩・赤坂恒明・四日市康博・橋本雄『モンゴル帝国』(『NHK スペシャル文明の道』第 5 巻、NHK 出版、2004 年 2 月)

192. 杉山清彦『大清帝国の形成と八旗制』(名古屋大学出版会、2015 年 2 月)

193. 鈴木大拙『日本的霊性』(大東出版社、1944 年 12 月。岩波文庫青 33-323-1、岩波書店、1972 年 10 月)

194. 鈴木大拙『東洋的な見方』(『続禅選集』第 5 巻、春秋社、1963 年 5 月。上田閑照編『新編東洋的な見方』岩波書店、岩波文庫、1997 年 4 月)

195. 鈴木董『オスマン帝国の解体 ── 文化世界と国民国家』(ちくま新書 242、筑摩書房、

2000 年 5 月。講談社学術文庫 2493、講談社、2018 年 3 月）

196. 鈴木董『文字と組織の世界史 —— 新しい「比較文明史」のスケッチ』（山川出版社、2018 年 8 月）

197. 瀬川拓郎『アイヌと縄文 —— もうひとつの日本の歴史』（ちくま新書 1169、筑摩書房、2016 年 2 月）

198. 瀬川拓郎『縄文の思想』（講談社現代新書 2454、講談社、2017 年 11 月）

199. 関周一『対馬と倭寇 —— 境界に生きる中世びと』（高志書院選書 8、高志書院、2012 年 10 月）

200. 薛化元主編『歴史 —— 普通高級中学』第 1 冊（三民書局、2009 年 8 月。4 版 2 刷、2018 年 8 月。永山英樹訳『詳説台湾の歴史 —— 台湾高校歴史教科書』雄山閣、2020 年 2 月）

201. 銭国紅『日本と中国における「西洋」の発見 —— 十九世紀日中知識人の世界像の形成』（山川出版社、2004 年 10 月）

202. 総務省統計局『世界の統計 2016』（総務省統計局、2016 年 3 月）

203. 田中健夫『倭寇と勘合貿易』（日本歴史新書、至文堂、1961 年 9 月。村井章介編増補、ちくま学芸文庫タ 40-1、筑摩書房、2012 年 12 月）

204. 田中健夫『東アジア通交圏と国際認識』（吉川弘文館、1997 年 2 月）

205. 田中健夫『倭寇 —— 海の歴史』（教育社歴史新書日本史 66、教育社、1982 年 2 月。講談社学術文庫 2093、講談社、2012 年 1 月）

206. 田中優子『未来のための江戸学 —— この国のカタチをどう作るのか』（小学館 101 新書 052、小学館、2009 年 10 月）

207. 田中優子『グローバリゼーションの中の江戸』（岩波ジュニア新書 717、岩波書店、2012 年 6 月）

208. 田村実造編『大モンゴル帝国』（『東洋の歴史』第 7 巻、人物往来社、1967 年 4 月。『中国文明の歴史』第 7 巻、中公文庫 S-16-7、中央公論新社、2000 年 8 月）

209. 高田貫太『海の向こうから見た倭国』（講談社現代新書 2414、講談社、2017 年 2 月）

210. 高野澄『歴史を変えた水軍の謎』（祥伝社、2012 年 3 月）

211. 高野秀行『謎の独立国家ソマリランド —— そして海賊国家プントランドと戦国南部ソマリア』（本の雑誌社、2013 年 3 月。集英社文庫 58-16、集英社、2017 年 6 月）

212. 高橋貞樹『特殊部落一千年史 —— 水平運動の境界標』（更生閣、1924 年 5 月。沖浦和光校注、岩波文庫青 33-191-1、岩波書店、1992 年 12 月）

213. 高橋典幸・五味文彦編『中世史講義 —— 院政期から戦国時代まで』（ちくま新書 1378、筑摩書房、2019 年 1 月）

214. 高橋典幸編『中世史講義 —— 戦乱篇』（ちくま新書 1485、筑摩書房、2020 年 4 月）

215. 高橋裕史『イエズス会の世界戦略』（講談社選書メチエ 372、講談社、2006 年 10 月）

216. 高良倉吉・玉城朋彦編『ペリーと大琉球』（琉球放送、1997 年 3 月）

217. 竹田いさみ『世界を動かす海賊』（ちくま新書 1013、筑摩書房、2013 年 5 月）

218. 立川昭二『病気の社会史 —— 文明に探る病因』（NHK ブックス 152、日本放送出版協

会、1971 年 12 月。岩波現代文庫社会 152、岩波書店、2007 年 4 月)

219. 檀上寛『永楽帝 ── 中華「世界システム」への夢』(講談社選書メチエ 119、講談社、1997 年 12 月。改題して『永楽帝 ── 華夷秩序の完成』講談社学術文庫 2148、講談社、2012 年 12 月)

220. 壇上寛『明代海禁=朝貢システムと華夷秩序』(京都大学学術出版会、2013 年 12 月)

221. 壇上寛『天下と天朝の中国史』(岩波新書新赤版 1615、岩波書店、2016 年 8 月)

222. 張永江『清代藩部研究 ── 以政治変遷為中心』(黒龍江教育出版社、2001 年 9 月、第二版、2014 年 6 月)

223. 張承志著・梅村坦訳『モンゴル大草原遊牧誌 ── 内蒙古自治区で暮らした 4 年』(朝日選書 301、朝日新聞出版、1986 年 4 月)

224. 張東翼『モンゴル帝国期の北東アジア』(汲古書院、2016 年 2 月)

225. 趙汀陽『天下体系 ── 世界制度哲学導論』(江蘇教育出版社、2005 年 4 月)

226. 津本陽『天翔ける倭寇』(角川書店、1990 年 12 月。角川文庫 9181・9182、角川書店、1993 年 11 月)

227. 辻善之助『田沼時代』(日本学術普及会、1915 年 1 月。岩波文庫青 33-148-1、岩波書店、1980 年 3 月)

228. 寺島実郎『1900 年への旅 ── 欧州と出会った若き日本』(『20 世紀から何を学ぶか』上巻、新潮選書、新潮社、2007 年 5 月。改題して『若き日本の肖像 ── 1900 年、欧州への旅』新潮文庫 10025、2014 年 7 月)

229. 寺島実郎『1900 年への旅 ── アメリカの世紀、アジアの自尊』(『20 世紀から何を学ぶか』下巻、新潮選書、新潮社、2007 年 5 月。改題して『20 世紀と格闘した先人たち ── 1900 年アジア・アメリカの興隆』新潮文庫 10324、2015 年 9 月)

230. 寺島実郎『世界を知る力』(PHP 新書 646、PHP 研究所、2010 年 1 月)

231. 寺島実郎『時代との対話 ── 寺島実郎対談集』(株式会社ぎょうせい、2010 年 3 月)

232. 寺島実郎『大中華圏 ── ネットワーク型世界観から中国の本質に迫る』(NHK 出版、2012 年 12 月)

233. 寺島実郎『何のために働くのか ── 自分を創る生き方』(文藝春秋、文春新書、2013 年 6 月)

234. 寺島実郎『ユニオンジャックの矢 ── 大英帝国のネットワーク戦略』(NHK 出版、2017 年 7 月)

235. 寺島実郎『ジェロントロジー宣言 ──「知の再武装」で 100 歳人生を生き抜く』(NHK 出版新書 560、NHK 出版、2018 年 8 月)

236. 寺島実郎『「寺島実郎の時代認識」資料集』2018 年夏号 (株式会社グローバルインフォメーションネットワーク総合研究所・寺島実郎事務所、2018 年 7 月)

237. 寺島実郎『「寺島実郎の時代認識」資料集』2019 年夏号 (株式会社グローバルインフォメーションネットワーク総合研究所・寺島実郎事務所、2019 年 5 月)

238. 寺島実郎『日本再生の基軸 ── 平成の晩鐘と令和の本質的課題』(岩波書店、2020 年 4 月)

239. 寺島実郎・渡辺利夫・朱建栄『大中華圏 ── その実像と虚像』(岩波書店、2004 年 10 月)

240. 東京大学史料編纂所編『描かれた倭寇 ── 「倭寇図巻と抗倭図巻」』(吉川弘文館、2014年10月)

241. 東北学院大学 震災の記録プロジェクト・金菱清(ゼミナール)編『呼び覚まされる霊性の震災学 ── 3・11 生と死のはざまで』(新曜社、2016年1月)

242. 冨谷至・森田憲司編『概説中国史』下巻「近世 ── 近現代」(昭和堂、2016年2月)

243. 豊岡康史『海賊からみた清朝 ── 十八~十九世紀の南シナ海』(藤原書店、2016年3月)

244. 鳥海靖『もういちど読む山川日本近代史』(山川出版社、2013年4月)

245. 鳥越皓之『琉球国の滅亡とハワイ移民』(歴史文化ライブラリー369、吉川弘文館、2013年11月)

246. なだいなだ『民族という名の宗教 ── 人をまとめる原理・排除する原理』(岩波書店、岩波新書、1992年1月)

247. 内閣府大臣官房政府広報室『外交に関する世論調査(平成26年10月)』(内閣府、2014年12月)

248. 仲尾宏『朝鮮通信使と徳川幕府』(明石書店、1997年9月)

249. 仲尾宏『朝鮮通信使 ── 江戸日本の誠信外交』(岩波新書1093、岩波書店、2007年9月)

250. 中田易直編『近世対外関係史論』(有信堂高文社、1977年9月。増補版、1979年5月)

251. 中野孝次『清貧の思想』(草思社、1992年9月)

252. 永留久恵『武門の興亡と対馬の交隣』(『対馬国志』第2巻「中世・近世編」、「対馬国志」刊行委員会編、2009年7月)

253. 長野正孝『古代史の謎は「海路」で解ける ── 卑弥呼や「倭の五王」の海に漕ぎ出す』(PHP新書968、PHP研究所、2015年1月)

254. 橋爪大三郎『世界は宗教で動いてる』(光文社、光文社新書、2013年6月)

255. 橋爪大三郎『世界は宗教で動いてる』(光文社新書645、光文社、2013年6月)

256. 荷見守義『永楽帝 ── 明朝第二の創業者』(世界史リブレット人38、山川出版社、2016年7月)

257. 服部英雄『蒙古襲来』(山川出版社、2014年12月)

258. 羽田正『新しい世界史へ ── 地球市民のための構想』(岩波新書新赤版1339、岩波書店、2011年11月)

259. 羽田正編『海から見た歴史』(『東アジア海域に漕ぎだす』第1巻、東京大学出版会、2013年1月)

260. 濱田篤郎『パンデミックを生き抜く ── 中世ペストに学ぶ新型コロナ対策』(朝日新書773、朝日新聞出版、2020年7月)

261. 比嘉政夫『沖縄からアジアが見える』(岩波ジュニア新書327、岩波書店、1999年7月。『読みなおす日本史』シリーズ、吉川弘文館、2021年11月)

262. 平野聡『清帝国とチベット問題 ── 多民族統合の成立と瓦解』(名古屋大学出版会、2004年7月)

263. 平野聡『大清帝国と中華の混迷』(『興亡の世界史』第17巻、講談社、2007年10月。講談社学術文庫2470、2018年1月)

264. 廣岡正久『ロシア正教の千年 —— 聖と俗のはざまで』(NHK ブックス 680、日本放送出版協会、1993 年 12 月。講談社学術文庫 2617、講談社、2020 年 7 月)

265. 富士川游『日本疾病史』(吐鳳堂、1912 年 4 月。東洋文庫 133、平凡社、1969 年 2 月)

266. 藤田昇・加藤聡史・草野栄一・寺田良介編著『モンゴル —— 草原生態系ネットワークの崩壊と再生』(京都大学学術出版会、2013 年 10 月)

267. 古川薫『ザビエルの謎』(文藝春秋、1994 年 2 月。文春文庫ふ 3-13、1997 年 2 月)

268. ボルジギン・ブレンサイン『内モンゴルを知るための 60 章』(『エリア・スタディーズ』135、明石書店、2015 年 8 月。第二刷、2016 年 2 月)

269. 外間守善『沖縄の歴史と文化』(日本放送出版協会、1984 年 10 月。中公新書 799、中央公論社、1986 年 4 月)

270. 本田実信『モンゴル時代史研究』(東京大学出版会、1991 年 3 月)

271. 松岡正剛『18 歳から考える国家と「私」の行方 —— セイゴオ先生が語る歴史的現在 全 14 講』(春秋社、2015 年 12 月)

272. 松方冬子『オランダ風説書 —— 「鎖国」日本に語られた「世界」』(中公新書 2047、中央公論新社、2010 年 3 月)

273. 松川節『図説モンゴル歴史紀行』(河出書房新社、1998 年 11 月)

274. 松島泰勝『琉球独立論 —— 琉球民族のマニフェスト』(バジリコ、2014 年 7 月)

275. 間野英二・中見立夫・堀直・小松久男『内陸アジア』(『地域からの世界史』第 6 巻、朝日新聞社、1992 年 7 月)

276. 見市雅俊『コレラの世界史』(晶文社、1994 年 4 月)

277. 水島司『グローバル・ヒストリー入門』(世界史リブレット 127、山川出版社、2010 年 1 月)

278. 水本邦彦『徳川の国家デザイン』(『日本の歴史』第 10 巻、小学館、2008 年 9 月)

279. 水谷健彦『急成長企業を襲う 7 つの罠 —— なぜ、7 割の企業が創業 10 年を迎えられないのか?』(ディスカヴァー・トゥエンティワン、2014 年 10 月)

280. 三宅英利『近世アジアの日本と朝鮮半島』(朝日新聞社、1993 年 12 月)

281. 宮崎揚弘『ペストの歴史』(山川出版社、2015 年 5 月)

282. 宮本常一『日本文化の形成』(そしえて、1981 年 12 月。講談社学術文庫 1717、講談社、2005 年 7 月)

283. 村井章介『中世倭人伝』(岩波新書新赤版 274、岩波書店、1993 年 3 月)

284. 村井章介『国境を超えて —— 東アジア海域世界の中世』(校倉書房、1997 年 12 月)

285. 村井章介『古琉球 —— 海洋アジアの輝ける王国』(角川選書 616、KADOKAWA、2019 年 3 月)

286. 村井章介『東アジアのなかの日本文化』(北海道大学出版会、2021 年 3 月)

287. 村上正二『モンゴル帝国史研究』(風間書房、1993 年 5 月)

288. 村上信明『清朝の蒙古旗人 —— その実像と帝国統治における役割』(『ブックレット《アジアを学ぼう》』第 4 巻、風響社、2007 年 11 月)

289. 村上陽一郎『ペスト大流行 —— ヨーロッパ中世の崩壊』(岩波新書黄版 225、岩波書店、

1983 年 3 月)

290. 村川堅太郎・江上波夫・山本達郎・林健太郎『詳説世界史』(山川出版社、3 訂版、1992 年 3 月)

291. 桃井治郎『海賊の世界史 —— 古代ギリシアから大航海時代、現代ソマリアまで』(中公新書 2442、中央公論新社、2017 年 7 月)

292. 桃木至朗編『海域アジア史研究入門』(岩波書店、2008 年 3 月)

293. 百島祐貴『医学生のための医学史』(ボイジャープレス・医学教育出版社、2017 年 4 月)

294. 百瀬宏・熊野聰・村井誠人編『北欧史』(『新版世界各国史』第 21 巻、山川出版社、1998 年 8 月)

295. 森万佑子『朝鮮外交の近代 —— 宗属関係から大韓帝国へ』(名古屋大学出版会、2017 年 8 月)

296. 森平雅彦『モンゴル帝国の覇権と朝鮮半島』(世界史リブレット 99、山川出版社、2011 年 5 月)

297. 森平雅彦『モンゴル覇権下の高麗 —— 帝国秩序と王国の対応』(名古屋大学出版会、2013 年 11 月)

298. 森本繁『台湾の開祖 —— 国姓爺鄭成功』(国書刊行会、2014 年 10 月)

299. 山内昌之『歴史の作法 —— 人間・社会・国家』(文春新書 345、文藝春秋、2003 年 10 月。加筆改題して『歴史とは何か —— 世界を俯瞰する力』PHP 文庫や 47-1、PHP 研究所、2014 年 10 月)

300. 山内譲『海賊の日本史』(講談社現代新書 2483、講談社、2018 年 6 月)

301. 山本七平『日本資本主義の精神 —— なぜ、一生懸命働くのか』(光文社、1979 年 11 月。改題して『山本七平の日本資本主義の精神』ビジネス社、2015 年 1 月)

302. 山本秀也『習近平と永楽帝 —— 中華帝国皇帝の野望』(新潮新書 730、新潮社、2017 年 8 月)

303. 劉孝鐘(ユ・ヒョヂョン)・ボルジギン=ブレンサイン『境界に生きるモンゴル世界 —— 20 世紀における民族と国家』(八月書館、2009 年 3 月)

304. 楊合義『台湾の変遷史』(展転社、2018 年 4 月)

305. 吉成直樹・福寛美『琉球王国と倭寇 —— おもろの語る歴史』(『叢書・文化学の越境』第 12 巻、森話社、2006 年 1 月)

306. 吉成直樹『琉球王国は誰がつくったのか —— 倭寇と交易の時代』(七月社、2020 年 1 月)

307. 吉田光男編著『北東アジアの歴史と朝鮮半島』(放送大学教育振興会、2009 年 3 月)

308. 李御寧『「縮み」志向の日本人』(学生社、1982 年 1 月。講談社学術文庫 1816、講談社、2007 年 4 月)

309. 歴史学研究会編『東アジア・内陸アジア・東南アジア 2 —— 10-18 世紀』(『世界史史料』第 4 巻、岩波書店、2010 年 11 月)

310. 早稲田大学モンゴル研究所編吉田順一監修『モンゴル史研究 —— 現状と展望』(明石書店、2011 年 6 月)

311. 渡辺和行『ナチ占領下のフランス —— —— 沈黙・抵抗・協力』(講談社、1994 年)

312. 渡邊大門『流罪の日本史』（ちくま新書 1290、筑摩書房、2017 年 11 月）
313. 渡辺浩『東アジアの王権と思想』（東京大学出版会、1997 年 10 月。増補版、2016 年 12 月）

【論文】

1. THUN, Frank "Moving an Organization to Self Management, Part 8: A Comparison of Holacracy, Liberation and Management 3.0. " *Wordpress.com: Liberated. Company*, October 13, 2017.（https://liberated.company/2017/10/13/moving-an-organisation-to-self-management/）
2. KISSINGER, Henry "To settle the Ukraine crisis, start at the end". *Washington Post*, March 5, 2014.
3. OSAWA, Masami（大澤正己）. "One of the Forms of Iron Producing in the Mongol Empire obtained from Forge-related Objects found at Avraga Site". *In Avraga 1. New Directions in Mongolian Archaeology*, vol. 1（『アウラガ遺跡〈1〉チンギス＝カン宮殿址発掘調査報告書』）, edited by Shimpei KATO（加藤晋平）and Noriyuki SHIRAISHI（白石典之）. TOKYO: Doseisha, 2005.
4. SASADA, Tomotaka（笹田朋孝）and CHUNAG, Amartuvshin, "Iron Smelting in the Nomadic Empire of Xiongnu in Ancient Mongolia". in *ISIJ International*, vol. 54,（5）, 2014.
5. 足立龍生・山崎直・宇垣浩彰「純粋持株会社体制におけるグループ経営上の落とし穴」（みずほコーポレート銀行産業調査部編『Mizuho Industry Focus』第 89 号、2010 年 8 月）
6. 秋山謙蔵「「倭寇」による朝鮮・支那人奴隷の掠奪とその送還及び売買」（『社会経済史学』第 2 巻第 8 号、1932 年 11 月）
7. 浅川滋男「東アジア漂海民と家船居住」（『鳥取環境大学紀要』創刊号、2003 年 2 月）
8. 池田圭佑・榊剛史・鳥海不二夫・栗原聡「災害時におけるデマ拡散のモデル化から得られた知見の報告」（『2017 年度人工知能学会全国大会論文集』第 31 回大会、2017 年 5 月）
9. 池田圭佑・榊剛史・鳥海不二夫・栗原聡「口コミに着目した情報拡散モデルの提案および デマ情報拡散抑制手法の検証」（『情報処理学会論文誌――数理モデル化と応用』第 11 号、2018 年 3 月）
10. 諫早庸一「十三――十四世紀アフロ・ユーラシアにおけるペストの道」（『現代思想』第 48 巻第 7 号、2020 年 5 月）
11. 石坂尚武「黒死病でどれだけの人が死んだか――現代の歴史人口学の研究から」（同志社大学人文学会『人文学』第 189 号、2012 年 3 月）
12. 石坂尚武「一四世紀イタリアの時代状況とペスト」（同志社大学人文学会『人文学』第 190 号、2012 年 11 月）
13. 石坂尚武「《峻厳な神》とペスト的心性の支配――一五世紀フィレンツェの立法・政策・

判決に心性を読む」(同志社大学人文学会『人文学』第191号、2013年3月)

14. 石沢徹「中世後期の経済学 —— 名田経営・財貨経済を焦点とする楕円経済」(『北海道教育大学紀要』第一部B社会科学編、第19巻第2号、1968年12月)

15. 市川雄一「安保法制自衛に不可欠」(『読売新聞』2015年8月9日)

16. 稲本守「欧州私掠船と海賊 —— その歴史的考察」(『東京海洋大学研究報告』第5号、2009年3月)

17. 宇野伸浩「モンゴル帝国の国家と社会」(早稲田大学提出学位請求論文、2011年2月24日博士(文学)取得、乙第2303号)

18. 江上波夫「馬弩関と匈奴の鉄器文化」(『民族学研究』第12巻第3号、1948年1月)

19. 翁長雄志・寺島実郎「沖縄はアジアと日本の架け橋となる —— 辺野古からアジアの平和構築を」(『世界』第869号、岩波書店、2015年5月)

20. 大谷明「文明と伝染病 —— その関連の歴史」(『日本細菌学雑誌』第58巻第4号、2003年2月)

21. 岡田英弘「世界史の中の大清帝国」(岡田英弘編『清朝とは何か』、別冊『環』第16巻、藤原書店、2009年5月)

22. 加藤茂孝「人類と感染症との闘い ——「得体の知れないものへの怯え」から「知れて安心」へ —— 第9回「インフルエンザ」—— 人類に最後まで残る厄介な感染症」(『モダンメディア』第57巻第2号、2011年2月)

23. 我部政明・山口昇「普天間」という火種の根本にあるもの」(『中央公論』2015年6月号、2015年5月9日、シリーズ「戦後70年日本を問い直す」第6回「空転する沖縄の「未来」)

24. 柿沼亮介「対馬をめぐる「国境」認識の歴史的展開」(『早稲田教育評論』第35巻第1号、2021年3月)

25. 金沢陽「後期倭寇研究の成果から見た、16世紀東シナ海の政治・経済情勢と貿易陶磁」(『平成25年度私立大学戦略的研究基盤形成支援事業 21世紀海域学の創成 ——「南洋」から南シナ海・インド洋・太平洋の現代的ビジョンへ』立教大学アジア地域研究所、2016年3月)

26. 川越泰博「倭寇及び被虜人と明海防軍」(『史林』第77巻第3号、1994年5月)

27. 川本正知「モンゴル帝国における戦争 —— 遊牧民の部族・軍隊・国家とその定住民支配」(『アジア・アフリカ言語文化研究』第80号、2010年9月)

28. 木村幹「韓国における大統領中心制の定着 ——「民主化」と文化の関係を考える手がかりとして」(京都大学大学院法学研究科シンポジウム提出論文、神戸大学リポジトリ掲載、2004年)

29. 岸本美緒「「近世化」論と清朝」(岡田英弘編『清朝とは何か』、別冊『環』第16巻、藤原書店、2009年5月)

30. 北尾悟・西村さとみ「倭寇とは何か —— 歴史教育と歴史研究をめぐって」(奈良女子大学教育システム研究開発センター『教育システム研究』第13号、2018年3月)

31. 金貴東(キム・クィトン)「歴史・文化・産業都市の開城」(日本貿易振興機構アジア経済

研究所『アジ研ワールド・トレンド』第 236 号、特集「朝鮮半島の都市」、2015 年 5月)

32. 金柄徹（キム・ビョンチョル）「「倭寇」から眺める海域世界」（『三田文学』第 139 号、2019 年秋季号、2019 年 10 月）

33. 小島和貴「「衛生工事」の進展にみる長与専斎の衛生行政構想」（『桃山法学』第 28 号、2018 年 2 月）

34. 小島和貴「大日本私立衛生会における長与専斎の活動とその評価」（『桃山学院大学総合研究所紀要』第 45 巻第 3 号、2020 年 3 月）

35. 小林信三「16 世紀、ヨーロッパと日本の接触によってどのような物と情報が行き交ったのか」（帝国書院『日本史かわら版』第 3 号、2017 年 7 月）

36. 近藤浩一「東アジア海域と倭寇──9 世紀末の新羅海峡との比較史的考察を通して」（『京都産業大学論集（人文科学系列）』第 47 号、2014 年 3 月）

37. 佐々木博光「黒死病とユダヤ人迫害 ── 事件の前後関係をめぐって」（『大阪府立大学紀要（人文・社会科学年）』第 52 号、2004 年 3 月）

38. 佐々木博光「ペストの創作── ── ニュルンベルクのユダヤ人迫害、一三四九年一二月五日」（大阪府立大学人文学会『人文学論集』第 28 号、2010 年 3 月）

39. 佐々木博光「近代ドイツの歴史教科書にみる中世のユダヤ人迫害」（大阪府立大学人文学会『人文学論集』第 30 号、2012 年 3 月）

40. 佐立治人「元朝の立法・刑罰・裁判」（『関西大学法学論集』第 66 巻第 4 号、2016 年 11月）

41. 自念陽子「モンゴル帝国におけるウィグル人官僚」（『史窓』第 50 号、1993 年 3 月）

42. 秀城哲「16 世紀「倭寇」を構成する人間集団に関する考察── 「倭」と「日本人」の問題を中心に」（『千葉大学社会文化科学研究科研究プロジェクト報告書』第 35 号、2003 年 3 月）

43. 全彰煥（ジョン・チャンファン）「「壱岐・対馬の道」に見る司馬遼太郎の朝鮮観」（『九州情報大学研究論集』第 14 号、2012 年 3 月）

44. 杉山清彦「ヌルハチ時代のヒヤ制──清初侍衛考序説」（『東洋史研究』第 62 巻第 1 号、2003 年 6 月。『大清帝国の形成と八旗制』名古屋大学出版会、2015 年 2 月、第三章「清初侍衛考」として採録）

45. 杉山清彦「近世化ユーラシアの中の大清帝国── オスマン、サファヴィー、ムガル、そして"アイシン＝ギョロ朝"」（岡田英弘編『清朝とは何か』、別冊『環』第 16 巻、藤原書店、2009 年 5 月。『大清帝国の形成と八旗制』名古屋大学出版会、2015 年 2 月、「補論」として採録）

46. 杉山清彦「大清帝国はなぜ滅んだか」（『文藝春秋 SPECIAL』2017 年秋号、文藝春秋、2017 年 8 月）

47. ソーハン・ゲレルト「モンゴル帝国時代におけるハーンたちの世界観について」（和光大学総合文化研究所年報『東西南北』2003 年号、2003 年 3 月）

48. 宋鍾昊（ソン・ジョンホ）「村井章介の「境界人」の概念および〈倭寇＝境界人〉説の

立論についての批判的検討」(立命館大学コリア研究センター『コリア研究』第 8 号、2018 年 3 月)

49. 立川昭二「交通と疫病」(『ATSS‐International Association of Traffic and Safety Sciences REVIEW』第 3 巻第 3 号、1977 年)

50. 辻毅「三経義疏と倫理教育に関する一考察 ── 『幼學綱要』との比較を中心に」(『帝京平成大学紀要』第 12 巻第 1 号、2000 年 6 月)

51. 寺島敦子「エリゼ条約の最も美しい子供 ── 独仏青少年事務所：国境を越える青少年交流」(静岡県立大学国際関係学部編『国際関係・比較文化研究』第 11 巻第 1 号、2012 年 9 月)

52. 寺島実郎「ポルトガルが先行した大航海時代と天正遣欧使節」(『世界』第 825 号（2012 年 1 月号）、岩波書店、2011 年 12 月、「脳力のレッスン 117 ── 17 世紀オランダからの視界その 6」)

53. 寺島実郎「日本の大航海時代 ── 朱印船貿易から鎖国へ」(『世界』第 826 号（2012 年 2 月号）、岩波書店、2012 年 1 月、「脳力のレッスン 118 ── 17 世紀オランダからの視界その 7」)

54. 寺島実郎「日本の大航海時代 ── 鎖国とは中国からの自立でもあった」(『世界』第 829 号（2012 年 4 月号）、岩波書店、2012 年 3 月、「脳力のレッスン 120 ── 17 世紀オランダからの視界その 8」)

55. 寺島実郎「宗教改革が突き動かしたもの」(『世界』第 833 号（2012 年 8 月号）、岩波書店、2012 年 7 月、「脳力のレッスン 124 ── 17 世紀オランダからの視界その 10」)

56. 寺島実郎「石見銀山と銀の地政学」(『世界』第 844 号（2013 年 6 月号）、岩波書店、2013 年 5 月、「脳力のレッスン 134 ── 17 世紀オランダからの視界その 16」)

57. 寺島実郎「キリスト教の伝来と禁制」(『世界』第 847 号（2013 年 9 月号）、岩波書店、2013 年 8 月、「脳力のレッスン 137 ── 17 世紀オランダからの視界その 17」)

58. 寺島実郎「それからのキリシタン」(『世界』第 848 号（2013 年 10 月号）、岩波書店、2013 年 9 月、「脳力のレッスン 138 ── 17 世紀オランダからの視界その 18」)

59. 寺島実郎「「朝鮮通信使」にみる江戸期の日朝関係」(『世界』第 855 号（2014 年 4 月号）、岩波書店、2014 年 3 月、「脳力のレッスン 144 ── 17 世紀オランダからの視界その 21」)

60. 寺島実郎「「国交なき交易」としての江戸期の日中関係」(『世界』第 857 号（2014 年 6 月号）、岩波書店、2014 年 5 月、「脳力のレッスン 146 ── 17 世紀オランダからの視界その 22」)

61. 寺島実郎「江戸期の琉球国と東アジア、そして沖縄の今」(『世界』第 867 号（2015 年 4 月号）、岩波書店、2015 年 3 月、「脳力のレッスン 156 ── 17 世紀オランダからの視界その 28」)

62. 寺島実郎「プロイセン主導の統合ドイツに幻惑された明治日本」(『世界』第 882 号（2016 年 5 月号）、岩波書店、2016 年 4 月、「脳力のレッスン 169 ── 17 世紀オランダからの視界その 36」)

63. 寺島実郎「鄭和の大航海と東アジアの近世」(『世界』第 893 号（2017 年 4 月号）、岩波書店、2017 年 3 月、「脳力のレッスン 180 —— 17 世紀オランダからの視界その 43」)

64. 寺島実郎「インド史の深層」(『世界』第 896 号（2017 年 6 月号）、岩波書店、2017 年 5 月、「脳力のレッスン 182 —— 17 世紀オランダからの視界その 44」)

65. 寺島実郎「東南アジアの基層と西欧の進出 —— バタヴィア経由のオランダを見つめた江戸期日本」(『世界』第 897 号（2017 年 7 月号）、岩波書店、2017 年 6 月、「脳力のレッスン 183 —— 17 世紀オランダからの視界その 45」)

66. 寺島実郎「モンゴルという衝撃 —— 十字軍と蒙古襲来」(『世界』第 903 号（2018 年 1 月号）、岩波書店、2017 年 12 月、「脳力のレッスン 189 —— 17 世紀オランダからの視界その 46」)

67. 寺島実郎「プロイセン主導の統合ドイツに幻惑された明治日本 —— モンゴルという衝撃 —— 十字軍と蒙古襲来」(『世界』第 903 号（2018 年 1 月号）、岩波書店、2017 年 12 月、「脳力のレッスン 189 —— 17 世紀オランダからの視界その 46」)

68. 寺島実郎「中国の強大化・強権化を正視する日本の覚悟」(『世界』第 906 号（2018 年 4 月号）、岩波書店、2018 年 3 月、「脳力のレッスン 192 —— 特別篇」)

69. 寺島実郎「大中華圏とモンゴル、その世界史へのインパクト」(『世界』第 907 号（2018 年 5 月号）、岩波書店、2018 年 4 月、「脳力のレッスン 193 —— 17 世紀オランダからの視界その 48」)

70. 寺島実郎「ビッグ・ヒストリーにおける人類史」(『世界』第 910 号（2018 年 7 月号）、岩波書店、2018 年 6 月、「脳力のレッスン 195 —— 17 世紀オランダからの視界その 49」)

71. 寺島実郎「一九六八年再考 —— トランプも『一九六八野郎』だった」(『世界』第 911 号（2018 年 8 月号）、岩波書店、2018 年 7 月、「脳力のレッスン 196」)

72. 寺島実郎「グローバル・ヒストリーへの入口を探って」(『世界』第 912 号（2018 年 9 月号）、岩波書店、2018 年 8 月、「脳力のレッスン 197 —— 17 世紀オランダからの視界その 50」)

73. 寺島実郎「人類史における宗教の淵源」(『世界』第 915 号（2018 年 12 月号）、岩波書店、2018 年 11 月、「脳力のレッスン 200 —— 17 世紀オランダからの視界その 52」)

74. 寺島実郎「世界宗教の誕生とその同時性」(『世界』第 916 号（2019 年 1 月号）、岩波書店、2018 年 12 月、「脳力のレッスン 201 —— 17 世紀オランダからの視界その 53」)

75. 寺島実郎「現代日本人の心の所在地 —— 希薄な宗教性がもたらすもの」(『世界』第 931 号（2020 年 4 月号）、岩波書店、2020 年 3 月、「脳力のレッスン 216 —— 17 世紀オランダからの視界その 64」)

76. 寺島実郎「新型コロナウイルス危機の本質 —— 理性ある対応とは何か」(『世界』第 932 号（2020 年 5 月号）、岩波書店、2020 年 4 月、「脳力のレッスン 217」)

77. 豊岡康史「清朝と旧明領国際関係（1644-1840 年）」(『中国史学』第 22 巻、2012 年 10 月)

78. 中島楽章「14-16 世紀、東アジア貿易秩序の変容と再編 —— 朝貢システムから 1570 年システムへ」(『社会経済史学』第 76 巻第 4 号、2011 年 2 月)

79. 中村昭「中世の流行病「三日病（やみ）」についての検討」（『日本医史学雑誌』第33巻第3号、1987年7月）

80. 永積洋子「日本から見た東アジアにおける国際経済の成立」（『城西大学大学院研究年報』第15巻第2号、1999年3月）

81. 二谷貞夫「倭寇対策と通信使の創設 ── 室町時代の朝鮮通信使」（『中等社会科教育研究』第33号、2015年3月）

82. 日本経済新聞社論説委員「社説：沖縄の基地負担を全国で分かち合おう」（『日本経済新聞』2015年6月22日）

83. バイカル「モンゴル帝国時代の仏教とキリスト教 ── カラコルムの宗教弁論大会を中心として」（東洋大学国際哲学研究センター編集委員会編『国際哲学研究』別冊第6号『共生の哲学に向けて ── 宗教間の共生の実態と課題』東洋大学国際哲学研究センター、2015年3月）

84. 秦野裕介「「倭寇」と海洋史観 ── 「倭寇」は「日本人」だったのか」（『立命館大学人文科学研究所紀要』第81号、2002年12月）

85. 藤原正彦「「日本人の品格」だけが日本を守る」（『文芸春秋』第98巻第7号、2020年7月）

86. 真栄平房昭「明朝の海禁政策と琉球 ── 海禁・倭寇論を中心に」（『交通史研究』第67号、2008年12月）

87. 松島泰勝「グローバリズムの中の琉球」（藤原良雄編『琉球文化圏とは何か』、別冊『環』第6巻、藤原書店、2003年6月）

88. 三木聰「裁かれた海賊たち ── 祁彪佳・倭寇・澳例」（山本英史編『近世の海域世界と地方統治』汲古書院、2010年10月）

89. 三宅亨「倭寇と王直」（『桃山学院大学総合研究所紀要』第37巻第3号、2012年3月）

90. 三谷博・李成市・桃木至朗「「周辺国」の世界像 ── 日本・朝鮮・ベトナム」（秋田茂・永原陽子・羽田正・南塚信吾・三宅明正・桃木至朗編『「世界史」の世界史』ミネルヴァ書房、2016年9月）

91. 箕輪陽介「2017年 後継者問題に関する企業の実態調査」（帝国データバンク、2017年11月公開）

92. 村岡倫「元代モンゴル皇族とチベット仏教 ── 成宗テムルの信仰を中心にして」（『仏教史学研究』第39巻第1号、1996年10月）

93. 森川哲雄「17世紀から18世紀初頭のモンゴル年代記について ── 特に「蒙古源流」と「シラ・トゥージ」との関係を通して」（『東洋史研究』第61巻第1号、2002年6月）

94. 森平雅彦「事元期高麗における在来王朝体制の安全問題」（『北東アジア研究』別冊第1号、2008年3月）

95. 山内昌之「日本の新戦略 ── 「第一次大戦の教訓生かせ」「アジア安保見直しの時」」（『読売新聞』2018年10月21日「地球を読む」）

96. 山本進「朝鮮時代の火器」（『東洋史研究』第75巻第2号、2016年9月）

97. 山本光郎「耶律楚材と中書省について」（『北海道教育大学紀要（人文科学・社会科学

編)』第 66 巻第 2 号、2016 年 2 月)

98. 尹龍爀（ユン・ヨンヒョク）「韓国における最近の三別抄遺跡の調査と研究」（『韓国研究センター年報』第 13 号、2015 年 3 月年）

99. 吉成直樹「琉球・沖縄文化の形成と外的衝撃 ── 古代～中世並行期を中心に」（『平成 21 年度～平成 24 年度科学研究費助成事業（科学研究費補助金）研究成果報告書』2013 年 5 月）

100. 四日市康博「モンゴル帝国期の国際貿易における商人と国家」（早稲田大学提出学位請求論文、2007 年 2 月 6 日博士（文学）取得、甲第 2340 号）

101. 李成市「なぜ今 "東アジア史" の時代なのか」（福岡ユネスコ協会編『Fukuoka UNESCO』第 46 号、2010 年 12 月。改題「なぜ今「東アジア史」なのか」有馬学・松本健一・中島岳志・劉傑・李成市編著『いま〈アジア〉をどう語るか』弦書房、2011 年 11 月）

102. 李成市「東アジア世界論と日本史」（大津透・桜井英治・藤井讓治・吉田裕・李成市『岩波講座日本歴史』第 22 巻、岩波書店、2016 年 2 月）

103. 李登輝・司馬遼太郎「対談：場所の悲哀」（『週刊朝日』1994 年 5 月 6・13 日号。『街道をゆく』第 40 巻『台湾紀行』朝日新聞社、朝日文庫、1994 年 11 月に収録）

104. 脇村孝平「疫病と世界史」（帝国書院編『高等学校世界史のしおり』（第 22 号（2004 年 1 月号））

105. 脇村孝平「疫病のグローバルヒストリー ── 疫病史と交易史の接点」（国立民族学博物館地域研究企画交流センター編『地域研究』第 7 巻第 2 号、2006 年 2 月）

106. 脇村孝平「コロナ危機と「スペイン風邪」── 歴史から何が分かるのか」（事業構想大学院大学出版部『人間会議』第 42 号、2020 年 6 月）

【Web サイト】

1. 壱岐市社会教育課文化財班『壱岐市歴史文化基本構想』第 3 章「壱岐市内にある文化財の総合的把握」（一支国博物館、壱岐市公式サイト、2019 年 5 月、https://www.city.iki.nagasaki.jp/soshiki/shakai_kyoikuka/bunkazai/5776.html）

2. 奥村隆一「ポストコロナを俯瞰する ── その 3：コロナ危機を契機とした地方創生推進のポイントは？」（三菱総合研究所公式サイト、コラム「新型コロナウイルス（COVID-19 年）危機対策：分析と提言」2020 年 11 月 30 日、https://www.mri.co.jp/knowledge/column/20201130_3.html）

3. 外務省領事局海外邦人安全課「ソマリア沖・アデン湾における海賊問題の現状と取組」（外務省公式サイト内「外交政策」「日本の安全保障と国際社会の平和と安定」「国際組織犯罪・テロ・海上の安全保障」「海上の安全保障」コンテンツ、2020 年 6 月 25 日更新）https://www.mofa.go.jp/mofaj/gaiko/pirate/africa.html、https://web.archive.org/web/20211223050629/https://www.mofa.go.jp/mofaj/gaiko/pirate/africa.html

4. 厚生労働省検疫所「2017 年 11 月 30 日更新 ペストの発生報告 ── マダガスカル（更新

9)」（厚生労働省検疫所公式サイト、2017 年 11 月 30 日、https://www.forth.go.jp/topics/2017/11301132.html）

5. 厚生労働省職業安定局外国人雇用対策課「「外国人雇用状況」の届出状況まとめ（令和2 年 10 月末現在)」（厚生労働省公式サイト、2021 年 1 月 29 日）https://www.mhlw.go.jp/stf/newpage_16279.html）

6. 陳臻齢「レジリエントで持続可能に向けて ―― ポストコロナの世界と日本」（『三菱総合研究所マンスリーレビュー』2020 年 9 月号、https://www.mri.co.jp/knowledge/mreview/202009.html）

7. 山中伸弥「山中伸弥による新型コロナウイルス情報発信」（https://www.covid19-yamanaka.com/cont11/main.html）

プロフィール

寺島 実郎 (てらしま じつろう)

1947年生まれ。早稲田大学大学院政治学研究科修士課程修了後、三井物産入社。調査部、業務部を経て、ブルッキングス研究所に出向。その後、三井物産ワシントン事務所所長、三井物産常務執行役員等を歴任。現在は多摩大学学長、一般財団法人日本総合研究所会長。著書に『ダビデの星を見つめて 体験的ユダヤ・ネットワーク論』(NHK 出版)、『人間と宗教あるいは日本人の心の基軸』(岩波書店)、『二十世紀と格闘した先人たち ── 一九〇〇年アジア・アメリカの興隆』(新潮社)ほか多数。

金 美徳 (きむ みとく)

多摩大学 経営情報学部及び大学院経営情報学研究科 教授
兵庫県出身。早稲田大学大学院国際経営学修士・国際関係学博士課程修了。(株)三井物産戦略研究所を経て現職。「文科省・大学の世界展開力強化事業:岡山大学・吉林大学・成均館大学キャンパスアジア」推進メンバー歴任。専門は、国際経営学・国際関係学。35年間の学会活動経験と国際情報ネットワークを駆使して研究・教育活動に取り組んでいる。業績は、『キャンパスアジア共通教科書 これからの日中韓経済学 (編著者)』など著書13冊、論文・論考200本など。

水盛 涼一 (みずもり りょういち)

多摩大学 経営情報学部 准教授
東京都出身。東北大学大学院にて修士・博士 (ともに文学) を取得。2011年6月より東北大学大学院文学研究科で助手・助教を勤め、2017年4月より現職。専門は近代中国における官僚制度や出版文化。論文に「曽国藩和他的親信史家」(『曽国藩研究』第1輯、湖南人民出版社、2007年6月)、「清朝末期の候補官僚と人事評価」(『東北大学文学研究科研究年報』第64号、2015年3月)、「中国における標語宣伝と出版活動」(『経営情報研究』第23号、2019年1月)など。

光永 和弘 (みつなが かずひろ)

株式会社ポーラ勤務

1993年から旧都市銀行勤務を経て、1999年に株式会社ポーラ入社。19年間国内7都市にて店舗のエリアマネジメントに従事、以降個人事業主であるビューティーディレクター（販売スタッフ）の採用企画を担当、現在は国内店舗事業の営業・企画を担当。1993年慶応義塾大学法学部政治学科卒、2019年多摩大学大学院経営情報学研究科修士課程修了。

杉 由紀 (すぎ ゆき)

（社）日本IR協議会 特任研究員

1990年より日経BPでビジネス雑誌記者を7年務めた後、外資系を中心に証券会社および機関投資家の日本株アナリストとしてハイテク企業を担当。アリアンツ・グローバル・インベスターズ・ジャパン（株）運用部 日本株式調査部長を経て、現在は（社）日本IR協議会特任研究員、および経営助言を手がける。早稲田大学政治経済学部、多摩大学大学院経営情報学研究科卒業。

多摩大学インターゼミ教育研究業績　シリーズ1

モンゴル帝国とユーラシア史
社会人・大学院生・学生の目線からのグローバルヒストリー

総監修：寺島 実郎
監修：　金 美徳・水盛 涼一
編集：　光永 和弘・杉 由紀

発行日：2023年3月30日　初版第1刷

発　行：多摩大学出版会
　　　　代表者　寺島実郎

　　　　〒206-0022
　　　　東京都多摩市聖ヶ丘4-1-1　多摩大学
　　　　Tel 042-337-1111（大学代表）
　　　　Fax 042-337-7100

発　売：ぶんしん出版
　　　　東京都三鷹市上連雀1-12-17
　　　　Tel 0422-60-2211　Fax 0422-60-2200

印刷・製本：株式会社 文伸

ISBN 978-4-89390-199-6
ⓒJitsuro Terashima, Kim Mitoku, Ryohichi Mizumori,
Kazuhiro Mitsunaga, Yuki Sugi 2023 Printed in Japan